第11版

最新建築施工

鯉田和夫 著

技報堂出版

は　し　が　き

　本書の執筆にあたって，基本的な事項をなるべく広くとりあげること，表現をできるだけわかりやすく簡単にすること，にとくに力を入れた．
　このため説明はできるだけ箇条書き・立体的とし，表は簡素な形態に，法規・規定・基準などについても簡単な表現に修正している．
　しかし，内容の難易の程度については，必ずしもやさしいのみではなく，実務者・学生・建築士受験者向きとして十分にたえる程度のものとしてある．

〈建築施工の特色〉
（1）　他の専門学問(建築材料・建築構造・構造力学・法規など)との関連が深い．
　土・山留め・基礎・鉄筋コンクリート・鉄骨・木工事などでは建築構造・構造力学の知識が必要である．防水・左官・吹付け・塗装・内装工事では，建築材料についての知識が必要である．また，請負契約については建設業法が，施工一般については建築基準法などの法規が，多くの規定をしている．
　施工は，これら建築の専門学問の最終的な実現・応用である．したがって，施工は総合力であるともいえるし，多くの専門学問の流れ込む大海のようなものであるともいえる．
　建築材料・建築構造などを，建築施工という視点から眺めれば，さらにその実体を明らかにすることができる．
（2）　経験的，慣行的なものが多い．
　施工には慣行的な工法が多く，昔から施工には経験が必要であるといわれてきた．そういう面もある．
　しかし，施工は工学であるので，厳正な理論にもとづいて実施されなければならない．定量的に明らかでないものにも，理論が必ず存在する．どんな小さな事柄についても合理的・理論的な考え方に立脚するよう努めなければならない．
　経験・慣行を過信してはならない．経験・慣行によって惰性で施工するならば，長い間には，事故・瑕疵(かし・欠陥のこと)を惹起するであろう．
　施工のプロセス・工法については，唯一絶対の方法というものはなく，実際の工事ではいろいろの条件によって変化するものである．その中に適正な工法が必ず存在し，それを求めるのが施工の大切なところである．工法の標準を示したものが，標準仕様書である．

（3） 範囲が広い．
　建築施工の間口は広い．その中の特定の部分にとくに強くなることは良い方法である．たとえば，コンクリートにとくに強いとすれば，すばらしいことである．その人はやがて施工全般に強くなるであろう．
（4） 個々の工事は独立的・断片的である．
　施工を構成する各工事は，それぞれ独立していて関連性がほとんどないようにみえる．しかし，読者は施工の勉強を終えた後において，断片的な知識の集積にすぎない建築施工が，ある一つのまとまった世界を構成していることを感じとられることであろう．
（5） 施工の計画性と全体性
　日々の施工活動は自然発生したものではなく，あらかじめ定められた計画にもとづいて実施されるべきものである．工事の性格・生産性は，その計画によって定まるといってよく，工事規模が大きくなればなるほど計画の重要性は大きくなる．
　計画の決定には，多くの選択と判断が必要であるが，そのベースとなるものは，施工を高所より眺め，全体として把握する広い知識である．計画の視点からみれば，施工は全体として一つの有機的な世界を構成しているのである．
（6） 施工の理論性
　建築は国民生活・国民経済にとって重要なものであることはもちろんであるが，品質・経済性などの面で建築施工の建築に占める役割はきわめて大きい．
　施工は技術を必要とし，技術は理論を必要とする．施工を俗なものとする空気のあるのは残念である．今後，施工をより理論の香りのあるものとすることが，施工に携わる人々の責任である．

〈施工の目的〉
　施工の目的について，常識的には品質・安全・経済をあげることができる．いかに安全に，安く，良いものをつくるかである．
（1） 品　質
　近年，人々が豊かになり，品質に対する要求が非常に強くなってきている．
　建物の品質は，強度・耐久性・精度・美観など多くの要素を包含する．
① 建物は契約で定められた所定の品質，または社会通念上求められる品質でなければならない．品質には一定のレベルが存在する．品質のレベルは，設計仕様で定量的に定められるが，明確でないものもある．明確でないものも，そのレベルを判断して施工するのが施工者の能力と信用である．

② 品質に対する姿勢として,「悪い仕事はしない」と「よい仕事をする」とがある.
　品質のミニマムレベルは絶対に守らなければならない. でなければ不良工事または不正工事である. 瑕疵を生ずるなど論外である. 重大な瑕疵は致命的である.
　瑕疵のあった場合,発注者・設計者・監理者と施工者がそれぞれ分に応じて責任を負うべきであるが,現実には施工者が全責任を負わされる場合も多い. それだけ施工者の責任は重い. 施工業者は,それだけの覚悟が必要である.
③ 低額な請負金額・下請金額に起因する粗悪工事は多い. 工事の質を確保しえないほどの低額の工事金額は,不当といわざるをえない.
　もちろん,低価格は,不良工事の弁明にはならない.
④ 品質の確保には,設計から施工まで細心の計画・管理と技術力が必要である.
　品質はすべての工程の中に存在し,これが集積して工事の品質となる.
　具体的に,品質とは何か,どの品質が大切か,品質を得るにはどうすればよいかを考えて施工する.

（2） 安　全

工事現場において事故は非常に多い. 物的事故と,人身事故とがある. 万一,事故が発生すれば,莫大な費用の損失のみならず,社会的信用を著しく失墜するのである. とくに人身事故は絶対に起してはならない.

人身事故を伴う大事故（工事に関する贈収賄事件も）に対しては,建設業法における営業停止,公共工事の指名停止などの重いペナルティが課せられる.

① 安全対策には費用がかかるが,必要な処置は行わなければならない. 法規を守ることはもちろんである.
② 安全な現場は,働きやすい,作業能率のよい現場であるといえる. 安全のみならず,現場環境の向上にも努めなければならない.
③ 大事故は,本体よりも仮設に関するものの方が多い. 掘削中の山留めの事故,強風下の足場の事故,コンクリート打設中の型枠の事故,クレーン等の運搬機械の倒壊事故,荷揚機械の落下事故等である.

大規模の仮設には予想外の力が作用すること,仮設に作用する外力が不明確な場合があること,仮設の構造計算が粗雑になりがちであること,などが事故の原因である.

（3） 経　済

企業の目的は利潤である. そのため,コストダウンがどうしても必要である.
　一般に,価格競争とコストダウンの追求によって,工業生産における技術の開発と進歩が促されてきたのである.

①　施工におけるコストダウンとは，ものを値切ることではなく，生産性の向上，すなわち，生産の合理化と工法の改善・開発によってなされるものである．

建築生産の合理化には，建築の部品化，人力から機械力へ，工法の複雑・困難なものから単純・平易なものへの方向，などが考えられる．

②　コストダウンは，品質・安全を犠牲にして行ってはならない．

逆に，コストダウンによって生じた費用を，品質向上に充てることができるので，コストダウンは，品質向上と同一線上にあるといえる．

③　ものを安く生産するのは，金銭欲のためのみとはいえない．無駄を省き，資源・エネルギーを節約することによって，社会・人類に貢献することになるのである．

(4) 計画と目的意識

これらの目的（品質・経済性・安全）は，施工のプロセスを通じ，日々の施工活動の果実として得られるものである．

しかし，これに先だって必ず計画がなければならない．この計画を支えるものは，目的を達成しようとする意識と意欲である．これがすべての出発点である．

目的意識　　　　　施工プロセス　　　　目的（品質・安価・安全）
　　　　　⇒ 計画 ⇒　　　　　　　　⇒
目的意欲　　　　　日々の施工活動　　　成果・果実

繰返しいえば，結果は重要であるが，より重要なのはプロセスであり，さらに重要なのは計画であり，その前に存在するのが意識・意欲である．

〈施工の基本〉

豊かな枝葉を支えるため樹木に根幹があるように，施工にはそれを支える基本となるものがある．局面に応じて何が基本であるかを自分で見出し，これに十分な考察を加えて，大切にすることが必要である．

細部についても基本・重点があるが，ここでは主要な工事の基本の事例を示す．

(1) タイル工事において，タイルの張り方はいろいろあるが，剥離しないように張ることが基本で，これを最重点とする．工法の工夫もここにある．

(2) 張り石工事では，石が落下しないようにするために，石をいかに堅固に軀体に緊結するかが基本であり，必要条件である．

(3) 山留めは，安全確保・事故防止が目的であり，絶対条件である．

(4) 土工事は，土に対する戦いである．水の勢いを得た土は猛威を振るうものである．土の性質を知ることが一つの基本であろう．

(5) 鉄筋・型枠の施工では，寸法の精度が最重要である．構造の耐力はこれによって

決るといってよい．とくに，かぶり厚さの精度が重要である．
（6）　コンクリート工事において，コンクリートの強度・耐久性などの品質は，結局水量（水比・単位水量）の問題に帰着する．水量が基本であるといってよい．
（7）　鉄骨工事において鉄骨の目的は構造耐力であり，その耐力は接合部の耐力によって決る．接合とくに現場接合（高力ボルト・溶接）が基本である．

〈古い工法と新しい工法〉

施工界では新しい工法がつぎつぎに生れ，日々わずかであるが変ぼう，進化している．これを長期的にみれば相当大きな変化となっているのである．

施工界を瞬間的にみれば，古い伝統的な工法と新しい工法とが併存しており，長い目でみれば，これらに盛衰がある．新工法は，多くの伝統的工法の基盤の上に成り立っているのである．山が高いためには，裾野が広く，かつ強固でなくてはならない．

新工法の出現を促す要因として，周辺技術の進歩，新材料の登場，建築自体の変化，施工機械の進歩，社会環境・経済労働条件の変化など，あげることができよう．

（第二次大戦後，経済・工業は著しく発展し，技術革新の時代であった．施工技術も1950〜1980年に非常に大きく変化したが，現在は変化も少なく，落ち着いた状態である．）

〈参考資料〉

建築施工についてとくに参考とすべきものをあげれば，建築基準法とJASSである．
もちろん，本書において，主なところはこれらに準拠しているのである．
（1）　建築基準法
これは絶対に守らなければならない．今回（2000年）の改正は，従来より広範囲に施工について規定している．（本書において，「法」とあるのは建築基準法，「令」は同施行令，「告示」は建設省または国土交通省告示のことである．）
（2）　JASS（日本建築学会制定の建築工事標準仕様書）
JASSおよび同解説書は，一読するには膨大な頁数であるが，施工技術の有力な根拠であり，最も権威があるものである．
①　性能について，法規定はミニマムレベルであり，仕様書はそれよりやや上のレベルであると考えるのが，常識のようにも思われる．
しかし，JASSは，関連する法規定をほとんどそのまま採用しているので，法規定とほぼ同レベルであるとみることができる．
②　現在，主要な工事はほとんどすべてJASSを標準とし施工されている．

〈理に従う〉

　建築施工は，経験を必要とするが，経験のみでは変化に対応しがたいし，進歩もない．より大切なものは理論であり，必要なのは，事実を知ろうとする意欲と，絶えざる努力であるといいたい．

　近思録（中国宋代の朱子学の本）はいう．

　　　順理則裕　従欲惟危／理に順えば則ちゆたかなり，欲に従えば危うし

　ローマの政治家・哲学者のキケロは，いっている．

　　　知者は理により，凡人は経験により，獣は本能により動く．

第11版の改訂について

　改訂の主なところは，建築基準法の改正（2000年）によるものであり，改訂の大きな個所は8章 鉄骨工事と16章 木工事である．

　1959年の初版以来，今日までに，15万人という多くの読者を得たのは望外のことで，本書を読まれた方が，建築施工に面白さと味わいを見出されるならば，著者の望みは達せられたことになる．

　2004年2月

　　　　　　　　　　　　　　　　　　　　　　　　　　　　　　　　著　者

●もくじ

1編　請負契約・請負制度

1章　民法における請負契約 ……………………………………… 3
1. 民法における請負契約　3
2. 民法(請負)抄録　6

2章　建設業法 ……………………………………………………… 7
1. 建設業　7
2. 建設業の許可　8
3. 請負契約　9
4. 元請負人の義務(下請負人の保護)　11
5. 施工の適正化　11
6. 紛争の処理　12
7. 建設業者の経営事項審査　13
8. 営業帳簿・標識　14
9. 建設業者に対する監督処分　14

3章　発注・入札 ………………………………………………… 15
1. 請負工事の実施方法　15
2. 競争入札・随意契約　16

4章　請負契約 …………………………………………………… 18
1. 契約書類　18
2. 現場組織　19
3. 請負代金の支払い　20
4. 請負金額の変更　20
5. 損害の負担　21

1編　請負契約・請負制度

5章　建設投資・建設業の現状 …………………………22
1. 建設投資　22
2. 建設業者　24
3. 建設工事　25

6章　工事請負契約約款 ……………………………………26

2編　施工一般

1章　施工計画 ……………………………………………37
1. 工程の概要　37
2. 工程管理　39
3. 工　期　40
4. 届出（法規制）　41
5. 災害防止（法規制）　42

2章　地盤調査 ……………………………………………44
1. 主として地表で行う地盤調査　45
2. ボーリングによる地盤調査　46
3. 土質試験　48
4. 土の性質　48

3章　仮設工事 ……………………………………………50
1. 測量・やりかた　50
2. 仮囲い・仮設建物・構台　51
3. 足　場　52
4. 災害防止　55
5. 揚重運搬機械　56

4 章　土・山留め工事 …………………………………58

1. 掘　削　59
2. 山留め壁　61
3. 山留めの支保工　64
4. 山留めの力学　66
5. 特殊な山留め工法(参考)　67
6. 掘削機械　68
7. よう壁・排水施設(宅地造成等規制法)　69

5 章　地業・基礎工事 ……………………………………70

1. 既製コンクリート杭　71
2. 鋼　杭　72
3. 既製杭の設置　72
4. 場所打ちコンクリート杭　74
5. その他の杭　76
6. 地盤改良　77
7. 砂・砂利地業　79

6 章　鉄筋工事 ……………………………………………80

1. 鉄　筋　80
2. 鉄筋の加工　81
3. 鉄筋の継手・定着　82
4. 鉄筋の組立　84
5. かぶり厚さ　84

7 章　型枠工事 ……………………………………………86

1. 型枠の材料　86
2. 型枠の組立　88
3. 型枠の存置期間　89
4. RC工事の数値　91

2編　施工一般

8章　コンクリート工事 ……………………………… 92
1. 材　料　93
2. 試　験　97
3. 調　合　100
4. 製　造　107
5. 生コンの発注　110
6. 運搬・打込み　111
7. 養　生　114
8. コンクリート仕上がり精度　115
9. 品質管理・検査　116
10. 各種コンクリート　118
11. 寒中コンクリート　119
12. 暑中コンクリート　120
13. 軽量コンクリート　121
14. 流動化コンクリート　122
15. マスコンクリート　123
16. 海水の作用を受けるコンクリート　124
17. 水中コンクリート　124
18. 水密コンクリート　125
19. 凍結融解作用を受けるコンクリート　126
20. 遮蔽用コンクリート　126
21. 無筋コンクリート　126
22. 簡易コンクリート　127
23. 先端のコンクリート　127

9章　鉄骨工事 …………………………………………… 128
1. 構造用鋼材　128
2. 鉄骨の接合　130
3. 工場製作　131
4. ボルト接合　132
5. 高力ボルト接合　133

6. 溶接接合　136
7. 溶接施工　141
8. 柱脚と基礎の緊結　143
9. 現場施工　144
10. 耐火被覆　145

10 章　壁式 PC 工事　146

1. PC 板の製造　147
2. 現場組立　148

11 章　コンクリートブロック工事　150

12 章　れんが工事　152

13 章　ALC パネル工事　154

1. 外壁の施工　155
2. 間仕切の施工　158
3. 屋根・床の施工　158
4. ALC パネルの仕上げ　158

14 章　張り石工事　160

1. 外壁湿式工法　162
2. 外壁乾式工法　162
3. 石先付けプレキャストコンクリート工法　163
4. 内壁空積工法　164

15 章　タイル工事　165

1. 壁タイル張り　166
2. 床タイル張り　167
3. 外壁タイルの剥離防止（参考）　168
4. 積む・張る・塗る工法の比較（参考）　169

2編　施工一般

16章　木工事 …… 170

1. 材　料　170
2. 木材の防腐　172
3. 木材の乾燥・含水率　173
4. 木材の性質　173
5. 木材の強度　174
6. 継手・仕口　176
7. 接合金物　177
8. 施工一般　178
9. 木造建築の基礎　179
10. 耐力壁　179

17章　屋根工事 …… 184

1. 瓦　葺　186
2. 住宅用屋根スレート葺　187
3. 金属板葺　188
4. 波板葺（じか葺）　189
5. 折板葺　190
6. 樋（とい）　190

18章　建具工事 …… 191

1. 木製建具　191
2. アルミサッシ・アルミドア　192
3. スチールドア　194
4. スチールシャッター　194
5. 建具金物　195
6. ガラス工事　196

19章　防水工事 …… 198

1. メンブレン防水　198
2. アスファルト防水　199

3. 改質アスファルトシート防水（トーチ工法） 202
   4. シート防水 203
   5. 塗膜防水 204
   6. ケイ酸質系塗布防水 205
   7. ステンレスシート防水 206
   8. シーリング 206

20 章　左官工事 …………………………………………………… 208
   1. モルタル塗り 209
   2. 既調合モルタル（下地調整塗材）塗り 210
   3. ラスモルタル塗り 211
   4. 人造石塗り・テラゾ現場塗り 212
   5. せっこうプラスター塗り 213
   6. ドロマイトプラスター塗り 214
   7. しっくい塗り 214
   8. 小舞壁 215
   9. 仕上塗り 216
   10. 床塗り 217

21 章　吹付工事 …………………………………………………… 218
   1. 仕上塗材 218
   2. 下　地 220
   3. 吹付工法 221
   4. 薄付け仕上塗材（薄塗材）仕上げ 222
   5. 厚付け仕上塗材（厚塗材）仕上げ 223
   6. 複層仕上塗材（複層塗材）仕上げ 224
   7. 防水形複層塗材仕上げ 225
   8. ロックウール吹付材仕上げ 226
   9. 軽量骨材仕上塗材仕上げ 226

22 章　塗装工事 …………………………………………………… 227
   1. 素地調整 228

2編 施工一般

    2. 工法工法　229
    3. 各種塗装　230

23章　断熱工事 ··· 234
    1. 断熱材料・断熱工法　235
    2. RC造建築の断熱　236
    3. 木造建築の断熱　237
    4. 鉄骨造建築の断熱　238

24章　内装工事 ··· 239
    1. 床仕上げ　240
    2. 壁・天井下地　242
    3. 壁・天井仕上げ　243
    4. 接着工法　245

25章　測　量 ·· 246

26章　見積り ·· 248
    1. 工事費　248
    2. 見積り　250
    3. 工事の単価　250

27章　仕　様 ·· 252
28章　建築施工の変遷 ································· 254

索　引 ··· 257

1編　請負契約・請負制度

1章　民法における請負契約

建築工事はふつう，請負によって実施される．工事の請負または請負契約とは，いかなるものであろうか．その法的根拠として，つぎの3つをあげることができる．
（1）民　法
われわれが私的社会生活を行うについて守るべき法を示した民法が，請負について規定している．これが請負のルールの基本である．1949年に建設業法が制定されるまでは，民法が請負についての唯一の法であった．建設業法制定後も請負に関して，なお民法が基本であることに変りはない．
（2）建設業法
建設業法が請負について規定している．民法は私法であるので必ずしも守る必要はなく，これに反した契約を締結してもさしつかえないが，建設業法は公法であるので必ず守らなければならない性質のものである．
（3）請負契約約款
請負契約書は，民法および建設業法の定めるところを十分にとり入れて作成されなければならない．
請負契約の標準を示すものとして，請負契約約款によって作成され普及している．これらを見れば，現在行われている請負契約の実態を知ることができる．

1.　民法における請負契約

契約自由の原則によって，われわれは原則として，だれとでも，どのような内容の請負契約でも自由に締結することができる．
しかし，民法が請負のルールを示しているので，民法の規定に従って契約がなされることが望ましい．もちろん，建設業法の定めるところは守らなければならない．また契約において特約しない事項については民法の規定が適用されることになる．

請負の意味
請負（請負契約と同じ）とは，「当事者の一方が仕事の完成を約し，相手方がその仕事の結果に対して報酬の支払いを約する契約」である．
（1）請負当事者の義務　　契約の当事者は，請負人と注文主である．
請負人は仕事を完成する義務があり，注文主は報酬を支払う義務がある．

（2）双務契約　このように双方が対等の義務を負う契約を双務契約という．請負契約は双務契約である．双務契約においては，双方の当事者は対等である（にもかかわらず，過去において，官庁などの大きな注文主は請負人よりも経済的立場が強く，元請負人は下請負人よりも強く，弱い立場の者は不利な内容の契約を締約せざるをえない時代があった．建設業法の制定などにより現在は大いに是正されている）．

（3）建設工事の請負の特殊性

洋服・家具・建物などをあつらえるのは，すべて請負である．このうち建設工事の請負は，とくに重要であるとして，つぎのような特別の扱いとなっている．

① 民法は，瑕疵を理由とする契約解除を認めていない（後述する）．
② 建設業法は，建設工事の請負についてとくに規制を加えている．

請負契約の内容

われわれは原則として，だれとでも，いかなる内容の請負契約でも自由に契約することができる．

しかし，建設業法の規定があるので，まったく自由であるというわけではない．

請負人の仕事完成義務

請負人は，仕事を完成する義務がある．これは，つぎのような内容を含む．

（1）損害（危険）の負担

工事完成前における災害等による損害はすべて請負人の負担となる．ただし，その損害負担について別の約定があれば，それによる．

（建設業法は，天災その他不可抗力による損害と，工事施工により第三者に与えた損害については，その負担方法を契約書に明記するよう定めている）．

（2）工事中の物価変動

工事中に著しい物価変動があっても，請負人は請負代金を変更することなく工事を完成しなければならない．ただし，別の約定があればそれによる．

（建設業法は，物価変動にもとづく請負代金の変更について契約書に明記するよう定めている）．

（3）工事の実施方法

請負は仕事の完成を目的とするので，その手段を問わない．請負人は必ずしも自分で仕事をする必要はなく，下請負人にやらせてもよい（ただし，建設業法は，一括下請負を禁止しており，また注文者が不適当な下請人の変更を要求できるとしている）．

たとえば，住宅の請負において，大工工事は請負人自らが施工し，屋根・左官・建具・設備などの工事はそれぞれ下請人に施工せしめるのは常時行われている．

請負人の瑕疵担保責任

完成した工事に瑕疵(かし．欠陥のこと)があるときは，請負人はつぎのような責任を負う．これを瑕疵担保責任という．

（1） 注文者は，請負人に対して，瑕疵の補修を請求することができる．同時に損害賠償も請求することができる．また補修の代りに損害賠償を請求することもできる．

（2） 瑕疵が修理不能のため契約の目的を達せられない場合，家具・洋服等の請負では注文者は契約を解除(引取りを拒否)することができる．

ところが，工事の請負にかぎり，瑕疵を理由に契約を解除することはできない．ここが工事の請負の重要なところであり，工事途中における監理・検査の必要性もここにある．

（3） 瑕疵が，注文主の支給材・指図(図面・仕様書の記載事項，または注文主の代理人である監理者の指示等)によって生じたものである場合には(請負人がその支給材・指図の不適当なことを知りながら，これを注文主に告げなかった場合を除き)，請負人は瑕疵担保責任を負わない．

（4） 瑕疵担保期間

注文主が瑕疵の補修を請求する場合は，工事引渡し後，一定の期間(瑕疵担保期間)内に行う必要がある．この期間が過ぎれば，瑕疵補修の請求権はなくなる．

瑕疵担保期間は，つぎのとおりである．

① 民法の規定　木造は5年，RC造，S造は10年である(第638条)．瑕疵担保期間について特約がなければこれが適用される．ただし，契約によってこれより短くしてもよいし，長く(普通の時効期間20年まで)してもよい(第639条)．

② 契約の慣行　実際の契約(32頁第23条)で普通に用いられている期間は，木造で1年，RC造，S造で2年である．ただし，請負人の故意または重大過失による瑕疵については，それぞれ5年，10年としている．

請負契約の解除権

（1） 注文主は，工事途中，いつでも契約を解除することができる．

もちろん，契約解除に伴う損害は賠償しなければならない．

（2） 請負人は契約を解除する権利を有しない．

もし工事を途中で投げれば，契約違反であり，違約金を支払わなければならない．

請負の終了

請負人は，完成した工事目的物を注文主に引渡す．同時に，請負代金の支払いが行われる．契約の履行は同時履行が原則である．

2．民法（請負）抄録

第632条（請負）
　請負は当事者の一方がある仕事を完成することを約し相手方がその仕事の結果に対してこれに報酬を与うることを約するに因りてその効力を生ず．

第633条（報酬の支払時期）
　報酬は仕事の目的物の引渡しと同時にこれを与うることを要す．

第634条（請負人の担保責任—瑕疵の修補）
① 仕事の目的物に瑕疵あるときは注文者は請負人に対し相当の期限を定めてその瑕疵の修補を請求することを得．ただし瑕疵が重要ならざる場合に於てその修補が過分の費用を要するときはこの限りにあらず．
② 注文者は瑕疵の修補に代え又はその修補と共に損害賠償の請求をなすことを得．

第635条（請負人の担保責任—注文者の解除権）
　仕事の目的物に瑕疵ありてこれが為に契約をなしたる目的を達すること能はざるときは注文者は契約の解除をなすことを得．ただし建物その他土地の工作物についてはこの限りにあらず．

第636条（請負人の担保責任—前二条の例外）
　前二条の規定は仕事の目的物の瑕疵が注文者より供したる材料の性質又は注文者の与えたる指図に因りて生じたるときはこれを適用せず．ただし請負人がその材料又は指図の不適当なることを知りてこれを告げざりしときはこの限りにあらず．

第638条（担保責任の存続期間—土地工作物の特則）
　土地の工作物の請負人はその工作物又は地盤の瑕疵については引渡しの後5年間その担保の責に任ず．ただしこの期間は石造，土造，煉瓦造又は金属造の工作物についてはこれを10年とす．

第639条（担保責任の存続期間—特約による伸長）
　前条の期間は普通の時効期間内に限り契約を以てこれを伸長することを得．

第640条（担保責任を負わない旨の特約）
　請負人は第634条及び第635条に定めたる担保の責任を負わざる旨を特約したるときといえどもその知りて告げざりし事実についてはその責を免るることを得ず．

第641条（注文者の解除権）
　請負人が仕事を完成せざる間は注文者は何時にても損害を賠償して契約の解除をなすことを得．

2章 建設業法

目 的

本法の目的は，建設業者の資質の向上，請負契約の適正化を図ることによって，建設工事の適正な施工を確保し，発注者を保護し，建設業の健全な発達を促進することである．

建設業者(許可業者)でなければ請負えない工事

軽微な工事を除き，工事を請負うには建設業の許可が必要である．

建設業の許可なしには，500万円以上の工事，1 500万円以上の建築工事，または延べ150 m^2 以上の木造住宅の工事を請負うことはできない．

発注者・元請負人

建設業法においては，建設工事の注文主を発注者という．ただし，下請契約の注文主は発注者といわないで元請負人という．

```
発注者 ──請負契約── 建設業者

     元請負人 ──下請契約── 下請負人
```

1．建設業

下表の28の建設業がある．

○印の7業種は，指定建設業(総合的な施工技術を必要とする建設業)である．

建設業の種類

○土木工事業	屋根工事業	○造園工事業
○建築工事業	建具工事業	○舗装工事業
○鋼構造物工事業	ガラス工事業	さく井工事業
鉄筋工事業	塗装工事業	機械器具設置工事業
大工工事業	防水工事業	熱絶縁工事業
左官工事業	内装仕上工事業	水道施設工事業
とび・土工工事業	板金工事業	消防施設工事業
タイル・れんがブロック工事業	○管工事業	清掃施設工事業
	○電気工事業	しゅんせつ工事業
石工事業	電気通信工事業	

(注) ①建築工事業とは，建築一式工事を請負う業種である．
②土木工事業と建築工事業が総合建設業であり，その他は専門建設業である．

建設業者

一般建設業者と特定建設業者とがある．

（1）特定建設業者でなければ，元請工事1件につき，総額2 000万円（建築工事業では3 000万円）以上の下請契約を締結してはならない．

（2）特定建設業者には，許可基準がきびしく定められており，また下請負人の保護（監理技術者の設置，下請負人に対する支払い，下請負人の指導）についての規制がある．

指定建設業の特定建設業者には，これらがさらにきびしく定められている．

2．建設業の許可

建設業を営む者は，建設業の許可を受けなければならない．

（1）大臣許可業者・知事許可業者

2以上の都道府県に営業所を有するものは国土交通大臣の許可を，1つの都道府県にのみ営業所を有するものはその営業所の所在地の知事の許可を受けなければならない．

知事許可業者と大臣許可業者の間に法律上の差はなく，両者ともに全国いかなる場所でも営業し建設工事を施工することができる．

（2）許可は，28の業種別に行われる．1業者が2つ以上の建設業の許可を受けることはさしつかえない．

（3）建設業者は，許可を受けた建設業に関する建設工事以外の工事を請負ってはならない．ただし，これに付帯する工事（その付帯工事の建設業の許可を受けていなくとも）は請負ってもよい．

（4）許可の有効期間は5年である．

建設業者が不法行為等を行った場合は，許可を取消される．許可を取消された業者は，5年間許可を受けることができない．

建設業の許可基準

つぎの4つの基準を，すべてクリヤーすれば建設業者として許可される．

（1）建設業に関する経営経験

経営業務管理責任者（5年以上の経営業務の管理責任者としての経験，または同等以上の経験のあるもの）を設置すること．

（2）技術力

営業所ごとに資格のある技術者を専任で置くこと．

技術者の資格は，一般建設業では2級建築士，特定建設業では1級建築士，または同等以上の資格または実務経験を有するものである．

（3） 誠実性　会社の役員・幹部職員に反社会的な人物がいないことなどである．会社または役員・幹部職員が刑罰（一定の罰金・禁錮・懲役）を受けて5年以内の場合は，許可は受けることはできない．

（4） 財産的基礎　定められた額の資本金があることなどである．

特定建設業は，一般建設業より大きな財産的基礎が必要である．

3．請負契約

請負契約は，当事者の対等の立場で締結されるべきであるが，実際には当事者（発注者と請負人，または元請負人と下請負人）間の力の相違によって，不公正な契約が締結されることがある．そこで建設業は，建設工事の請負契約に多くの規制を加えることによって，請負契約の公正を図っている．

（1） 請負契約の原則

契約の当事者はおのおの対等の立場における合意により公正な契約を締結し，信義に従い誠実に契約を履行しなければならない．

（2） 請負契約の内容（法第19条）

契約の当事者は，契約にさいして，契約書につぎの13項目について記載し，記名押印して相互に保管しなければならない（現実には小規模工事において，これらを特約しない契約も多い．これは建設業法違反である．特約しない事項については，民法の定めによることになる）．

① 工事内容（契約書・設計書・仕様書等）
② 請負代金額
③ 着工・完成の時期
④ 前金払い，出来高払いの支払方法と支払時期
⑤ 設計変更，工事中止の場合の請負代金・工期の変更，損害の負担に関する定め
⑥ 天災その他不可抗力による損害の負担に関する定め
⑦ 工事施工により第三者が受けた損害の賠償金の負担に関する定め
⑧ 価格などの変動にもとづく，請負代金・工事内容の変更
⑨ 注文主からの支給材料・貸与品の内容と方法
⑩ しゅん工検査の時期と方法，引渡し時期
⑪ しゅん工払いの支払方法と支払時期
⑫ 履行遅延，債務不履行の場合の遅延利息，違約金その他の損害金
⑬ 契約に関する紛争の解決方法

(3) 現場代理人などに関する通知

請負人が現場代理人を置く場合は，その氏名・権限などを書面で注文主に通知しなければならない．

注文主が監理者または監督員を置く場合は，その氏名・権限などを書面で請負人に通知しなければならない．

(4) 不当に低い請負代金の禁止　注文主は，自己の取引上の地位を不当に利用して，必要原価に満たない低い代金の請負契約を締結してはならない．

(5) 注文主は，契約締結後，自己の取引上の地位を不当に利用して，資材などの購入先を指定して，請負人の利益を害してはならない．

(6) 見積期間

注文主は，競争入札では入札前に，随意契約では契約締結前に，表に示す見積期間を設けなければならない．

見積期間

工事価格	普通の場合	最低期間
500万円未満	1日以上	1日以上
500万円以上	10日以上	5日以上
5 000万円以上	15日以上	10日以上

(7) 見積書の作成

建設業者は契約前に，内訳を明らかにして見積らなければならない．注文主より請求があれば，契約前に見積書(内訳書)を提示しなければならない．

(8) 契約の保証　前払金のあるときは，注文主は請負人に対して，契約履行の保証人を立てることを請求することができる．ただし，前払金保証事業会社の保証のある場合，または軽微な(300万円未満の)工事の場合はこの限りでない．

(9) 一括下請負の禁止

元請負人は，あらかじめ注文者の書面による承諾を得たとき以外は，いかなる方法をもってしても一括下請負を行ってはならない．

(10) 下請負人の変更請求

注文主は，元請負人に対して，工事の施工につき著しく不適当と認められる下請負人の変更を求めることができる．

(11) 委託その他いかなる名称の契約であっても，報酬を得て建設工事の完成を目的とする契約は，請負契約とみなして，建設業法の適用を受ける．

4. 元請負人の義務（下請負人の保護）

下請契約においては下請負人が不利益を受けやすい．建設業法は下請負人の保護等を目的として，つぎのように元請負人に義務を課している．

（1）下請負人の意見聴取

元請負人は，工程・作業方法等を定めようとするときはあらかじめ下請負人の意見を聴かなければならない．

（2）下請代金の支払い

元請負人が発注者から出来高払いまたはしゅん工払いを受けたときは，その支払いに相応する下請代金を，その部分を施工した下請負人に，1か月以内に支払わなければならない．

また，元請負人が発注者から前払金の支払いを受けたときは，下請負人に前払金を支払うよう配慮しなければならない．

（3）検査・引渡し　元請負人は，下請負人から工事完成の通知を受けたときは，20日以内に検査をし，検査完了後，下請負人が工事目的物の引渡しを申し出たときには，ただちに引取らなければならない．

（4）特定建設業者の下請代金の支払い　特定建設業者は，前項の工事目的物の引渡しの申し出の日から50日以内に，下請代金を支払わなければならない．

（5）特定建設業者の下請負人の指導　特定建設業者は，下請負人が，施工または労働者の使用について関係法令（建設業法・建築基準法・労働基準法・労働安全衛生法など）に違反しないよう，指導しなければならない．

5. 施工の適正化

施工体制台帳・施工体系図

建設工事は，元請・下請・孫請などの業者の分業で施工される．適正な施工を行うために，元請業者がこれらの状況を的確に把握しておく必要がある．

そこで元請の特定建設業者は，施工体制台帳・施工体系図の整備が義務づけられている．

（1）施工体制台帳

下請・孫請まですべての業者の名前とその工事内容を記載した施工体制台帳を作成し，工事現場に備える．

（2）施工体系図

下請の施工分担を示す施工体系図を，工事現場の見やすい場所に掲示する．

主任技術者・監理技術者

適正な施工を確保するため，工事現場に一定の資格・実務経験を有する技術者を置くことを義務付けている．

（1）　主任技術者

建設業者が工事を行うときは，主任技術者(業種によってそれぞれ定められた資格を有するもの，建築工事では2級建築士または同等以上の資格・実務経験を有するもの)を置かなければならない．

（2）　監理技術者

特定建設業者が，元請工事1件につき総額3000万円以上，建築一式工事の場合は総額4500万円以上の工事を下請に出して工事を行うときは，監理技術者(建築工事では1級建築士または同等以上の資格・実務経験を有するもの)を置かなければならない．

（3）　建築工事業者が建築一式工事を行う場合は，その建築一式工事に関する主任技術者を置くことはもちろんであるが，もし，その工事の一部である専門工事を自ら施工するときは，その専門工事に関する主任技術者をも置かなければならない．

もし，その専門工事を下請に出すときは，その下請業者がその専門工事に関する主任技術者を置かなければならない．

6．紛争の処理

紛争の解決方法は，契約書に明記しなければならない．紛争処理には，民事訴訟もあるが民事訴訟は解決に長期間を要するし，建設工事に関する紛争は純技術的な問題が多いので，建設業法は紛争処理の制度を設けている．

建設工事に関する紛争の解決は業法の制度によるのが普通である．

（1）　建設工事紛争審査会　　建設工事の紛争処理のために，国土交通省に中央建設工事紛争審査会を，各都道府県に都道府県建設工事紛争審査会を設置する．

審査会は委員によって構成され，当事者の申請により紛争の処理を行う．

（2）　審査会による紛争処理

紛争の処理方法にはつぎの3つがあり，いずれによるかは申請人の自由である．

あっせん……あっせん委員(普通は1人)が当事者間をあっせんし，双方の主張を確かめ，事件の解決に努める．

調停……調停委員(3人)が調停案を作成し，当事者にその受諾を勧告する．

仲裁……3人の仲裁委員(うち1人は弁護士)が仲裁判断をする．仲裁判断は14日以内に異議申立てのないときは，裁判所の判決と同一の効力を有する．

2章　建設業法

（3）　審査会による紛争の実態

紛争の内容も多様化しているが，発注者は粗悪施工，請負人は請負代金不払いを争うものが多い．紛争処理の年間件数は，およそつぎのとおりである（1990年）．

　　中央審査会……約50件　　都道府県審査会……約200件

① 紛争処理の件数の内訳は，あっせん30%，調停50%，仲裁20%である．
② 建築工事に関するものが約85%と多く，他は土木工事等である．
③ 発注者と請負人との紛争が85%，元請と下請との紛争が15%である．

7．建設業者の経営事項審査

公共工事の発注者は，業者の指名を適正に行い，適正な施工を確保するため，建設業者の経営を的確に把握する必要がある．

（1）　公共工事を請負おうとする建設業者は，経営事項審査を受けなければならない．
（2）　国土交通大臣・知事は，建設業者の申出によって，その業者の経営事項審査を行う．審査は，業種別に審査基準によって行われる．

① 審査結果は，審査を受けた建設業者に通知される．
② 審査結果は，公共工事の発注者に通知される．

（3）　国などの公的発注者は，この審査結果にもとづいて指名基準を作成し，これによって，工事規模に適合した能力を有する業者を指名するよう努めている．

経営事項審査の審査基準

審査は，企業の技術と経営との総合力を評価するものである．評価は，下表の審査基準の各項目について定められた評点を合計した総合評点で行う．

審査基準の項目とウエイト

1．完成工事高（年平均）	約35%
2．自己資本額・職員数	約10%
3．経営状況分析	約20%
4．技術力（技術者数）	約20%
5．その他の項目（社会性など）	約15%

（注）　1．「4．技術力」は技術者数により判定する．
　　　　技術者数＝5（1級技術者数）＋2（2級技術者数）＋（その他の技術者数）
　　　　1級技術者は，建築の場合1級建築士・1級施工管理技士である．
　　　2．「5．その他の項目」は，労働福祉の状況(30%)，工事の安全成績(30%)，営業年数(30%)，建設業経理事務士など(10%)の合計である．

8. 営業帳簿・標識

（1）営業所の営業帳簿　建設業者は，営業所ごとに，定められた営業事項を記載した営業帳簿を備え保存しなければならない．

（2）標識の掲示　建設業者は，その店舗および工事現場ごとに公衆の見やすい場所に，下に示す標識を掲げなければならない．

現場に掲げる標識（大きさは 35×40 cm 以上とする）

建　設　業　の　許　可　票	
商　号　又　は　名　称	
代　表　者　の　氏　名	
主 任 技 術 者 の 氏 名	
一般建設業・特定建設業の別	
許 可 を 受 け た 建 設 業	
許　　可　　番　　号	国土交通大臣　許可（　）第　　号 知　　　事
許　可　年　月　日	

9. 建設業者に対する監督処分

建設業者は，不誠実な行為を行う，施工管理が著しく不適当である，工事災害を起す，犯罪をおかすなど，建設業法に違反した場合は，監督処分を受ける．

（1）監督行政庁

原則として，その建設業者を許可した国土交通大臣・知事が監督処分を行う．

（2）監督処分

監督処分は，① 指示，② 営業停止，③ 許可の取消しの3つである．

最も重いのは許可の取消しで，この場合5年間は新しく許可を受けることができない．

（3）監督処分の公表

国土交通大臣・知事は，営業停止・許可の取消しを行った場合は，処分内容を公告しなければならない．

また，国土交通省・都道府県に処分内容を記載した建設業者監督処分簿を備え，公衆の閲覧に供しなければならない．

3章　発注・入札

1. 請負工事の実施方法

請負契約は請負金額の決め方によって総額請負と単価請負に分れる．
（1）　総額請負 lump sum contract
工事費の総額を請負金額とする契約．ほとんどすべての工事がこの方式による．
　総額を契約するのであって，工事費の内訳の個々の金額を契約するのではない．したがって，一般に内訳書は参考資料として提出するが，契約を拘束するものではない．
（2）　単価請負
　畳1枚いくら，モルタル塗り1m²いくらというように，単価を契約する．小規模の専門工事または下請負などにおいて行われる．

ジョイントベンチャー joint venture, JV
共同請負のこと．数社が共同企業体を結成して，工事を請負う．
（1）　共同企業体
①　構成各社が共同・連帯して工事を請負い，契約の履行に関して連帯責任を負う．
②　各社の持分比率を定めて共同で工事を実施するのが普通である．また，各社が工事を分割して実施することもある．
（2）　JVの目的　施工能力の増大，危険の分散，技術力の強化などであるが，現実には受注機会の増大，中小業者の大規模工事への参加を目的とするものが多い．
　かつて公共工事はJV工事が非常に多かったが，談合の温床であるとして，JVによる発注は減少した．

工事の発注形式
（1）　総合発注
建築工事を一括して総合請負業者 general contractor（俗にゼネコンという）に発注し請負わせる方式．最も普通の発注方式である．
①　請負業者は，工事の一部を下請人に請負わせてもよく，現実に多くの部分を下請人に施工させている．ただし，一括下請負は禁止されている．
②　総合発注は，発注・契約・監理等の業務が簡単であり，施工責任が一元化されて明確であることが長所である．

(2) 分離発注　工事の一部を専門業者に発注すること．
① 建築工事のうち，電気・衛生などの設備工事を分離発注する場合が多い．
② 総合発注と分離発注の利害得失について，経済性，工事の質，工事の関連個所の調整，施工責任の所在などの点が議論されるが，その優劣については決めがたい．専門業者は，当然，分離発注を主張する．
(3) 分割発注
工事を工区別または棟別に分割して発注する方式．
① たとえば，500戸の団地の住宅建設工事を，100戸程度の工区に分割して発注する．
② 工区の規模は，業者の施工能力・地方性・経済性などを考慮して決定される．

2．競争入札・随意契約

発注者は，下の方法で請負業者(同時に請負金額)を決定し，請負契約を締結する．

請負業者の決定方法 ─┬─ 競争入札……… 指名競争入札・一般競争入札
　　　　　　　　　　└─ 随意契約……… 特命随意契約・見積り合せ

(1) 民間工事の場合
① 大規模工事では，指名競争入札が普通であるが，随意契約もありうる．
② 個人住宅など少額工事では，随意契約が普通である．
(2) 公共工事の場合
国・公共団体の行う工事では，一定金額以上の工事は，原則として競争入札によらなければならない(会計法)．

指名競争入札

発注者は，工事に適した信用ある業者5〜10社程度を選び，これを業者に通知(指名)して，入札を行う．または，応募した業者の中から業者を選定して，指名する．

指名 ─→ 図渡し ─→ (見積期間) ─→ 入札 ─→ 落札 ─→ 契約

(1) 指　名
① 発注者は，業者の施工能力などの客観的要素または指名基準にもとづき，これに主観的要素を加味して指名業者を選ぶ．
② 指名基準の作成　公共工事の適正な実施のため，国土交通省・知事は，建設業法の定めるところにより，業者の施工能力など客観的事項の審査を行っている．
これにより，各公的発注者は，それぞれ固有の指名基準・指名業者名簿を作成している．

（2） 入札・落札
普通は，最低価格落札者と契約する．
① 入札の結果，最低入札価格が予定価格を上回って落札者がいない場合は，入札者と個別に値引交渉を行い，予定価格以内に値引きした者と契約する．
② それでも契約者がいないときは，再度指名をして入札をやり直す．
（3） 欠　点　　指名競争入札は，談合が行われやすい．

一般競争入札
工事内容・入札条件等を公示して入札を行う．誰でも入札に参加することができる．
しかし，工事の質を確保するために，普通は入札参加者の資格に条件を付けるのが普通であるので，全く誰でもよいというわけではない．
1994年から日本で初めて公共工事において一般競争入札が実施されるようになった．談合防止が目的である．
（建設工事以外では，競売など一般競争入札が古くから行われている）．

随意契約
（1） 特命随意契約
最も適当と思われる業者を1社選び，話合いによって契約する．工事に最も適した業者と契約できるが，工事金額が高くなる，業者の選定が不明朗になりやすいのが欠点である．
（2） 見積り合せ
適当と思われる2，3の業者から見積書を提出させ，その内容を検討して最も適当と思われる業者と話合い，合意に達すれば契約する．

談　合
入札参加者があらかじめ入札前に相談して落札者を決めること．
（1） 刑　法
公の行う入札に関する談合については，刑法の談合罪がある．
（2） 独占禁止法　　談合は，独占禁止法（主管官庁は公正取引委員会）違反となり，罰則がある．違反事件が多発している．

ダンピング dumping（不当廉売）
（1） 不当に低い請負金額は，工事の質，工事の円滑な実施についての不安があり，不公正な取引とみなされる．
（2） 防止策として，最低限価格（予定価格の約70〜80％）を設定し，これより低い札を無効とする方法がある．地方公共団体でこれを採用するところが多い．

4章　請負契約

（1）　契約の成立　　　入札──→落札──→契約書の署名押印
上記の手続において契約の成立するのは，落札時か契約書調印時か，が問題である．
①　不当に安く落札し工事の遂行が困難であると判断したとき，その他，発注者の都合により落札者と契約しない場合がある．非常にまれで異常なケースであるが，このようなことが起りうるので，落札時に契約が成立したとは認められない．
②　したがって，契約成立の時期は，契約書に署名押印したときである．
（2）　契約の終了　　工事が完了すれば，請負人は工事目的物を注文主に引渡す．原則として同時に，注文主は請負代金を支払う（同時履行）．

1．契約書類

契約書類┬─必要書類……工事請負契約書（契約書＋契約約款）・設計図書
　　　　└─参考書類……内訳書・工程表など

（1）　契約の必要書類は，工事請負契約書と設計図書である．
（2）　契約書類は，2通作成して注文主と請負人とが1通ずつ保管する．保証人がいるときは保証人も1通保管する．

工事請負契約書

（1）　工事請負契約書には，建設業法第19条に定める13項目について明記しなければならない（9頁）．
（2）　請負契約書は，本来，契約ごとに作成されるものであるが，普通は契約約款が用いられる．契約約款の代表的なものはつぎの2つである．
①　民間（旧四会）連合の工事請負契約約款
本契約約款は，日本建築学会・日本建築家協会・日本建築協会・全国建設業協会の民間（旧四会）連合作成の約款である（6章参照）．
民間工事のための契約約款で，最も権威のある約款である．大手の発注者・建設業者は，ほとんどこの約款を用いている．
②　公共工事標準請負契約約款（国土交通省作成）
官庁・公団・都道府県など公共団体は，原則として，これを用いる．

設計図書

設計図と仕様書が主たるものである．これに現場説明書と質問回答書（見積期間中に入札参加者より設計に関して出された質問に対して発注者が答えたもの）を含む．

内訳書

設計変更・中間支払いなどの金額算定の参考とするため，普通，内訳書を添付する．

契約するのは工事費の総額であるので，内訳書は契約条件ではない．したがって，内訳書にミスが発見されても，これによって請負金額が変更されることはない．

2．現場組織

現場組織は，発注者（甲）側と請負人（乙）側とに分かれ，相対している．

現場における甲側の責任者は監理者であり，乙側の責任者は現場代理人である．

発注者（甲）	請負業者（乙）
監理者・工事監理者	現場代理人・主任技術者等

発注者（建築主）側

監理者（官庁では監督員という）と工事監理者とは，その概念・機能を異にする．

監理者は主としてマネジメント機能であり，工事監理者はチェック機能である．前者の業務は，後者のそれを包含し，より広い．

（1）　監理者　　工事実施のための甲側の責任者．甲より委嘱された業務，または，

① 施工について乙との協議・助言・指示，　② 施工の立合・検査・確認，

③ 設計変更の手続，　④ 各工事間の調整，などを行う．

（2）　工事監理者　　法律の定めるところにより置くものである．

建築基準法・建築士法は，一定の規模の工事については工事監理者（1級建築士または2級建築士）を置くことを義務づけている．

工事監理とは「工事が設計図書のとおりに実施されているかいないかを確認すること」である（建築士法）．

（3）　監理者が，工事監理者を兼ねてさしつかえない．

請負業者側

（1）　現場代理人　　工事実施のための請負人側の責任者．乙の代理人である．

（2）　主任技術者等　　主任技術者・監理技術者・専門技術者は，建設業法の定めるところにより置くもので，法に定められた資格が必要である．

これらを現場代理人が兼ねてさしつかえない．

3. 請負代金の支払い

請負代金の支払方法・支払時期は契約書に明記しなければならない(建設業法).

（1） 前金払い　着工時には，資材の購入などに多額の資金を必要とするので，工事の円滑な遂行には，前金(前渡金ともいう)払いが行われることが望ましい.

① 前払金を支払う場合には，注文主は請負人に対し，契約履行を保証する保証人を立てることを請求することができる(建設業法).

② 公共工事では，一般に請負金額の30％程度の前金払いが行われている．この場合，請負業者が前払金保証会社と保証契約することを条件としている(会計法).

（2） 中間払い

部分払い・出来高払いともいう．工事途中において，工事の出来形に応じた金額を支払う．支払金額は出来高の90％程度以下とするのが普通である.

（3） しゅん工払い　工事完了後，建物の引渡しと同時に請負代金を完済する.

4. 請負金額の変更

設計変更

工事中に設計内容・工事内容を変更する場合は多い．このとき請負金額・工期の変更が行われる．設計変更には，つぎの2つのケースがある.

（1） 発注者の理由によるもの　発注者は，いつでも設計変更をすることができる.

（2） 施工上の理由によるもの

地質・現場の状態などが設計と異なっている，設計図書が不備である，設計と現場の状態が一致しない，などのために設計変更を行う.

たとえば地盤の状況により杭長さを変更するなどである.

物価・賃金の変動による請負金額の変更

非常に特殊なケースであるが，長期の大規模工事において，工事期間中に著しい物価・賃金の変動，経済事情の激変などが生じることがある．この場合，請負金額は変更しうるかどうか．建設業法は，この件について特約するよう定めている.

（1） 請負人は，当初の請負金額で工事を完成する義務があり，物価変動を理由に請負金額を変更することができない．これが請負の原則(民法の立場)である.

（2） ただし，民間連合の約款と公共工事用の約款では，条件つきではあるが請負金額を変更することができる(すなわち，一部を注文主の負担とする)としている．これは非常に進んだ考え方である.

5. 損害の負担

施工中の損害は，つぎの3つの種類がある．

（1） 一般的損害

工事目的物・工事材料・工事施工に関して生じた損害である．

（2） 第三者に与えた損害　　つぎの2つがある．

① 一般の工事施工によって第三者に与えた損害

② 不可避的原因（請負人が善良な管理をしても避けることができない振動・地盤沈下など）によって第三者に与えた損害

　　工事の大規模化，都市の密集化などにより，第三者に与える影響は大きくなっている．発注者・施工者は，第三者に損害を与えないよう設計・工法に配慮すべきであるが，住民の受忍の限度をこえた損害については賠償という問題を生じる．

（3） 天災・不可抗力（地震・洪水・暴風・戦争など）による損害

損害の負担

これらの損害を発注者（甲），請負業者（乙）のいずれが負担するかは，双方にとってきわめて重大な問題である．

建設業法（第19条）は損害のうち天災・不可抗力による損害の負担については，必ず特約するよう定めている．どのような負担方法を特約するかは，当事者の自由である．

（1） 民　法

民法によれば，工事中の損害はすべて乙の負担となる（4頁）．

負担について特約しなければこれによる．

（2） 大規模工事の契約慣行

民間連合作成の約款・公共工事用約款は，不可避的第三者損害および天災・不可抗力による損害を甲の負担としている．これは進歩的な契約である．

損害負担についての契約

損害の種類		民　法	進歩的な契約
一般的損害		乙	乙（17条）
第三者損害	一般的損害	乙	乙（16条）
	不可避的損害	乙	甲（16条）
天災・不可抗力による損害		乙	甲（18条）

（注）　（　）は，民間連合作成の約款の条項（30・31頁）を示す．

5章　建設投資・建設業の現状

1.　建設投資

　建設投資は，長い間経済の成長に支えられて相当な勢いで増大してきた．建築については，1980年ごろからしばらく29兆円前後で推移したが，1990年前後のバブル経済期に，一気に50兆円前後に跳ね上がった．狂気の時代といえる．
　その後その反動として，不況・デフレの時代となり，投資額は縮小している．

建設投資額（兆円）

年　度	1980	1985	1990	1995	2000
建　築	29(16)	29(15)	52(27)	40(24)	34(21)
土　木	20	21	29	39	36
合　計	49	50	81	79	70

　（注）　1.（　）内は，住宅建設投資額．内数．
　　　　2. 建設投資額は，1992年度がピークで84兆円，2003年度の予想は54兆円である．

（1）　バブル期は，建築投資はつぎのように膨脹した（数値は傾向を示すのみ）．
　建築面積130％×建築単価130％＝建築投資額170％（バブル前を100％とする）
すなわち，建築面積は増大し，これに伴って建築単価（材料費・労務費）は高騰した．
その後のデフレ期は，逆に建築面積は減少し，工事単価は下落した．
（2）　建設投資は，人間生活・社会活動を維持するために必要な量が存在するはずであり，これに経済的（景気など）・政治的（財政など）圧力が加わり，いろいろに変化する．
（3）　民間工事は，景気の影響が大きい．不況のとき，政府は景気対策として公共工事を増額してきた．しかし，今後はこのような財政措置は減少すると思われる．

建設投資の対 GDP（国内総生産）比

（1）　諸外国　　対 GDP 比のだいたいの傾向は，発展途上国では15～20％，先進国では5～10％である．理由として，つぎの2点が考えられる．
　①　先進諸国も，かつては15％前後であったものが，社会資本の整備につれて現在の数値となったとの説である．インフラ整備が進めば，建設投資は減少するということである．
　②　社会・経済構造の変化である．消費・設備費の比率の増大である．

(2) 日 本　日本の建設投資の対GNP比は，2000年頃までは15～18%であった．その後，急落し2003年の予想は11%程度である．インフラの整備・社会経済構造の変化・財政事情を考えれば，いずれ先進国なみの8～10%程度になることが予想される．

建設投資の対GNP(国民総生産)比(%)(1985年ごろ)

	日本	ドイツ	イタリア	米国	フランス	英国
全建設投資	17.5	12.4	10.6	9.2	4.8	4.2
住宅投資	6.2	6.3	5.8	4.4	2.2	1.4

建設投資の対GDP(国内総生産)比(1992年)(%)

	日本	米国	フランス	英国	カナダ	韓国
全建設投資	18.4	8.4	11.3	8.4	12.8	22.7
住宅投資	5.2	3.7	5.0	3.0	6.5	8.1

住宅投資

(1)　建設投資における住宅投資のウエイトは大きい．1970～2000年の建設戸数は，年間120～150万戸である．住宅不足が解消して，建替需要の時代である．また，一部では一世2戸住宅の需要も生じている．

(2)　人口1.2億人÷3人＝必要戸数4 000万戸を，30～40年で建て替えれば年間100～130万戸を得る．1戸当り1 500万円(土地代は含まない)とすれば，15～20兆円となる．

公共工事と民間工事

建築は民間工事(80～90%)が多い．土木は公共工事(75～80%)が多い．
① 民間工事は，景気の影響を受け，不況のときは工事量が減少する．
④ 公共工事は，政府の財政と経済政策の影響を受ける．

構造別の建築量

構造別の床面積(100万m²)

年度	1980	1985	1990	1995	2000
木造	87	70	84	85	70
SRC造	18	19	31	19	15
RC造	47	43	57	44	37
S造	60	67	105	84	70
ブロック造等	1	1	1	0.8	0.6
合計	213	200	278	233	194

(注)　1990年度はバブル期である．年間2億m²程度が通常の数値であると思われる．

2. 建設業者

建設業者数は，1980年に約50万に達し，その後は微増である．

建設業者数の推移(1949年に建設業法が施行された．)

年　度	1950	1960	1970	1980	1990	1995	2000
業者数(万)	3	7	16	49	51	55	57

業種別・取得業種数別・許可別・資本金別の建設業者数はつぎのとおり(1995年).

(1) 業種別(表1)　建設業には28業種がある．建築工事業・土木工事業以外は専門業である．建築工事業(建築一式を請負うことができる)は約20万社である．

表1　業種別

建 設 業 種	業者数(千)
建　　　築	208
土　　　木	133
とび・土工	113
大　　　工	51
内 装 仕 上	39
鋼 構 造 物	32
石	28
塗　　　装	23
屋　　　根	18
建　　　具	15
左　　　官	12

(2) 取得業種数別(表2)

1業種のみを取得する業者は約31万社，その他の社は複数の業種を取得している．

表2　取得業種数別

取得業種数	業者数(千)
1	308
2	100
3	36
5	17
10	1.4
20	0.1

(注)　中間は省略している．

(3) 許可別(表3)　知事許可業者が大多数で，大臣許可業者は2%弱である．
(4) 資本金別(表4)　個人企業と中小企業が圧倒的に多い．

表3　許可別(万)(1995)

	一般建設業	特定建設業	合計
大臣許可	0.6	0.6	1.0
知事許可	52.4	3.6	55.1

(注)　一般建設業と特定建設業と重複して許可を受ける業者がいるので，合計は合わない．

表4　資本金別(%)(1995)

個　　人		30%
法人	1000万円以下	41%
	5000万円以下	26 〃
	1億円以下	1.4 〃
	1億円以上	1.1 〃

3. 建設工事

(1) 施工高

前述の建設投資額は，元請施工高である．このほか，元請施工高の約50%程度の下請施工高がある．さらに孫請の施工高がある．

① 大手業者(上位30社)の1社当り年間施工高は，2000億～1.0兆円程度である．
② 別に，海外において年間0.5～1.0兆円程度の工事を受注している．

(2) 景気と工事量　建設業は景気の波を受けやすい．

① 好況時には工事量が多く，労働者不足・資材不足とこれに伴う賃金・資材費の高騰に悩まされるが，一般に利益率は高い．
② 不況時には工事量が減少し，業者間の受注競争が激化し，利益率が低下する．

(3) 利益率

建設業の利益率は，時代により業者によって異なるが，ほぼ1～3%である．他産業に比べて高いとはいえない．

(4) 建設資材

セメント・生コン・骨材・アスファルトの国内生産のほぼ100%，木材は約80%，鋼材は約50%が建設工事に用いられている．したがって，建設工事がそれらの業界に与える影響は非常に大きい．需給関係で価格が大きく変動したことがある．

(5) 建設労働

建設就業人口は約500万人で，全産業就業者の8～10%にあたる．

① 建設労働者　若年労働者・技能労働者が減少している．
② 労働災害　事故による年間死亡者は，全産業約2000人のうち，建設40%程度を占め，きわめて多い．

(6) 建設工事の課題

① 生産性の向上

機械化施工の推進，工業製品の活用，資材の規格化，などによる．

② 労働環境の改善

労働災害・休日・労働時間・労働福祉・職業訓練の充実などの問題がある．

③ 産業廃棄物

社会問題である．工事で発生する産廃(コンクリート破片・泥水を含む掘削土など)は，廃棄物処理法の定めるところにより処理する．

6章　工事請負契約約款

ここに記載する約款は，民間(旧四会)連合の工事請負契約約款(18頁)である．
(紙面の都合で，条文の省略・改変を相当に行っており，全体を60％程度に圧縮していることをお断りしておく．)
　　工事請負契約書＝工事請負契約書(下記のもの)＋工事請負契約約款＋設計図書

工事請負契約書
　　　　発注者　　　　　　　　と　請負者　　　　　　とは
　　　　工事名　　　　　　　　工事の施工について，
つぎの条項と添付の工事請負契約約款，設計図　　枚，仕様書　　冊
とにもとづいて，工事請負契約を結ぶ．
1. 工事場所
2. 工　期　　着手　平成　　年　　月　　日
　　　　　　　完成　平成　　年　　月　　日
3. 請負代金額　　　金
　　　　うち　工事価格
　　　　　　取引に係る消費税及び地方消費税の額
4. 請負代金の支払　　前　払　契約成立の時に
　　　　　　　　　　部分払

この契約の証として本書2通を作り，当事者および保証人が記名押印して，当事者がそれぞれ1通を保有する　．
　　平成　　年　　月　　日

　　　発注者　　　　　　　　　　　　　　　　　㊞
　　　　　同　保証人　　　　　　　　　　　　　㊞
　　　請負者　　　　　　　　　　　　　　　　　㊞
　　　　　同　保証人　　　　　　　　　　　　　㊞
　　　監理者として責任を負うためにここに記名押印する．
　　　監理者　　　　　　　　　　　　　　　　　㊞

工事請負契約約款

【目　次】

第 1 条	総則	第19条	第三者損害
第 2 条	工事用地など	第20条	施工一般の損害
第 3 条	関連工事の調整	第21条	不可抗力による損害
第 4 条	請負代金内訳書・工程表	第22条	損害保険
第 5 条	一括下請負・一括委任の禁止	第23条	完成・検査
第 6 条	権利・義務の譲渡などの禁止	第24条	部分使用
第 7 条	特許権などの使用	第25条	部分引渡
第 8 条	保証人	第26条	請求・支払・引渡
第 9 条	監理者	第27条	瑕疵の担保
第10条	現場代理人・監理技術者など	第28条	工事の変更，工期の変更
第11条	履行報告	第29条	請負代金額の変更
第12条	工事関係者についての異議	第30条	履行遅滞・違約金
第13条	工事材料・工事用機器など	第31条	甲の中止権・解除権
第14条	支給材料・貸与品	第32条	乙の中止権・解除権
第15条	丙の立会，工事記録の整備	第33条	解除に伴う措置
第16条	設計の疑義・条件の変更	第34条	紛争の解決
第17条	図面・仕様書に適合しない施工	第35条	補則
第18条	損害の防止		

第1条　総　則

（1）　発注者(甲という)と請負者(乙という)(甲と乙を「当事者」という)とは，おのおのの対等な立場において，日本国の法令を遵守して，互いに協力し，信義を守り，契約書，この工事請負契約約款(約款という)および添付の設計図・仕様書(設計図書といい，現場説明書およびその質問回答書を含む)にもとづいて，誠実にこの契約(契約書，約款および設計図書を内容とする請負契約をいう)を履行する．

（2）　乙は，この契約にもとづいて，工事を完成して契約の目的物を甲に引き渡すものとし，甲は，その請負代金の支払を完了する．

（3）　監理者(丙という)は，この契約が円滑に遂行されるように協力する．

第2条　工事用地など

甲は，敷地および設計図書において甲が提供するものと定められた施工上必要な工事用地などを，施工上必要と認められる日までに確保し，乙の使用に供する．

第3条　関連工事の調整

甲(または丙)は，甲の発注する第三者の工事が乙の施工する工事と密接に関連する場合は，必要があるときは，それらの施工の調整を行う．この場合，乙は，甲または丙の調整に従い，第三者の施工が円滑に進捗するよう協力しなければならない．

第4条　請負代金内訳書・工程表
　乙は，この契約を結んだのちすみやかに請負代金内訳書(内訳書という)および工程表を，丙に提出してその承認をうける．

第5条　一括下請負・一括委任の禁止
　乙は，あらかじめ甲の書面による承諾を得なければ，工事の全部もしくはその主たる部分の工事を一括して，第三者に請け負わせ，もしくは委任することはできない．

第6条　権利・義務の譲渡などの禁止(条文省略)

第7条　特許権などの使用(条文省略)

第8条　保証人(保証人を立てる場合に用いる)
（1）　保証人は，当事者に債務不履行があったときは，この契約から生ずる金銭債務について，当事者と連帯して保証の責を負う．
（2）　当事者は，相手方に対し義務を果せない保証人の変更を求めることができる．

第9条　監理者
（1）　丙は，甲の委任をうけ，この契約に別段の定めのあるほか，つぎのことを行う．
a　設計意図を正確に伝えるため，乙と打ち合わせ，必要に応じて説明図などを作成し，乙に交付する．
b　設計図書にもとづいて作成した詳細図などを，必要な時期に，乙に交付する．
c　乙の提出する施工計画を検討し，必要に応じて，乙に対して助言する．
d　設計図書の定めにより乙が作成する施工図(現寸図・工作図などをいう)・模型などが設計図書の内容に適合しているか否かを検討し，承認する．
e　設計図書に定めるところにより，施工について指示し，施工に立ち会い，工事材料・建築設備機器および仕上見本などを検査または検討し，承認する．
f　工事の内容が設計図・説明図・詳細図・施工図(これらを「図面」という)，仕様書などこの契約に合致していることを確認する．
g　乙の提出する出来高払または完成払の請求書を技術的に審査する．
h　工事の内容・工期または請負代金額の変更に関する書類を技術的に審査する．
i　工事の完成を確認し，契約の目的物の引渡に立ち会う．
（2）　乙がこの契約にもとづく指示・検査・試験・立会・確認・審査・承認・意見・協議などを求めたときは，丙は，すみやかにこれに応ずる．
（3）　当事者は，この契約に定める事項を除き，工事について当事者間で通知・協議を行う場合は，原則として，通知は丙を通じて，協議は丙を参加させて行う．
（4）　丙の乙に対する指示・確認・承認などは原則として書面による．

第10条　現場代理人・監理技術者など

(1)　乙は，現場代理人および監理技術者または主任技術者・専門技術者(建設業法第26条の2に規定する技術者)を定め，書面をもってその氏名を甲に通知する．

(2)　現場代理人は，工事現場いっさいの事項を処理し，その責を負う．ただし，工事現場の取締・安全衛生・災害防止など重要な事項については，丙に通知する．

(3)　現場代理人は，つぎに定める権限を除き，この契約にもとづく乙のいっさいの権限を行使することができる．

a　請負代金額の変更　　b　工期の変更
c　請負代金の請求または受領　　d　第12条(1)の請求の受理
e　工事の中止・この契約の解除および損害賠償の請求

(4)　現場代理人・監理技術者・主任技術者・専門技術者は，これを兼ねることができる．

第11条　履行報告(条文省略)

第12条　工事関係者についての異議

(1)　甲は，丙の意見にもとづいて，乙の現場代理人・監理技術者・主任技術者・専門技術者・従業員ならびに下請負者・その作業員のうちに，工事の施工または管理について著しく適当でない者があるときは，乙に対して，必要な措置を求めることができる．

(2)　乙は，丙の業務を代理して行う監理者または現場常駐監理者の処置が著しく適当でないと認めたときは，丙に対して，必要な措置を求めることができる．

(3)　乙は，丙の処置が著しく適当でないと認められるときは，甲に対して異議を申し立てることができる．

第13条　工事材料・工事用機器など

(1)　乙は，設計図書において丙の検査をうけ，または試験することを定めた工事材料・建築設備機器については，当該検査(または試験)に合格したものを用いる．

(2)　前項の検査または試験に直接必要な費用は，乙の負担とする．ただし，設計図書に定めのない検査または試験に要する費用は，甲の負担とする．

(3)　工事材料・建築設備機器の品質は，設計図書に定めるところによる．設計図書にその品質が明示されていないものがあるときは，中等の品質のものとする．

第14条　支給材料・貸与品(条文省略)

第15条　丙の立会，工事記録の整備

(1)　乙は，丙の立会を定めた工事を施工するときは，丙に通知する．

(2)　乙は，丙の指示があったときは，丙の立会なく施工することができる．この場合，乙は，工事写真などの記録を整備して丙に提出する．

第16条　設計の疑義・条件の変更
（1）　つぎの各号の場合，乙は，ただちに書面をもって丙に通知する．
a　図面・仕様書の表示が明確でないとき，図面と仕様書とが一致しないとき，または図面・仕様書に誤謬あるいは脱漏があるとき．
b　図面・仕様書または丙の指示について，乙がこれによって施工することが適当でないと認めたとき．
c　工事現場の状態・地質・湧水・施工上の制約などについて，設計図書に示された施工条件が実際と相違するとき．
d　工事現場において，施工の支障となる予期しえない事態が発生したとき．
（2）　丙は，前項の場合または自らこれらを発見したときは，ただちに乙に指示する．
（3）　前項の場合，工事の内容，工期または請負代金額を変更する必要があるときは，甲・乙・丙が協議して定める．

第17条　図面・仕様書に適合しない施工
（1）　図面・仕様書に適合しない施工部分があるときは，丙の指示によって，乙は，費用を負担してこれを改造する．乙は，これによる工期の延長を求めることはできない．
（2）　丙は，図面・仕様書に適合しない疑いのある施工について，甲の書面による同意を得て，必要な範囲で破壊してその部分を検査することができる．
（3）　前項の破壊検査の結果，図面・仕様書に適合していない場合は，破壊検査の費用は乙の負担とする．図面・仕様書に適合している場合は，破壊検査・復旧に要する費用は甲の負担とし，乙は，工期の延長を請求することができる．
（4）　つぎの図面・仕様書に適合しない施工については，乙は，その責を負わない．
a　丙の指示によるとき．
b　支給材料，指定された工事材料・施工方法によるとき．
c　第13条の検査・試験に合格した工事材料・建築設備機器によるとき．
d　その他施工について甲または丙の責に帰すべき理由によるとき．
（5）　前項において，施工について乙の故意または重大な過失によるとき，または乙がその適当でないことを知りながら丙に通知しなかったときは，乙は，その責を免れない．

第18条　損害の防止
（1）　乙は，工事の完成引渡まで，自己の費用で，契約の目的物，工事材料・建築設備機器または近接する工作物もしくは第三者に対する損害の防止のため，設計図書と関係法令にもとづき，工事と環境に相応した必要な処置をする．
（2）　乙は，災害防止などのため必要と認めたときは，あらかじめ丙の意見を求めて臨

機の処置を取る．ただし，急を要するときは，処置をしたのち丙に通知する．
（3） 本条の処置に要した費用の負担については，甲・乙・丙が協議して，請負代金額に含むことが適当でない費用は甲の負担とする．

第19条　第三者損害
（1） 施工のため第三者に損害を及ぼしたときは，乙がその損害を賠償する．ただし，その損害のうち甲の責に帰すべき事由により生じたものは，甲の負担とする．
（2） 施工について乙が善良な管理者としての注意を払っても避けることができない騒音・振動・地盤沈下などにより第三者に与えた損害の補償は，甲が負担する．
（3） 施工について第三者との間に紛争が生じたときは，乙がその処理解決にあたる．ただし，乙だけで解決し難いときは，甲は，乙に協力する．
（4） 契約の目的物にもとづく日照阻害・電波障害その他甲の責に帰すべき事由により，第三者との間に紛争が生じたとき，または損害を第三者に与えたときは，甲がその処理解決にあたり，必要あるときは，乙は，甲に協力する．この場合，第三者に与えた損害の補償は，甲が負担する．
（5） 本条の場合，乙は，甲に対して工期の延長を請求することができる．

第20条　施工一般の損害
（1） 工事の完成引渡までに，契約の目的物，工事材料・建築設備機器，支給材料，その他施工一般について生じた損害は，乙の負担とし，工期は延長しない．
（2） 前項の損害のうち，つぎの各号の場合に生じたものは，甲の負担とし，乙は，甲に対して工期の延長を求めることができる．
a　甲の都合によって，着手期日までに着工できなかったとき，または甲が工事を繰延べもしくは中止したとき．
b　前払または部分払が遅れたため，乙が着工せずまたは工事を中止したとき．
c　その他甲または丙の責に帰すべき事由によるとき．

第21条　不可抗力による損害
（1） 天災その他自然的または人為的な事象であって，甲・乙いずれにもその責を帰することのできない事由(不可抗力という)によって，工事の出来形部分，工事仮設物，現場に搬入した工事材料・建築設備機器または工事用機器について損害が生じたときは，乙は，すみやかにその状況を甲に通知する．
（2） 前項の損害について，甲・乙・丙が協議して重大，かつ，乙が善良な管理者としての注意をしたと認められるものは，甲がこれを負担する．

第 22 条　損害保険（条文削除）
第 23 条　完成・検査
（1）　乙は，工事を完了したときは，丙に検査を求め，丙は，すみやかに乙の立会のもとに検査を行う．
（2）　乙は，工期内または丙の指定する期間内に，丙の指示に従って仮設物の取払，あと片付などの処置を行う．
第 24 条　部分使用（条文削除）
第 25 条　部分引渡（条文削除）
第 26 条　請求・支払・引渡
（1）　第 23 条の検査に合格したときは，乙は，甲に契約の目的物を引き渡し，同時に，甲は，乙に請負代金の支払を完了する．
（2）　乙は，工事の完成前に部分払を請求することができる．この場合，出来高払によるときは，乙の請求額は，丙の検査に合格した工事の出来形部分と検査済の工事材料・建築設備機器に対する請負代金相当額の 9/10 に相当する額とする．
（3）　前払をうけているときは，前項の出来高払の請求額は，つぎの式による．

$$請求額 ≒ (2)による金額 \times \left(\frac{請負代金額 - 前払金額}{請負代金額} \right)$$

第 27 条　瑕疵の担保
（1）　契約の目的物に施工上の瑕疵があるときは，甲は，乙に対して，その瑕疵の修補を求め，または修補に代えもしくは修補とともに損害の賠償を求めることができる．ただし，瑕疵が重要でなく，かつ，その修補に過分の費用を要するときは，甲は修補を求めることができない．
（2）　前項による瑕疵担保期間は，引渡の日から，木造の建物については 1 年間，石造・金属造・コンクリート造およびこれらに類する建物・工作物・地盤については 2 年間とする．ただし，その瑕疵が乙の故意または重大な過失によって生じたものであるときは 1 年を 5 年とし，2 年を 10 年とする．
（3）　建築設備機器・室内装飾・家具などの瑕疵は，引渡のとき，丙が検査してただちにその修補または取替を求めなければ，乙は，その責を負わない．ただし，かくれた瑕疵については，引渡の日から 1 年間担保の責を負う．
（4）　甲は，契約目的物の引渡時に，瑕疵があることを知ったときは，遅滞なく書面でその旨を乙に通知しなければ，当該瑕疵の修補または損害の賠償を求めることができない．ただし，乙がその瑕疵があることを知っていたときはこの限りでない．

（5）　瑕疵による契約の目的物の滅失または毀損については，甲は，2項の期間内で，かつ，その滅失または毀損の日から6か月以内でなければ，1項の権利を行使することができない．

（6）　住宅の品質確保の促進等に関する法律(略して住宅品確法)87条1項に定める住宅の建設工事の場合，構造耐力上主要な部分又は雨水の浸入を防止する部分として同法に定める瑕疵について，乙は引渡の日から10年間，1項の責任を負う．

第28条　工事の変更，工期の変更

（1）　甲は，必要によって，工事を追加しまたは変更することができる．

（2）　甲は，必要によって，乙に工期の変更を求めることができる．

（3）　乙は，前2項による損害の補償を甲に求めることができる．

（4）　乙は，工事の追加・変更，不可抗力，関連工事の調整，その他正当な理由があるときは，工期の延長を請求することができる．

第29条　請負代金額の変更

（1）　つぎの各号のときは，当事者は，相手方に請負代金額の変更を求めることができる．

a　工事の追加・変更があったとき．

b　工期の変更があったとき．

c　第3条の関連工事の調整に従ったために増加費用が生じたとき．

d　契約期間内に予期することのできない法令の制定・改廃，経済事情の激変などによって，請負代金額が明らかに適当でないと認められるとき．

e　長期契約で，法令の制定・改廃，物価・賃金などの変動によって，契約時から1年経過後の工事部分に対する請負代金相当額が適当でないと認められるとき．

f　中止または災害をうけた工事を続行する場合，請負代金額が適当でないとき．

（2）　請負代金額を変更するときは，原則として，工事の減少部分については丙の承認を受けた内訳書の単価により，増加部分については時価による．

第30条　履行遅滞・違約金

（1）　乙の責に帰すべき理由により，契約期間内に契約目的物を引き渡すことができないときは，甲は，遅滞日数1日につき，請負代金額から工事の出来形部分と検査済の工事材料・建築設備機器に対する請負代金相当額を控除した額の4/10 000に相当する額の違約金を請求することができる．

（2）　甲が第26条の請負代金の支払を完了しないときは，乙は，遅滞日数1日につき支払遅滞額の4/10 000の違約金を請求することができる．

（3）　甲が前払または部分払を遅滞しているときは，前条の規定を適用する．

（4） 甲が本条（2）の遅滞にあるときは，乙は，契約の目的物の引渡を拒むことができる．この場合，契約目的物に生じた損害および管理費用は，甲の負担とする．

第 31 条　甲の中止権・解除権

（1） 甲は，必要によって，工事を中止しまたは契約を解除することができる．この場合，甲は，これによって生じる乙の損害を賠償する．

（2） 甲は，相当な事由（乙が工事に着手しない，工事が著しく遅れ完成の見込がない，建設業の許可を取り消されるなど）のあるときは，工事を中止しまたは契約を解除することができる．この場合，甲は，乙に損害の賠償を請求することができる．

第 32 条　乙の中止権・解除権

（1） 相当な事由のあるとき（甲が前払または部分払を遅滞したとき，不可抗力などのため乙が施工できないとき，そのほか，甲の責に帰すべき理由により工事が著しく遅延したときなど）は，乙は，甲に対し，書面をもって，相当の期間を定めて催告してもなお解消されないときは，工事を中止することができる．

（2） つぎのとき，乙は，この契約を解除することができる．

a　前項の工事の遅延・中止期間が，工期の 1/4 以上，または 2 か月以上になったとき．
b　甲が工事を著しく減少したため，請負代金額が 2/3 以上減少したとき．
c　甲がこの契約に違反し，その違反によって契約の履行ができなくなったとき．

（3） 前各項の場合，乙は甲に損害の賠償を請求することができる．

第 33 条　解除に伴う措置（条文省略）

第 34 条　紛争の解決

（1） この契約について当事者間に紛争が生じたときは，当事者の双方または一方から相手方の承認する第三者を選んでこれにその解決を依頼するか，または建設業法による建設工事紛争審査会（以下審査会という）のあっせんまたは調停によってその解決を図る．

（2） 当事者の双方または一方により紛争を解決する見込がないと認めたとき，もしくは審査会があっせんまたは調停をしないものとしたとき，または打ち切ったときは，当事者は，仲裁合意書にもとづいて審査会の仲裁に付することができる．

第 35 条　補　則

この契約に定めのない事項については，必要に応じて甲・乙・丙が協議して定める．

［平成 12 年 4 月改正　民間（旧四会）連合協定工事請負契約約款より］

2編 施工一般

1章　施　工　計　画

1. 工程の概要

建築工事の工程は，概略してつぎの4つに区分することができる．

準備・仮設工事　⟶　山留・掘削・地業　⟶　構造体工事　⟶　仕上工事

それぞれの工程は特有の性格を有し，その中味は単調・単純なものではない．
RC(鉄筋コンクリート reinforced concrete)造の建築工事について，その各工程を概観してみよう．

準備・仮設工事
請負契約締結日から，やりかた・掘削など直接工事に着手するまでの期間である．
　この期間は，工事規模，立地条件，請負業者などによって相違するが，だいたい10～40日程度である．なるべく短縮するようにする．
（1）　準備作業
① 現場担当者を決定し，実施予算，実施工程などの諸計画を作成する．
② 下請業者の決定，資材の手配，関係官公庁への届出などの諸手続を行う．
（2）　仮設(共通仮設)工事
① 現場事務所，倉庫，下小屋などの仮設建物を建設する．敷地がせまいときは，これらの用地を現場近くに確保する．
② 仮設の道路，水道，電気の設置をする．
（3）　直接工事では下請業者の力に負うところ大であるが，ここは請負業者自らが力を発揮する重大な局面である．1日も早く直接工事に着手するようにする．
　日数を空費し，仕上げ段階で工程を取り返そうとするのは最も稚拙なやり方である．
（4）　敷地測量と地盤調査は，計画・設計段階に行われるべきであるが，この期間に行われる場合がある．また整地工事が行われる場合もある．

掘削・地業工事
やりかた・掘削から，いよいよ直接工事の段階に入る．
（1）　掘削　　施工中に地中障害物・湧水など予期しない支障が生ずる，地盤が当初の予想と異なる，などのため計画のくるいやすい工程である．

（2） 杭工事　大規模な杭工事は，工期的にも経済的にも重要である．環境（振動・騒音・泥水）問題もある．

（3） 大規模な地下室のある場合　山止め・掘削は，技術的にも経済的にも重大である．大きな危険も伴う．技術的検討を行い，慎重に施工する．

構造体工事

型枠・配筋・コンクリート打ち・養生・型枠除去の順に工事が進む．電気配管も同時に行われる．材料の手配と施工計画がよければ，計画どおりに進行する．

（1） 階ごとのコンクリート打設間隔は，建物規模にもよるが，15～20日である．

（2） 工程に影響する要素は，

① 型枠の存置期間，　② 冬期における気温，　③ 雨などの天候，などである．

（3） コンクリート打ちは，凍害防止のため，極寒期を避けるように計画する．

（4） SRC（鉄骨鉄筋コンクリート）造の場合

コンクリート打ちの前に鉄骨の建方を行う．鉄骨の工場製作は，早めに発注する．

仕上工事

仕上げは，普通の場合は構造体工事が完了してから行うが，大規模工事においては構造体工事とラップして行う．

仕上工事は多くの工事がふくそうし，労務者の職種も多い．

（1） 仕上材料

① 種類も多く外注品も多い．材料の手配・加工は事前に行う．

② 搬入の遅延，数量の不足，不良品の発生，保管中の破損・汚染などが生じる．

（2） 工程の遅延

仕上げの日数には余裕が必要である．

① 左官・防水・塗装などは，下地処理・仕上げに一定の養生期間が必要である．

② 仕上げが不良の場合は，手直しが必要である．

（3） 突貫工事　色々の事由により仕上日数に不足を生ずるケースがある．仕上げの突貫工事は，費用もかかるし工事の質も低下する．

もし，突貫工事を行うならば，準備・仮設工事の段階で行うべきである．

（4） 設備工事

仕上工事に並行して行われるので，十分に調整を図る．

（5） 手直し・清掃・後片付け

仕上げがほぼ完成してから，相当の日数を要する．5～10日程度を見込む．

2. 工程管理

(1) 工程管理

工事が順調に進捗し，所要の工期内に完成するよう，工事計画をたて，材料・労務・機械などの手配を行う．

(2) 工程表　工程管理を行うため，工事当初に工程表を作成する．

資材・労務・天候など種々の事情により，工事は必ずしも工程表のとおりには進行しない．したがって，工程表は工事の進行に伴って常に修正されること，当初の工程表は多少の弾力を有すること，が必要である．

工程表

(1) 棒線式工程表 bar chart

土工事・コンクリート工事などの工事種目または作業ごとに工程を棒グラフで示し，これに出来形・進捗状況を記入し，予定と実施を比較しながら工程を管理する．

バーチャート

最も普通で，簡単な工程表である．ほとんどすべての工事に用いられる．

契約締結のさいに請負人が発注者に提出する工程表も，一般にこれである．

(2) 図表式工程表

平面図・断面図に工程の予定と実施を，工事種目別に色分けや記号などによって記入する．

建物各部分の進捗状況が把握できるが，時間の流れが明らかでない．

(3) 折線グラフ式工程表

出来形・労務者数などを縦軸にして，工事進捗状況を折線グラフで表現する．

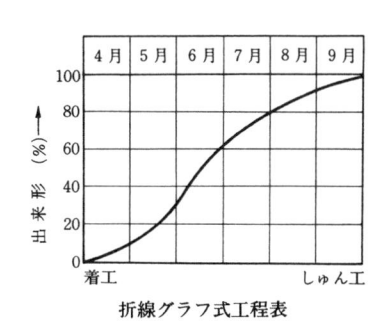

折線グラフ式工程表

（4） ネットワーク network

各作業の流れとその相互関係を明らかにする．全体の作業が把握でき，工程上の問題点を明らかにすることができる．

本格的なものは高度の内容をもつが，複雑で，小規模工事には適さない．

① アロー形ネットワーク　アロー（矢線）は作業を表す．

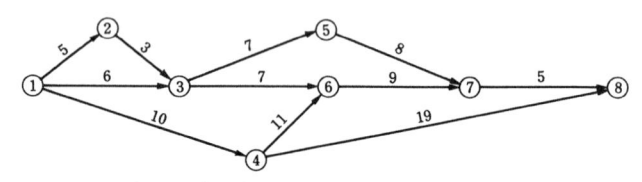

アロー形ネットワーク（数字は作業の所要日数）

最短工程は，①―④―⑥―⑦―⑧ で35日である．工程を短縮するには，この線上の作業を短縮すればよい．他の作業を短縮しても効果はない．

② サークル形ネットワーク　作業の順序を表す．

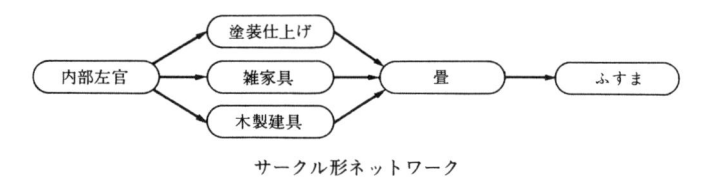

サークル形ネットワーク

3．工　期

（1） 工事を支配する要素

工事費・工程・工期は，これらの影響を受ける．

第1次要因（内的，技術的）
　　　　① 構造（木造，RC造など）　　② 建物規模（面積，階数など）
　　　　③ 建物用途（住宅・工場など）　④ 杭の有無，仕上げの程度など

第2次要因（外的，環境的）
　　　　① 労務・資材状況などの社会経済条件　② 気候，季節などの天然現象
　　　　③ 地理的立地条件

第3次要因（人的）
　　　　① 請負業者の能力　　② 発注者の要求
　　　　③ 設計の良否　　　　④ 現場代理人，工事監理者の能力

（2）建築工事の工期

建築工事は多くの工事が有機的に結合したものである．工期は，それらの各工事の必要日数を有機的に結合して求める．

工期を統計的にみた場合，ある数値を見出すことができる．

RC造5階建の工期

前期（準備・地業）	30～40日
中期（構造体）	60～80日
後期（仕上げ）	80～90日
工　　期	170～210日

（注）杭打ちは含まない．

（3）全工期

全工期は，建築工事の工期と，前工事・あと工事の工期とからなる．

付加的工事は，建築工事とラップして行われる部分もあるが，大規模の場合には，相当な日数を要する．付加的工事との調整が非常に大切である．

$$全工期 = \boxed{前工事} + 建築工事 + \boxed{あと工事}$$

① 前工事は，調査，敷地測量，地盤調査，敷地造成工事などである．
② あと工事は，屋外給排水，道路，造園，植栽などである．

4．届出（法規制）

建築施工は，建築基準法・建設業法・労働安全衛生法など多くの法規の規制を受ける．このうち，品質の確保，施工の危険防止に関するものが重要である．

建築基準法による届出等

（1）確認申請

建築主は，建築の着工前に，確認申請書を提出して建築主事の確認を受けなければならない（6条）．工作物もこれに準ずる（88条）．

（2）着工届

建築主は，着工前に着工届を知事に届け出なければならない（15条）．

（3）完了届（7条）

① 建築主は，工事完了後4日以内に工事完了届を建築主事に届け出なければならない．
② 届出後7日以内に建築主事の検査が行われ，合格すれば検査済証が交付される．検査済証の交付がなければ，建物は使用することができない．

（4）設計図書

施工者は，設計図書を工事現場に備えておかなければならない（89条）．

（5）確認の表示

施工者は，現場の見やすい場所に次図の確認の表示をしなければならない（89条）．

工事現場における確認の表示（大きさ25×35cm以上の木板とする）

建築基準法による確認済	
確認年月日番号	年　月　日　第　号
建築主事氏名	
建築主又は 建築主氏名	
設計者氏名	
工事施工者氏名	
工事現場管理者氏名	

5. 災害防止（法規制）

労働安全衛生法

労働安全衛生法・労働安全衛生規則は，災害防止の立場から，危険を伴う工事，とくに根切り・足場・型枠・鉄骨組立・建設機械についてきびしく規制している．

（1）安全管理者の設置

常時50人以上の労務者のいる現場には安全管理者を置く．

（2）計画の届出

建設業者は，つぎの工事を行う場合は，その計画を事前に労働基準監督署に届け出なければならない．

　　　高さ31mをこえる建築物……………………………14日前
　　　深さ10m以上の根切り………………………………14日前
　　　高さ10m以上の足場・吊り足場・張出し足場……30日前
　　　高さ3.5m以上の支柱のある型枠……………………30日前

（3）作業主任者の選任

建設業者は次表の作業を行うときは，作業主任者を選任しなければならない．

　　　〈作業主任者〉　　　　　　　　　〈作　　　業〉

足場の組立作業主任者……高さ5m以上の足場・吊り足場・張出し足場の組立・解体
地山の掘削　　　〃　　……深さが2m以上の地山の掘削
土止め支保工　　〃　　……土留め支保工の切りばり・腹起しの取付け・除去
型枠支保工　　　〃　　……型枠支保工の組立・解体
鉄骨の組立　　　〃　　……高さ5以上の組立

① 作業主任者は，それぞれ定められた技能講習を修了した者とする．
② 作業主任者は，現場作業を指揮し，労働災害を防止するための管理をする．
（4） 建設機械の安全対策

　　　　整地・運搬用…………ブルドーザ等
　　　　掘削用……………………パワーショベル等
　　　　基礎工事用……………杭打ち機・アースドリル等
　　　　締固め用………………ローラー
　　　　コンクリート打設用…コンクリートポンプ車
　　　　解体用……………………ブレーカ

上記の建設機械については，つぎの安全対策を行わなければならない．
① 建設機械の貸与者(リース業者)は，機械を点検・整備し，その他必要な安全処置を行わなければならない．
② 事業者(事業を行い労働者を使用する者，たとえば生コン業者・杭打業者)は，安全のための教育を実施しなければならない．

建設基準法

建築基準法は，法90条・令136条の2～7において，工事現場の危害の防止について定めている．
① 仮囲い(令136条の2の16)
② 根切り・山留め工事を行う場合の危害の防止(令136条の3)
③ 基礎工事用機械等の転倒による危害の防止(令136条の4)
機械は，杭打ち機・杭抜き機・アースドリル・リバースドリル等である．
④ 落下物に対する防護(令136条の5)
⑤ 建方(令136条の6)
⑥ 工事用材料の集積(令136条の7)

2章 地盤調査

　べた基礎で高層建築を支持しうる硬い地盤もあり，杭打ちか地盤改良をしなければ低層住宅も支持しえない軟弱地盤もある．地盤は，複雑かつ多様である．
　①建築構造・基礎構造の設計のため，②掘削・山留め・杭の安全な施工のため地盤の情報を得るのが，地盤調査の目的である．

地耐力・地盤調査

　（1）　令93条　地盤の許容応力度および基礎杭の許容支持力は，国交省（平13告示1113号）の定める地盤調査を行い，その結果によって定めなければならない．
　ただし，右表によることができる．
　（2）　告示の定める地盤調査は，次のとおりである．

地盤の長期許容応力度（kN/m²）	
岩盤	1 000
団結した砂	500
土丹盤	300
密実な礫層	300
密実な砂地盤	200
砂質地盤*	50
硬い粘土質地盤	100
粘土質地盤	20
硬いローム層	100
ローム層	50

（注）　1．短期許容応力度は，長期の2倍である．
　　　2．＊は，地震時に液状化のおそれのないものに限る．

　① ボーリング調査　　② 標準貫入試験
　③ 静的貫入試験　　　④ ベーン試験
　⑤ 土質試験　　　　　⑥ 物理試験
　⑦ 平板載荷試験　　　⑧ 載荷試験
　⑨ 杭打ち試験　　　　⑩ 引抜き試験

地盤調査の種類

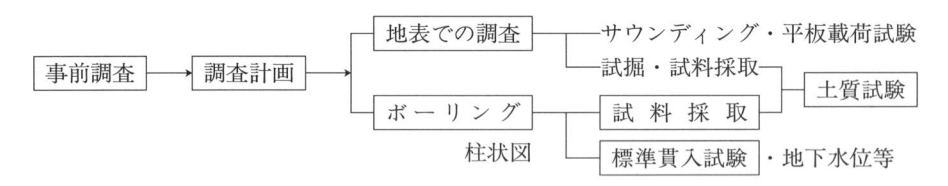

事前調査 → 調査計画 → 地表での調査 ─ サウンディング・平板載荷試験
　　　　　　　　　　　　　　　　　　 ─ 試掘・試料採取 ┐
　　　　　　　　　　　 → ボーリング ─ 試料採取 　　　├─ 土質試験
　　　　　　　　　　　　　 柱状図　　─ 標準貫入試験・地下水位等

事前調査

　（1）　資料調査　　国土交通省，公共団体等が調査・発行している地形図・地質図・地盤図（ボーリングのデータをまとめたもの）を調べる．得るところが大きい．
　（2）　近隣調査　　近隣建物の設計・施工の情報を入手する．
　（3）　現地調査　　現地とその周辺を踏査する．地形・地盤の状況について調べる．

調査計画

地盤調査の項目・内容・調査方法などを決める．

（1） 地形と地耐力

地形→地層・地盤→地耐力→基礎形式 にはそれぞれ相関がある．

地形と地層・地耐力（ごく概略）

地 形	山岳地	台地・丘陵地	平野・盆地	海浜・造成地
地 層 地耐力	岩盤・硬質土 強い	洪積層 やや強い	沖積層 やや弱い	盛土・埋立土 不同沈下あり

（2） 発 注 　地盤調査を，地質調査の専門業者に発注するケースは多い．

委託業務は，資料収集・現地測定・土質試験などの直接業務のほか，試験データの解析・基礎工の提案などのコンサルタント業務を含む．

（3） 調査費用　 建物の重要度・地盤の状況に応じた費用は必要である．

地盤の悪い地盤ほど高額である．沖積層で，建設費の $0.2 \sim 0.6\%$ 程度である．

本調査

本調査は，つぎの2つに大別することができる．

（1） 地表で行う調査

浅い地盤の調査．主として軽微な建物の調査である．

（2） ボーリングによる調査

深い地盤の調査である．重要な建物の調査はこれによる．

ボーリングのとき，原則として標準貫入試験と試料採取を行う．

1. 主として地表で行う地盤調査

試 掘

地盤調査のため，地表面から深さ1～2m程度を掘削する．これによって，地盤状態の確認と乱されない試料の採取などが可能である．

ハンドオーガーボーリング hand auger boring

手動の簡単なボーリング．深さ5(最高10)m程度まで掘進する．

地盤構成の確認と乱した試料の採取を行う．

ベイン試験

ベインテスター（vaneは羽根）を軟らかい粘土層に貫入し，回転させ，その回転力によって粘土の粘着力を調査する．

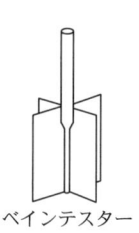

ベインテスター

平板載荷試験

（1） 調査方法　直接基礎の支持地盤面に，載荷板（たとえば径50cmの円形または30cmの角形の厚鋼板）を設置し，これに載荷（重機等の重量などを用いる）して，地耐力を求める．

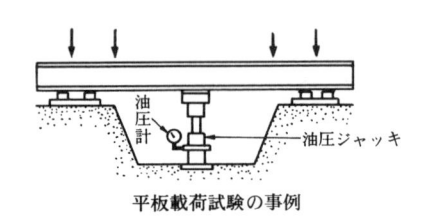

平板載荷試験の事例　　　　　応力の分布

（2） 調査の効果　変形・応力の及ぶ範囲は，載荷板の2倍程度の深さまでである．浅い地盤を調査したことになるので，別に深い地層の変化を調べておく必要がある．

静的貫入試験

サウンディング sounding ともいう．調査器を地中に貫入して地耐力を調査する．

（1） 原始的な方法

19～25φ 程度の鉄筋 sound rod を人力で地中に差し込み，その手応えで地盤の硬さを判定する．これを改良したものに，簡便なポータブルコーン貫入試験がある．

（2） 本格的な方法

貫入試験は，能率・精度よく地中20mくらいまで調査できるが，試料採取ができないこと，硬い地盤の貫入が難しいことが欠点である．

① オランダ式貫入試験（ダッチコーン）

円錐状のコーンを静的に地中に圧入し，その圧入量で地耐力を判定する．

② スウェーデン式貫入試験

ロッドに荷重をかけ，先端のスクリューポイントを回転させて圧入する．荷重と貫入量から地耐力を求める．

2．ボーリングによる地盤調査

ボーリング boring

ボーリングにより，標準貫入試験・試料採取・地下水位などの測定をする．

これらのデータを用いて柱状図を作成する．

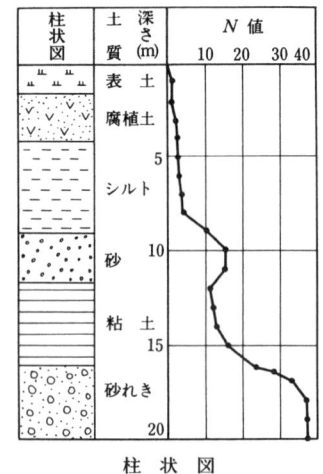

柱状図

(1) 掘　削
ロータリーボーリングとする．ロッドの先端に取り付けたビット(地盤の硬軟に応じて取り替える)を回転させて，掘進する．
ロッドの先端より泥水を噴出させて，孔壁の崩壊を防止する．
(2) 孔　径
約7〜12cmである．用いるサンプラーの種類によって異なる．

標準貫入試験

土の締まり方・強度を測定する．サウンディグの一種で，動的貫入試験である．
ボーリングの際，掘削をすすめながら，原則として標準貫入試験と試料採取を行う．これがボーリングの目的である．
(1) 試験方法
径5.1cm，長さ81cmの標準貫入用サンプラー(乱された試料の採取が可能である)を，63.5kgのおもりを75cmの高さから自由落下させて打込む．
(2) N値の測定
① 貫入量30cmに達する打撃回数をN値とする．
② 普通，深さ1mごとに測定する．
③ 乱されない試料を採取して土質試験を行うときは，普通，N値の測定を省略する．
(3) N値
N値より，地耐力を求める．N値と地耐力とは，相関関係がある．ただし，同じN値でも，砂質土と粘性土とでは，その地耐力は相当に異なる．

試料の採取 sampling

地表で試料を採取することも可能であるが，ボーリングの際は，必ず試料採取を行う．
(1) 試料 sample　　乱された試料と乱されない試料がある．
土は，乱されると力学的性状が変化するので，乱されない試料の方が価値がある．
砂質土は，乱されない試料の採取は困難である．
(2) 乱した試料の採取
ボーリングの場合は，標準貫入試験用のサンプラーで採取する．
(3) 乱されない試料の採取
① $N<4$(軟らかい粘性土)の場合　　シンウォールサンプラーを用いる．
厚1〜2mmの薄肉のチューブ(径約7cm・長さ約50cm)を圧入して試料を取る．
② $N>4$(硬質粘性土)の場合　　デニソン型サンプラーを用いる．
2重管(チューブ)の外管を回転して土を切ってから，内管を圧入して試料を取る．

3. 土質試験

採取した試料を土質試験する．JISの定める土質試験の種類は多いが，一般的な試験は，次のとおりである．

(1) 物理試験　含水量試験・粒度試験・透水試験・圧密試験など．
(2) 強度試験

すべて，乱されない試料による試験である．地耐力の調査には，標準貫入試験のみ行い，強度試験を行わないケースも多い．

① 一軸圧縮試験　径3～7cmの円柱形の試料を，圧縮試験する．
② せん断試験　垂直力を変えて，これに応ずるせん断力を測定する．
③ 三軸圧縮試験

ゴム膜で包んだ円筒状の試料に側圧（水圧）を加え（地盤中の状態に近い状態にする）ながら垂直荷重を加えて破壊させる．

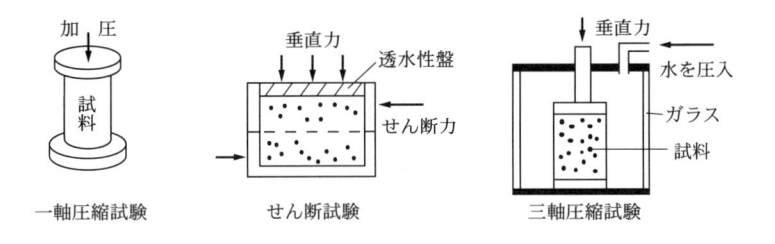

4. 土の性質

(1) 土の粒径　土は粒径によって，れき・砂・シルト・粘土に分類される．
粘土の粒径は非常に小さい．粘土は5μm以下．シルトは75μm以下である（JIS）．
(2) 土の分類

土は，これらが混合したものであるが，工学的には，粘性土と砂質土に分ける（実際には両者の中間の性質をもった中間土が多い）．
両者は，物理的・力学的性質を非常に異にする．

土・地盤の強度

強度は土の最も重要な性質で，荷重が土の強度をこえると，地盤は崩壊する．

(1) 粘土・粘性土

粘土の強度は，粘着力である．非常に水の影響をうける．

① 粘性土地盤は，水を含んだ場合は著しく弱くなる．がけは，豪雨・長雨によって崩壊する．侵入水による地盤の弱化によるものである．
② 粘土は，古代の城壁・万里長城にも用いられ，現在も粘土の日干しれんがは，建築用材に広く用いられている．乾燥した粘土が，非常に強いことを示している．

（2）砂・砂質土

砂地盤の強度は，粒径・間げきによって変化し，含水量によってほとんど変化しない．
① 砂質土の強度は，普通は標準貫入試験によって求める．
② 締固めによって（ローム地盤は5～10cm沈下）強度は増大する．

含水率・間げき量

土は，土粒子の実質と間げき（水と空気）で構成されている．
（1）含水率　　含水率＝水と土との重量比（100%）
　　　　　　　含水比＝水と土粒子との重量比（100%）

砂質土の含水率は10～25%，粘性土は25～45%である．有機物を含んだ土は50～70%程度である．

（2）間げき量　　締固めによって容積が減少し，強度が増大する．間げき量が変化したことになる．

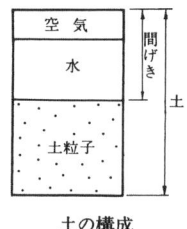

土の構成

透水性

地盤の透水性は，掘削工事に重大な影響を与える．また，サンドドレーン・ウェルポイントは，透水性と関係のある工法である．
（1）透水性は，間げき比のほぼ2乗に，砂の透水性は，平均粒径の2乗に，比例する．
（2）透水性は，乱されない試料の透水試験，または揚水試験によって求める．

圧密沈下

粘性土地盤は，荷重により内部の水が排出され，圧縮沈下し，地耐力が強化される．
（1）粘土は透水性が悪いため，圧密沈下は長期間継続する．
（2）サンドドレーンは，圧密沈下を人工的に促進する工法である．

液状化

土砂が液体のように流動化する現象である．細粒の砂地盤が飽水状態のとき，地震の震動により生ずる．河川沖積地盤・埋立地盤に生じやすい．

新潟地震1964のとき，新潟市の信濃川河口の市街地において，液状化により大規模な災害が生じた．

阪神・淡路大震災1995のとき，神戸市の海岸埋立地（ポートアイランド）で大規模な液状化現象があった．

3章 仮設工事

(1) 足場・構台・クレーン等の建設機械・山止め・型枠など重大な仮設については，安全性と経済性のバランスの問題がある．経済性を優先して事故を起こせば，結局高いものにつくし，社会的信用も失う．

昔は経済性を優先したが，今は安全性を優先する．真に安全性を保証するものは，技術力である．

(2) 仮設は，生産設備として非常に重要なものである．
① 仮設は，高度化・重量化の傾向である．仮設工事のウエイトは高くなっている．
② 仮設計画の作成には，技術力と工事一般にわたる広い知識が必要である．

(3) 仮設は，風・地震・地盤の不安定・超過荷重・経年老朽・故障・作業ミスなど，予想しないことが起こるので，危険度が高い．それだけ性能・耐力に余力が必要である．

1. 測量・やりかた

敷地測量
(1) 境界測量　隣地との境界は隣地所有者，道路との境界は道路管理者の立合のもとに定める．測量が法的に有効であるためには，測量士による測量でなければならない．
(2) 現況測量　敷地の高低，地形などを測量して現況測量図を作成する．
(3) BM設置　不動の堅固な物体に，2個所以上のBMを設ける．

なわ張り
建物の外周位置に，なわを張る．これによって，建築主・監理者立会のもとに建物の位置を決定する．

やりかた
建物の水平と建物の心を示すものである．
(1) 水杭は頭をいすかに切りそろえる．
(2) 水ぬきはレベルまたは水盛りによって，水平に取付ける．
(3) 水ぬきに心墨・逃墨など必要な墨をする．水糸を張る．

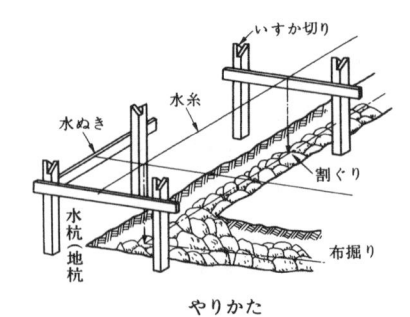

2．仮囲い・仮設建物・構台

仮囲い
木造以外で2階建以上の建築物の工事の場合は，危険防止のために工事現場の周囲に高さ1.8m以上の仮囲いを設けなければならない．ただし，立地条件・工事状況により危険防止の必要のないときはこの限りでない(令136条の2の16)．

市街地においては，鉄板などを用いて，景観も考慮し上質の仮囲いが設けられる．

仮設建物
工事事務所(元請業者用・下請業者用)，監理事務所(監理者用)などの仮設事務所，作業員の詰所・休憩所・宿舎などがある．建築基準法の適用を受ける．

衛生施設
（1） 仮設便所
労安規則は，便房の数等を定めている．必要な施設である．

（2） 作業員用の浴室・シャワー室　大規模現場において作業環境の向上のため，設置するものが増えている．既製のユニット製品がある．

乗入れ構台
工事現場には，クラムシェル・ダンプトラック・クレーン・生コン車・ポンプ車など多くの車輌・工事用機械が乗り入れて作業する．

これらの作業場所を地面上に確保することができない場合(敷地一杯に根切りする場合など)，根切り部分の上部に鉄骨で構台を構築することになる(68頁)．

（1） 耐力　　重量物と積載するので，十分な耐力が必要である．

（2） 面積　　作業を行えるだけ面積が必要である(掘削面積の20〜40%程度，場合によっては100%)．構台は高価である．

（3） 高さ　　本体の地下構造物の施工のため，構台面は地盤面より1m前後高くする．道路よりの乗入れ勾配が必要である．

荷受け構台
クレーン・リフト等から荷揚げした材料を受けるために，2〜3階ごとに1個所の荷受け構台を，本体の鉄骨，足場などを利用して作る．

（1） 積載荷重の限度を明示し，オーバーしないようにする．
材料置場を兼ねるものもある．荷揚げ材料が滞留しないようにする．

（2） 安全のため，まわりに手すり・つま先板を設ける．

3．足　場

　足場は，安全で働きやすいものでなければならない．安全であることが，働きやすいことの基本である．労安規則は，危険防止について詳細に規定している．

　　本足場……建地・布を2列に並べたもの．本格的な足場である．

　　一側（ひとかわ）足場……建地・布を1列に並べたもの．

鋼管足場（JIS A 8951）

単管足場と枠組足場がある．

（1）　足場の補強　　足場の倒壊事故は，垂直力によるものより，風荷重などの横力（垂直荷重の5%とする）によるものが多いので，筋かい，壁つなぎなどで補強する．

① 足場の脚部は，ベース金具・敷地・根がらみを用いて，移動・沈下を防ぐ．

② 要所を筋かいで補強する．

③ 壁つなぎ，または控えをとる．その間隔はつぎのとおり．
　　単管足場：垂直5m以下，水平5.5m以下
　　枠組足場：垂直9m以下，水平8m以下

（2）　単管足場（本足場の場合）

① 建地間隔は，けた行方向1.85m以下（普通1.5～1.8m），梁間方向1.5m以下（普通0.9～1.5m）とする．

② 最下段の布は地上2.0m以下とする．他の布間隔は約1.5mである．

③ 高さ31mをこえる足場の下部の建地は，単管2本組とする．

④ 建地間（4本の建地で囲まれた作業床）の積載荷重は400kgf以下とする．

（3）　枠組足場

建枠（寸法は，幅0.9m，1.2m，高さ1.6m，1.7mが普通）・布枠・床付き布枠・ブレース・壁つなぎ金具・継手金具・ベース金具などからなる．

① 最上層および5層以内ごとに水平材を設ける．

② 重量物を積載するとき，また高さ20m以上のときは，建枠は高さ2m以下，間隔1.85m以下とする．

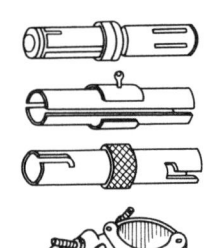

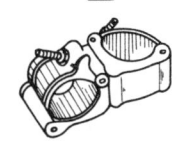

単管・組手金具

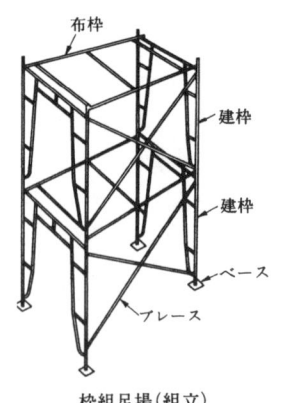

布枠

建枠

建枠

ベース

ブレース

枠組足場（組立）

一側足場

狭い場所，木造住宅などの低層用，軽作業用に用いる．丸太足場がよく一側足場に用いられる．ここでは単管の一側足場（既製品）について述べる．

作業床が不完全なときは，防網と安全帯を用いる．

（1）ブラケット一側足場　建地にブラケットを固定し，これに足場板を敷く．
原則として，高さ15m以下とする．1スパン当りの最大積載荷重は150 kgf以下．

（2）布板一側足場
足場板が布を兼ねる．ブラケット式より弱い．
原則として，高さ9m以下とする．1スパン当りの最大積載荷重は150 kgf以下．

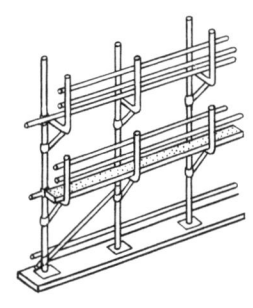

ブラケット一側足場 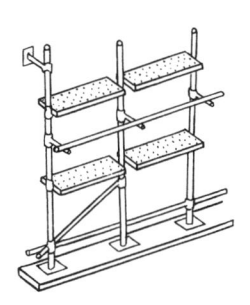　　　　　布板一側足場

吊り足場

非常に危険な足場である．建物等から片持ち梁を出し，これにワイヤーロープ等で作業床を吊った足場などである．吊り足場上で脚立・はしごを用いてはならない．

下記は，鉄骨工事のボルト締め・溶接・配筋などの作業用の吊り足場である．

（1）吊り棚足場

鉄骨梁から吊りチェーン（安全係数は5以上とする）で吊りけたを吊るし，これに根太・足場板をかける．

作業床が不完全であるので，防網を張り安全帯を用いる．

（2）吊り枠足場

鉄骨建方前に，吊り枠（シングルデッキ・ダブルデッキ）を鉄骨梁に先付けする．しっかりした足場である．

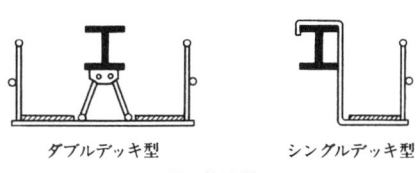

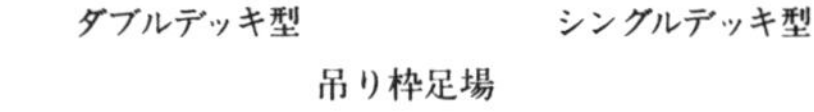

ダブルデッキ型　　　シングルデッキ型
吊り枠足場

その他の足場

（1） 張出し足場　建物よりブラケット（片持ち梁）を出し，そこに構台を組み，その上に鋼管足場を建てる．片持ち梁は危険な構造であるので，ブラケットの耐力を構造計算で確かめ，かつ堅固に取付ける．

（2） 棚足場　天井の仕上げなどに用いられる広い面積に作業床を設けた足場．作業床は，天井より約170cm下に設け，床材を全面に敷く．

（3） ローリングタワー　鋼管の塔状の足場で，脚輪があって移動できる．脚輪と塔状のゆえに，わずかの横力と偏心力によって転倒するので危険である．移動時のほかは脚輪を動かないように固定しておかなければならない．

丸太足場

木造住宅のような低層・軽微な工事にのみ用いられる．

（1） 丸太は，

① 目通り径10cm程度の杉・ひのきの皮をはいだもの．末の径5cm以下の部分は用いない．

② 新品の径3.2mm以上のなまし鉄線で緊結する．

（2） 建地は，間隔2.5m以下で，重ね継ぎが普通．脚部は，根がらみ・皿板などで移動・沈下を防ぐ．

（3） 要所は筋かいで補強し，壁つなぎ，控えを設ける．

足場の管理・危険防止

（1） 届　出　高さ10m以上の足場（設置期間が60日以内は除く）・吊り足場・張出し足場の設置は，30日前までに労働基準監督署に届け出なければならない．

（2） 作業主任者の選定　高さ5m以上の足場・吊り足場・張出し足場の組立・解体には，足場の組立作業主任者を選任しなければならない．

（3） 作業床の設置

高さ2m以上の個所で，墜落の危険のあるときは，作業床を設けなければならない（一側足場を除く）．作業床の構造はつぎのとおり．

① 作業床の幅は40cm以上とする．
　　床材の隙間は3cm以下（ただし，吊り足場は隙間は不可）とする．

② 作業床には，高さ90cm以上の丈夫な手すりを設ける．さもなければ，防網と安全帯を用いるなど，墜落防止の措置をする．

③ 床材は2か所以上の支持物に固定する（固定しないときは，幅20cm以上，厚3.6cm以上，長さ3.6m以上の床材を3支点以上に架ける．ただし，幅30cm以上，厚6m以

上，長さ4m以上の床材は2支点でもよい．はね出しは10cm以内かつ板長の1/18以内，長手方向の重ねは支点上で20cm以上とする）．
（4）最大積載荷重　足場の最大積載荷重を掲示し，作業者に周知せしめる．
（5）点　検　強風・大雨・大雪・地震の後，足場組立の後，および作業前に足場を点検し，異常な個所は補修する．悪天候のときは，作業を中止する．

4．災害防止

墜落の危険防止
建設業の事故死は，墜落によるものが3割強で，最も多い．
（1）法的規制（労安規則）
① 高さ2m以上の個所で墜落の危険のあるときは，作業床を設けなければならない．
② 作業床などで墜落の危険のあるときは，手すりを設けなければならない．
③ 作業床・手すりを設けることが困難なときは，防網を張り，かつ安全帯を用いなければならない．
（2）防止措置　作業床と手すりが原則で，防網・安全帯が次善の策である．
① 手すり（墜落防護工）
作業床・山留上端の通路の縁などには，高さ90cm以上の手すりを設ける．
束柱（間隔2m以下）に上桟・中桟・つま先板（幅木ともいう）を取付ける．
② 防網（安全ネット）
墜落した作業者を受け止めるために，強度のある合成繊維のネットを水平に張る．材料・工具の落下対策にもなる．
③ 安全帯（安全ベルト）
足場または鉄骨に親綱支柱を固定し，これに水平親綱（ロープ）を張る．このロープに安全ベルトを取付けて用いる．

落下物による災害防止
（1）法的規制
① 境界から5m以内で，地上7m以上の高所の作業等で落下物の危険のあるときは，鉄網・帆布でおおうなどの措置をしなければならない．
　境界から5m以内で，地上3m以上の高所からごみ・くずを投下するときは，飛散防止のためにダストシュート等を用いなければならない（建築基準法）．
② 3m以上の高所から物体を投下するときは，投下設備を設け，監視人を置くなどの措置をしなければならない．

物体の落下によって，労働者に危険のあるときは，防網を設け，立入禁止区域を設定するなどの措置をしなければならない(労安規則)．

(2) 防止措置

落下物(足場板・型枠・工具など)から，作業者・通行人等を守るため，つぎのものを設ける．

① 工事用シート

帆布シートかメッシュシートを足場の外側に取付ける．

強風時，とくに帆布シートは風圧が大きいので撤去する．

② ネットフレーム　　鉄製枠付の金網．枠組足場に取付ける．

③ 防護柵

俗に朝顔という．足場から梁材を長さ2m以上・仰角20°程度にはね出し，これに厚板・鉄板で柵をつくる．

足場には，地上5m以下に1段目を，あと10m以下ごとに朝顔を設ける．

5．揚重運搬機械

荷揚げ用の建設機械は，移動クレーン・クレーン(タワークレーン・ジブクレーン・門型クレーン)・デレッキ・エレベータ・建設用リフトなどがある．

このうち，移動式クレーンが，使用頻度が最も多く，転倒事故も多い．

(1) 事前調査

機種の選定，機械の設置計画のため，周辺環境・隣接建物埋設物・地盤状況・空中架線などを調査する．

(2) 安全対策　　「クレーン等安全規則」(労安法)を遵守する．

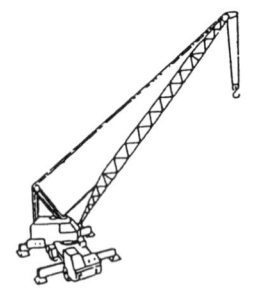

クローラクレーン　　　　　トラッククレーン　　　　　ホイールクレーン

移動クレーンの安全対策

移動式クレーンにはクローラクレーン crawler crane・トラッククレーン truck crane・ホイールクレーン wheel crane がある。

移動クレーンの概要(特に巨大なものを除く)

機　　種	ブーム長さ(m)	装備重量(t)	吊り荷能力(t)
トラッククレーン	8〜12	15〜35	10〜30
クローラクレーン	10〜18	30〜170	30〜200

(注)　地盤にかかる力は，装備重量と総吊り荷重量との総和である．

機械自体には多くの安全装置が設備されているが，転倒事故および作業中の事故が非常に多い．特に転倒防止は，重大である．

(1) 地盤耐力
転倒防止には，地盤耐力の確認と補強が大切である．
① クレーンの全荷重は，クローラクレーンでは走行部の接地圧で，トラッククレーンではアウトリガー out rigor の地盤の反力で支持されている．地盤耐力がこれらの外力に耐えうることを，必ず計算によって確認する．
② 地盤耐力が不足する場合は，鉄板の敷設，舗装(砂利・コンクリート・アスファルト)などで地盤を補強する．

(2) 作業方法の決定・周知
作業開始前に，作業方法，転倒防止の措置，労働者の配置と指揮系統を定め，これを関係作業者に周知する．

(3) オペレーター　クレーンの運転士は，運転技能等の修了者とし，5t 以上のクレーンについてはクレーン運転免許を有するものでなければならない．

(4) 強風時　強風(10分間の平均風速が 10m/s 以上)のときは，作業を中止する．

(5) 旋回範囲への立入禁止　クレーンの旋回作業時は，上部旋回体に接触する事故を防ぐため，バリケード等で立入禁止の措置をする．

(6) 不整地　傾斜のある不陸な不整地での作業は危険であるので行わない．
やむをえず走行するときは，路面状況・走行速度の安全を確認し，吊り荷重を低減する．

(7) 吊り荷下への立入禁止　吊り荷または吊り具の下に立入ってはならない．

(8) 吊り荷走行の禁止
原則として，荷を吊ったまま走行してはならない．

4章　土・山留め工事

　掘削・山留めは，力学的合理性に基づいて行われなければならない．なにぶん，土という捕捉しがたいものを相手にしているので，危険防止のため細心の注意が必要である．
　山留めの事故は最も恐るべきもので，人命を奪い，莫大な費用の損失となる．

掘削・山留めの構造

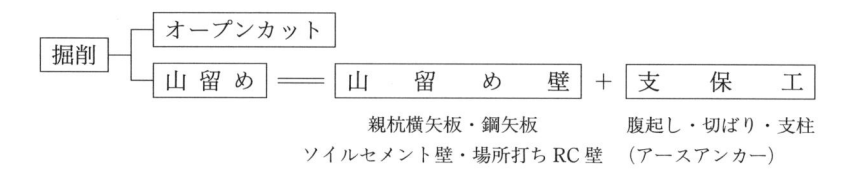

```
掘削 ─┬─ オープンカット
      └─ 山留め ＝ 山留め壁 ＋ 支保工
                   親杭横矢板・鋼矢板      腹起し・切ばり・支柱
                   ソイルセメント壁・場所打ちRC壁　（アースアンカー）
```

① 掘削は，オープンカットまたは山留めによる．
② 山留めは，山留め壁（土圧を支持する）と支保工（山留め壁を支持する）で構成される．

調査・計画

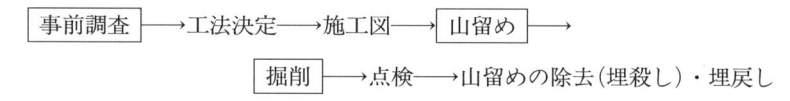

```
事前調査 → 工法決定 → 施工図 → 山留め →
          掘削 → 点検 → 山留めの除去（埋殺し）・埋戻し
```

（1）　事前調査
① 地盤　　地盤調査によって，土質・地下水等を調査する．
② 地下埋設物　　ガス管・ケーブル・水道管・下水道管については，その破損は大事故になるので，とくに注意して調査し損害防止処置をする．
③ 周辺建物等　　掘削による地盤沈下によって周辺建物などに損害を与えるので，十分な配慮と補強等の対策が必要である．

（2）　工法の決定
地盤状況・掘削規模・敷地の状況・周辺環境などによって工法を決定する．
① オープンカットか山留めか．また，水の処理はどのような方法によるか．
② 山留めの場合，どの山留め壁を用いるか．また，山留め壁は埋め殺すか除去するか．
③ 掘削は，手掘りによるか，機械掘削によるか．どのような掘削機械を用いるか．

（3）　施工図
地盤調査による地層・地下水の状況に基づいて施工図を作成する．

（4）　土の性質　　土は水分・含水率によって力学的性質が著しく変化する．施工中の土の含水率は，降雨，日照などによって時々刻々変化する．

したがって，掘削・山留めは，今日安全であっても明日安全であるという保証はない．土工事は水との戦いであるといって過言ではない．

（5）　点検・計測　　掘削・山留めは常時，とくに降雨時・雨後において点検を行わなければならない．事故には予兆があるものである．

大規模な山留めにおいては常時，土圧・変位等の計測を行い，それらの計測結果によって必要な処置・対策を行う．

（近年，市街地において地下水位が低下し，昔時に比べ掘削は楽になった．しかし，豪雨，長雨のあとの危険は，なお大きい．）

山留めの設置

深さ1.5m以上の掘削は，地盤の崩壊のおそれがあるとき，または，周辺状況に危険防止の必要があるときは，山留めを設けなくてはならない（令136条の3）．

（1）　市街地の場合

敷地に余裕がなく，周辺に与える影響が大きいので，一般に山留めを行う．深さ0.5m程度の山留めもある．

（2）　広い敷地の場合　　オープンカット（掘削土量が大）と山留めを比較して有利な方を採用する．

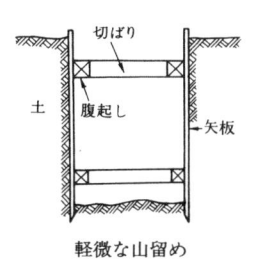

軽微な山留め

1. 掘　削

崩壊防止が最も大事である．

（1）　水（雨水・地下水）処理を行う．

（2）　オープンカットの場合は，適正な法（のり・斜面のこと）をとる．

（3）　周辺地盤に，荷重・振動を加えてはならない．

法勾配

（1）　法勾配は，土質試験による構造計算で求めることができる．

（2）　手掘り（非常に危険である）の法勾配は，右表による．

手掘りの法勾配（労働安全規則）

地山の土質	掘削高さ(m)	勾配(度)
岩盤・高い粘土	0～5	90以下
	5以上	75以下
普通の土砂	0～2	90以下
	2～5	75以下
	5以上	60以下
砂	5m以下かつ35°以下	
ゆるんで崩壊しやすい土砂	2m以下かつ45°以下	

水の処理

(1) 雨水対策

地盤は水を含むことによって軟弱となるので，雨水を地盤内に浸入させない．

① 法面に，シート掛け・モルタル吹付けなどを行い，法面からの浸透を防ぐ．
② 上部地盤面よりの雨水の浸透を防ぐ(排水こう・排水勾配などを設ける)．

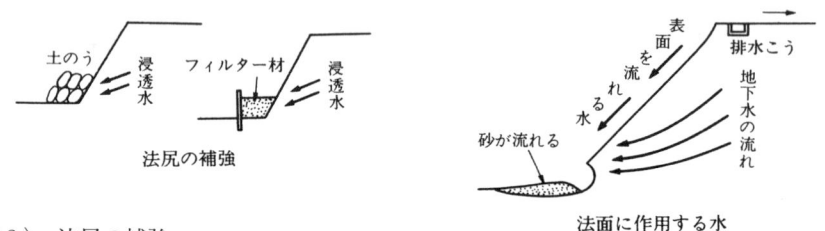

法尻の補強

法面に作用する水

(2) 法尻の補強

法尻より崩壊しやすいので，土のう・フィルター材(水は通すが土粒子は通さない材料，普通は荒目の砂・砂利)で押える．

(3) 地下水対策

地下水の高い地盤の掘削を排水すれば，ボイリング現象などを生じ，山留めの崩壊の危険があるので，地下水位を下げておく．

ウェルポイント・ディープウェルが普通に用いられる．ただし，強制排水によって地盤を沈下させ，近隣に悪影響を及ぼすおそれがある．

(4) 釜場　湧水・雨水などの掘削底面の水は，釜場を設けてポンプ排水する．

ウェルポイント well point

先端に直径5cmのウェルポイントを付した揚水管を，1～3m間隔に地中に打込み，ジェット水流で孔径を拡げフィルター材をつめる．

これを地上の集水管に連結して地上のポンプで地下水を吸い上げる．

ディープウェル deep well

ケーシング工法等で径50cm程度の孔を掘削し，これに揚水管をそう入し，フィルター材(水の流通と孔壁の保護のため)を充てんする．

水中ポンプで揚水するので，ウェルポイントより強力な排水である．

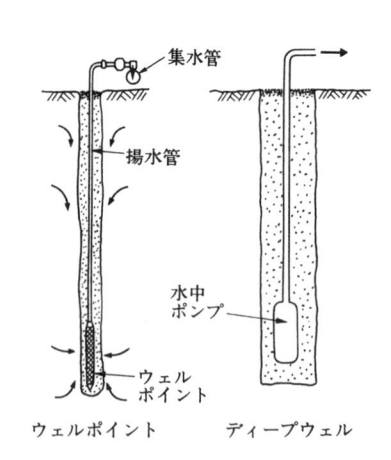

2. 山留め壁

(1) 性能　　強度・剛性・止水性・環境性(騒音・振動)・経済性である．
(2) 種類　　つぎの4種類である．
① 親杭横矢板・鋼矢板
ごく普通に広く用いられる．騒音・振動対策が最大の課題である．
② ソイルセメント山留め壁・場所打ちRC地中壁
特殊な山留めで使用は少ない．大深度・大規模の掘削，または軟弱地盤で近隣建物に大きな危険が及ぶ場合，などに用いる．
使用後は埋め殺すか，地下構造物の外壁として用いる．

親杭横矢板

H形鋼の親杭(間隔1～2m)を地中に設置し，掘削しながら，木の横矢板を1枚ずつ親杭にそう入する．経済的で，最も広く用いられる．

(1) 親杭の設置
鉛直に，通りよく設置する．
① 打込み
キャップ・クッションなどを用いて，ディーゼルハンマー・バイブロハンマーで打込む．
打込みは，性能(地盤との密着)・経済性が埋込みよりはるかに勝るが，騒音・振動が大きい．
② 埋込み(プレボーリング)
無振動・無騒音のための工法である．

親杭横矢板

アースオーガーなどで地中に孔をあけ，これに親杭をそう入する．
根入れ部分は根固め液(セメントミルク)で固め，杭周の間隙は良質の砂を充てんし，水締めする．または，孔にセメントミルクを満たしてから親杭をそう入する．

(2) 矢板の設置
① 矢板は，掘削後すみやかに設置する(時間が経てば地盤が崩壊する)．
② 矢板は，親杭のフランジに十分なかかりをとる．
　貫打ち・かすがい等で矢板上下を連結する．
(3) 矢板の密着
矢板は，掘削地盤に密着させる．隙間があれば，地盤がゆるむ．
① 掘削は，余掘り(掘り過ぎ)しない．

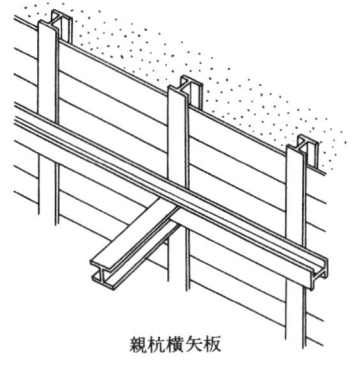

② 矢板裏の隙間に裏込めをする。矢板にくさびをかって、裏込めを締付ける。矢板を叩くなどして、裏込めのつまり具合を検査する。
③ 矢板のすき間から土砂が流出しないよう管理する。
(4) 止水性　止水性がないので、地下水位の高い軟弱地盤には用いない。
地下水は、ウェルポイント等で下げることは可能である。
(5) 特長
安価である、親杭を設置すれば横矢板は無公害である、近年、都市の常水面が下がってきた(地盤も締まってくる)ので、使用範囲が拡大した。

鋼矢板 steel sheet pile
強度もあり止水性もあるので、地下水位の高い軟弱地盤に用いうる。
まず、矢板を地盤に設置し、掘削しながら腹起し・切ばり等を設置する(64頁参照)。
(1) 鋼矢板　断面・継手の種類は、非常に多い。
普通の規模の掘削では、下図の簡易鋼矢板が多く用いられる。

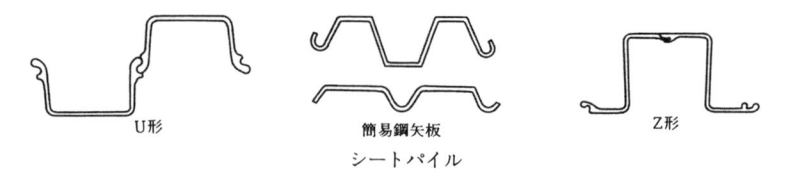

U形　　簡易鋼矢板　　Z形
シートパイル

(2) 設置
騒音・振動が問題である。工法は、親杭と同様である。
継手のかみ合せを点検し、土砂が流出しないようにする。
(3) 除去・埋戻し
矢板除去のあと、地盤がゆるまないよう、砂を水締めするなどして埋戻す。
(4) 鋼管矢板
鋼管は強度もあり管径も多いので、大規模・大深度の山留めに用いる。

ソイルセメント山留め壁
ソイルセメント soil cement(現地の土とセメントを混合してつくる)の山留め壁である。剛性・止水性がある。径は40～80 cm程度。
(1) 工法
カッター・スクリューなどを有する管を地中にそう入・回転させ、土砂を攪拌しながら、管先端からセメントミルクを注入してソイルセメント円柱をつくる。これを連続施工する。

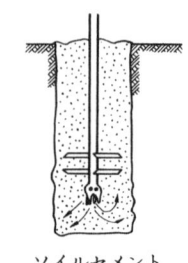

ソイルセメント

(2) 土質・強度　ソイルセメントの品質・強度は，土質・使用セメント量・混合時間による．
① 素材が土であるので，土質の影響は大きい．
砂質土はよく，粘性土は混合しにくく強度もでない．
② セメント使用量は，300～400 kg/m³ 程度である．
(3) 施工　1本ずつの施工もあるが，多軸撹拌機を用いて3本を同時施工するのが多い．
接合部を強化するため，これを重複施工する．
(4) 補強
補強する場合は，軟らかいうちにH形鋼・シートパイル等をそう入する．
(5) 補修　ソイルコンクリートはコンクリートとは異なる．不良個所はありうるので掘削時に補修する．

ソイルセメント山留め壁

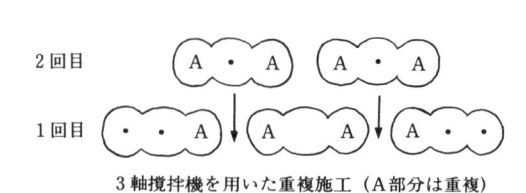

3軸撹拌機を用いた重複施工（A部分は重複）

場所打ち鉄筋コンクリート地中壁

最高の山留め壁であるが，高価である．大深所大規模の掘削に用いる．普通は，地下外壁の一部に用いる．
(1) 工法
特殊掘削機で壁状の穴を掘り，(工法は場所打ちコンクリート杭と同じ)これに組鉄筋を吊り込み，コンクリートを打込んでRCエレメントをつくる．
これを連続施工して山留め壁とする．
(1) ガイドウォール
掘削前に，掘削位置の定規，作業台，表土の崩壊防止のため，RCのガイドウォールを打設する．
(2) エレメント
大きさは，幅3～8m，厚40～80cmである．継手工法は，色々の種類がある．

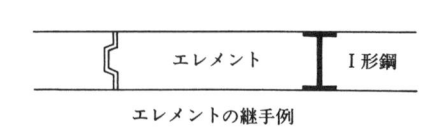

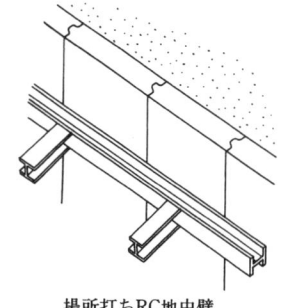

場所打ちRC地中壁

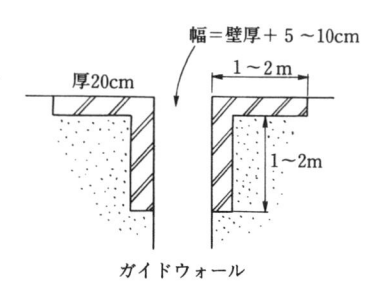

ガイドウォール

エレメントの継手例

3. 山留めの支保工

支保工(腹起し・切ばり・支柱)材には，かつて木材も用いられたが，現在では，リースの既製 H 形鋼(ボルト孔・端部など接合用の加工がしてある)が多く用いられる．
（1）支保工は，所定の深さの掘削後，直ちに設置する．時間をおくのは危険である．
（2）山留め全体が，連続した構造体であるので，全体のバランスが大切である．局部の変形・事故が全体に波及するおそれがある．

腹起し

ブラケットなどで山留め壁に取付ける．腹起しには，土圧による曲げ力がかかる．
（1）山留め壁と腹起しとの隙間は，モルタル・くさびなどをかって密着させる．
（2）切ばりとの仕口は，切ばりの圧縮によるめり込みを生ずるので，補強する．

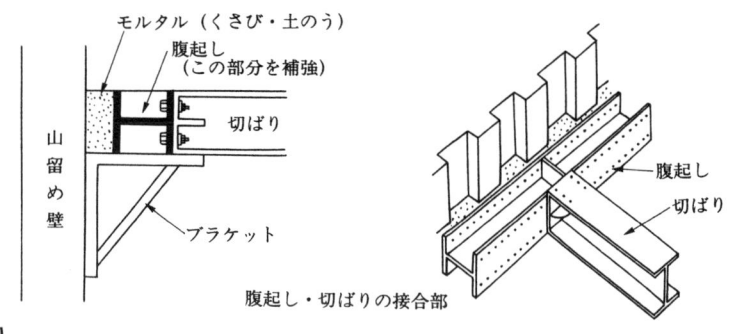

腹起し・切ばりの接合部

切ばり

（1）座屈　非常に大きな圧縮力を受けるので，長スパンの切ばりは座屈しやすい．継手で座屈しやすいので，剛かつ直に継ぐ．

（2）プレロード pre load
継手に油圧ジャッキを設置して，切ばりを圧縮する．
切ばりに急激な圧縮・変位を加えるのは，山留め全体のバランスを乱すので，全体を見ながら行う．また，ジャッキの位置で座屈しやすいので，補強する．

支柱

支柱に切ばりを固定する．支柱によって，切ばりの座屈を防ぐことができる．

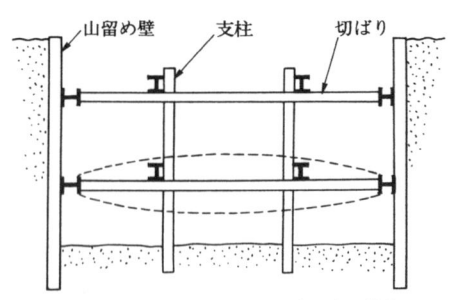

(注)点線は，切ばりが座屈しようとする曲線．このとき支柱には，引抜き，圧縮が働く．

支柱と切ばり

支柱には，切ばりの座屈(危険であるので上方向に座屈しないように留意する)による引抜き・圧縮が働くので，根入れをしっかりする．

地盤アンカー

腹起しを地盤アンカーで支持する．施工に技術力を必要とするが，切ばり・支柱を省略でき，掘削内部は広々とした空間となる．長期・大規模の山留めに用いられる．

(1) 引張材

PC鋼材である．種類が多い．PC鋼7本より線・異形PC鋼棒がよく用いられる．

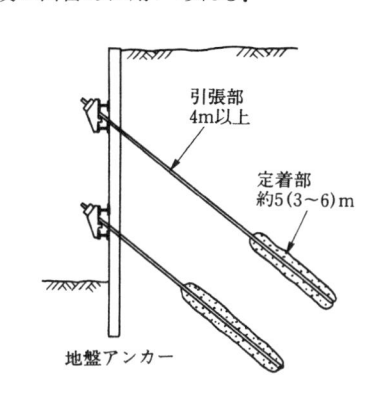

(2) 地盤アンカーの構造

① 定着部　先端の注入材の部分である．

定着部は，砂質地盤($N≧20$)またはしまった粘性地盤($N≧7$)に設置する．

定着は，定着部と地盤との摩擦力による．

　　許容摩擦力＝$1〜4.5 kgf/cm^2$

② 自由部

地盤と引張材との付着を切るため，PC鋼をポリエチレン製などのシースで被覆する．

③ 頭部

緊張機で，PC鋼にテンションを与え，台座に固定する．

テンションは，$30〜100 t$程度である．

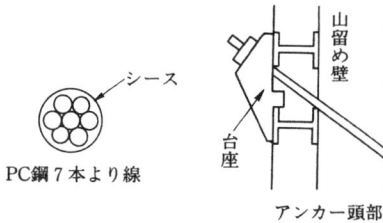

(3) 施　工

削孔 → PC鋼そう入・ペースト注入・加圧 → 緊張 → 試験 → 除去

① 削孔　ケーシングを回転・圧入し，先端ピットで削孔し，洗浄・スライム除去する．孔径は$10〜20 cm$程度．

② 定着部の成形

孔にPC鋼をそう入，ホースでセメントペーストを注入し，これをケーシングなどで加圧(摩擦力・付着力の増大のため)する．作業は，孔壁崩壊を防ぐため連続して行う．

③ 注入材硬化後，PC鋼を緊張・固定する．その後，引張強度の確認試験を行う．

(4) アンカー使用後，PC鋼を埋殺しするのが普通であるが，除去する場合(公道・隣地に設置した場合など)は，特殊な除去アンカーを用いる．

4. 山留めの力学

　山留めの主要部材は、土圧に対して安全であることを、構造計算で確かめなければならない（令136条の3）。

　（1）　土圧　　土圧は、次式を標準とする。

　　　土圧＝K（土圧係数）×γ（土の単位重量）×H（根切り深さ）

（水のとき $K=1$, 岩盤のとき $K=0$. 土は水に近いか, 岩盤に近いかである）.

土圧係数 K（日本建築学会基準）

砂地盤	地下水位が浅い場合	0.3〜0.7
	地下水位が深い場合	0.2〜0.4
粘土地盤	軟らかい粘土	0.5〜0.8
	硬い粘土	0.2〜0.5

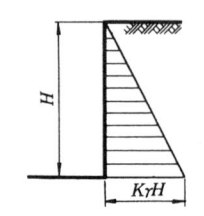

　（2）　地上の載積荷重も、土圧として働くので、山留め近辺に重機・資材などの重量物を置かない。

　（3）　沈　下　　山留め壁は、山留め材・仮設物などの荷重によって沈下しないよう、堅固な地盤に設置する。

　（4）　根入れ　　ヒービング・下部の押出し・ボイリングなどで崩壊しないよう、根入れを深くする。

ボイリング boiling

　砂質地盤を排水しながら掘削すれば、水位差・湧出水圧が大きいときは、砂が水とともに吹き上がる。

　こうなると、山留めは崩壊する。対策は、

　① ウェルポイントで水位を下げる、② 根入れを深くする、③ 山留め壁を非透水層まで入れる、などである。

　同じように、砂質地盤中にパイプ状の水みちができて、砂混じり水が噴出する現象をパイピングという。

矢板下部の押出し

　土圧 P_A を、切ばり R と根入れ部 P_B が支える。

　　　$P_A = R + P_B$

P_B が不足すれば、下部は押し出される。対策は、

　① 根入れを深くする、② 最下部に支保工を設置する。

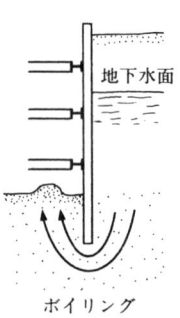

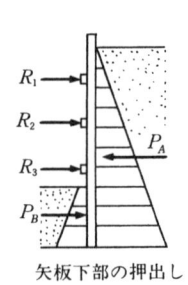

ヒービング heaving

軟弱な粘性土地盤が，その重みで矢板下部をすべり，掘削底面が盛り上がる現象である．

W を，〈すべり面の土の粘着力〉と〈根入れ部分の抵抗力〉が支えている．対策は色々あるが，根入れを大きく剛にするのが最も有効である．

施工中，常時計測し，兆候を早期に発見し対策をとる．

ヒービングの兆候は，
① 掘削面の盛上り
② 背面地盤の沈下とこれに伴う矢板の沈下
③ 矢板下部の押出し変位，などである．

ヒービング

5．特殊な山留め工法（参考）

これらは，着想は面白いが難点もある．現在ほとんど行われない．

アイランド工法

広い敷地をオープンカットし，中央部を構築する．これに切ばりを架け，周辺部を掘削・構築する．

中央部の掘削・構築は容易である．

アイランド工法

トレンチカット工法

広い敷地の外周部を掘削・構築し，あとで中央部を掘削・構築する．

中央部の作業は非常に楽であるが，工期・工事費がかかる．

トレンチカット工法

逆打ち工法

柱孔を掘削，柱鉄骨を埋込む．1階床を打設し，これを山留めの切ばりとする．

同様に順次下方を掘削・構築する．同時に地上階も施工を進める．

鉄骨精度，基礎の施工が困難である．

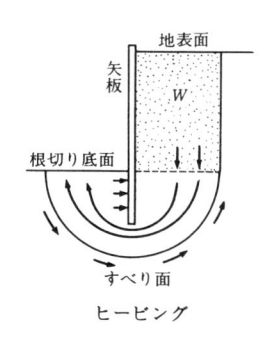

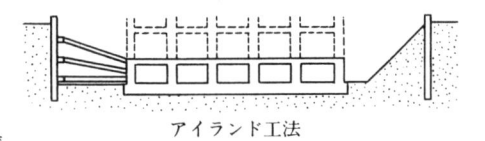

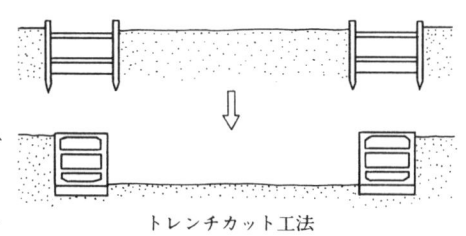

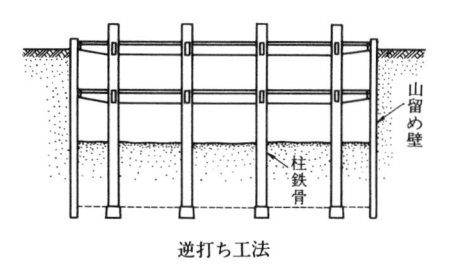

逆打ち工法

6. 掘削機械

掘削工事規模によって，使用機械が異なる．浅い掘削ではバックホー，大規模な深い掘削ではクラムシェルとブルドーザ bulldozer 等との併用が多い．

機械の大型化・自動化が進んでいる一方，小規模の掘削では小型で高性能な機械が要求される．

① バックホー back hoe

ドラッグショベル drag shovel ともいう．掘削はディッパー dipper が行う．地下4m程度まで掘削でき，最も多く用いられる．

② パワーショベル power shovel

ディッパーが上向きで高所を掘削する．

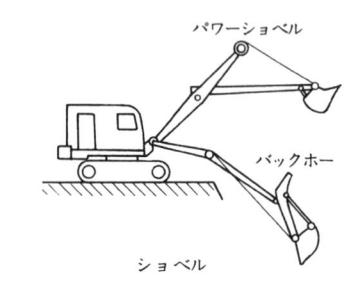

③ クラムシェル clamshell　ブームの先端からバケットを吊り，その自重により土をつかみ取る．深い垂直掘削または地中掘削に用いる．

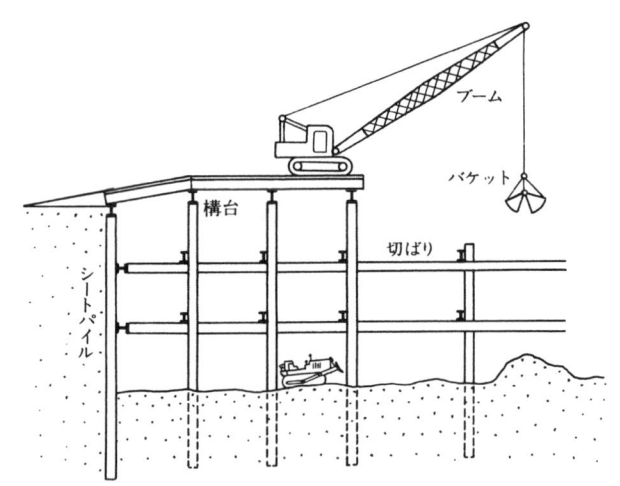

① ブルドーザ等で掘削運搬した土砂をクラムシェルですくい上げ，搬出するケースが多い．
② 掘削が完了すれば機体部・走行部はそのままにして，クラムシェルはクレーンに変化し，鉄骨建方・資材搬入に用いる．

構台上で掘削中のクラムシェル

④ ドラッグライン dragline　長いブームの先端に吊ったバケットを前方に投下し，バケットを引き寄せながら土砂をすき取る．広い場所の掘削に用いる．

7. よう壁・排水施設(宅地造成等規制法)

宅造法が宅造工事に関しよう壁等を規定している．ここではこれについて記す．
① よう壁は，土圧を支持するもので，山留めと同じ機能である．
② がけの排水処理は，掘削の水処理と同じ考え方である．

よう壁

がけ(30度以上の勾配地)には，よう壁をつくらなければならない．

ただし，右表の切土か，土質試験で安全を確かめた場合は別である．

よう壁は，RC造・コンクリート造・練積み造とする．石積みはいけない．

よう壁の不要な勾配(切土の場合)

土 質	不 要	5mまで不要*
軟 岩	60°以下	80°以下
風化の著しい岩	40°以下	50°以下
砂利・関東ローム・硬質粘土	35°以下	45°以下

(注) *：高さ8mのがけでは，上部5mは不要で，下部3mはよう壁が必要である．

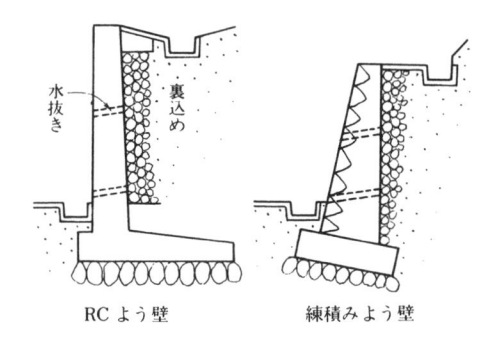

(1) RCよう壁

構造計算して設計する．土圧に対して転倒・沈下・滑動のないこと．

土圧等は，土質試験か次表による．

土圧係数・摩擦係数(盛土の場合)

土 質	土圧係数	基礎の摩擦係数
砂利・砂	0.35(1.8)	0.5
砂質土	0.40(1.7)	0.4
シルト・粘土	0.50(1.6)	0.3

(注) ( )は，盛土の単位重量 t/m³．

RCよう壁　　練積みよう壁

(2) 練積みよう壁

間知石・ブロックなど表面石をコンクリートで固めたよう壁．自重によって土圧に対抗する重力式構造である．高さは5m以下とする．

本法は，高さ・勾配・地盤に応じた断面寸法を表にして定めている．

がけの排水施設

がけくずれは，ほとんどが雨水の浸透によるものである．雨水の浸透によって，土は重く，弱くなり，水圧が増大する．要は雨水をがけ地盤内に流入させないことである．

(1) がけ上端の地盤面は，雨水ががけに流れ込まないような勾配をとる．
(2) がけ上下の地面，湧水個所などに必要な排水施設を設ける．
(3) よう壁の背面に砂利等で裏込めし，水抜き穴を設ける．

5章　地業・基礎工事

基礎の構造（令38条，国交省告示1347号）
（1）　建築物（軽微な建物は除く）の基礎は，下表の構造としなければならない．

基礎の構造

基礎杭による構造	すべての地盤に用いうる
べた基礎	$20\,\mathrm{kN/m^2}$ 以上の地盤に用いる
布基礎	$30\,\mathrm{kN/m^2}$ 以上の地盤に用いる

（注）　1．数値は，地盤の長期許容応力度を示す．
　　　　2．たとえば，$25\,\mathrm{kN/m^2}$ の地盤には，べた基礎は用いうるが，布基礎は用いることはできない．

この場合，高さ 13 m，または，延べ $3\,000\,\mathrm{m^2}$ をこえる建築物で，建物底面に作用する総荷重が $100\,\mathrm{kN/m^2}$ をこえる場合は，基礎の底部または基礎杭の先端は，良好な支持地盤に達しなければならない．
（2）　ただし，法の定める構造計算で安全を確認した場合は，この限りでない．

基礎杭

基礎杭 ─┬─ 既製杭……既製コンクリート杭・鋼杭
　　　　├─ 場所打ちコンクリート杭……アースドリル杭・リバース杭・ケーシング杭
　　　　└─ その他の杭……木杭・BH杭など（特殊な杭で，使用は少ない）

（1）　杭の性能
建物を支持するのが目的であるので，その性能は強度と支持力が基本である．
その他，環境性（騒音・振動）・経済性・施工性も大切である．
（2）　施工精度　　施工精度は，杭の耐力に影響する．
だいたい水平誤差 10 cm 程度，垂直誤差 $1/1\,000$ 程度とする．

基礎杭の強度
杭の外力は，建物荷重による圧縮力と，地震・風圧による水平力・引抜力である．外力に対抗するのは，杭の強度と支持力である．
（1）　継　　手　　継手は強度上の弱点となるので，正確・堅固に施工する．
（2）　細長い杭　　既製杭は打込み時に変形を生じやすく，場所打ち杭はコンクリートの品質不良・断面欠損などを生じやすい．座屈のおそれもある．

（3） したがって，細長い杭は，杭強度を低減する規定である．

杭の支持力

　　杭の支持力＝先端支持力＋周辺摩擦力

（1）　杭には，支持杭と摩擦杭がある．

① 支持杭

重要な建築物の基礎杭は，支持杭としなければならない（令38条）．

実際には，支持杭も相当の周辺摩擦力を有する．

② 摩擦杭

周辺摩擦力は信頼度が低い．

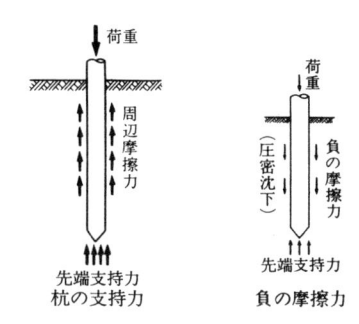

（2）　負の摩擦力　　上部地盤が圧密沈下すれば，周辺摩擦が逆に杭を押し下げる．沈下のおそれのある圧密層がある場合は，負の摩擦を検討する．

（3）　杭の支持力の求め方

①　地盤調査（標準貫入試験・土質試験など）によって求める（44頁）．

②　実施杭または試験杭を試験する方法もある．

1. 既製コンクリート杭

原則として，高強度プレストレストコンクリート杭 JIS A 5337（高強度で曲げにも強い），または，遠心力鉄筋コンクリート杭 JIS A 5310 を用いる（令38条，告示1347号）．

（1）　寸法　　外径60cm以下が多く用いられる．長さは7～15m．

（2）　杭先端の形状　　普通は，閉そく形を用いる．

①　中掘り工法は，解放形を用いる．

②　打込み抵抗を軽減（リバウンド防止）のため，半開放形を用いることがある．

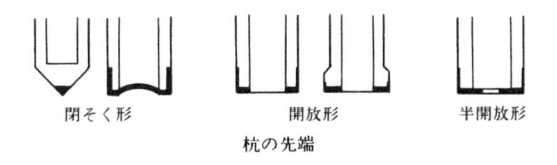

（3）　積込み・積卸し　　曲げによりクラックを生じ破損しやすいので，2点（曲げモーメントが最小となる点）を支持して行う．

（4）　継手　　アーク溶接で接合する．

接合部には，開先のある接合用鉄板が取付けられている．

2. 鋼 杭

強度・剛性があり継手が堅固である．上等であるが，高価である．荷重の大きい高層建築，支持地盤の深い長尺杭に用いる．

(1) 種 類　鋼管杭とH形鋼杭がある．原則として，鋼管杭を用いる．

① 鋼管杭
肉厚は，杭径の1/100以上，かつ6mm以上とする（令38条，告示1347号）．
普通は，リング補強した先端開放形を用いる．外径40〜100cm．

② H形鋼杭　支持力が大で硬質地盤に適する．継手の溶接・打込みが困難で，価格も高いため，使用は少ない．外径が20×20〜40×40cm．

(2) 継 手
アーク溶接とする．上杭を工場で開先加工し，現場で突付け溶接する．接合部に目違いを生じないように，杭の外径の精度の管理が必要である．

(3) 防 食
普通の地盤では，鋼杭の腐食の進行は年間0.02mm程度である．したがって，腐食代として1mm（両面で2mm）を見込めばよい．
しかし，地盤条件によっては，防食のための塗装・ライニング・電気防食もありうる．

3. 既成杭の設置

(1) 杭の強度　打撃・圧力・振動により設置する杭は，それらの打撃力などに耐える耐力を有すること（令38条）．

(2) 支持力の確保　支持杭は，杭先端を支持地盤に堅固に密着させ，先端支持力を確保する．

(3) 施工精度　垂直精度（1/100以内程度）が重要である．位置の精度もある．

(4) 騒音・振動
市街地においては，騒音・振動があれば施工することはできない．

(5) 工 法
杭の設置工法の選択は，ほとんどの場合，騒音・振動防止による．

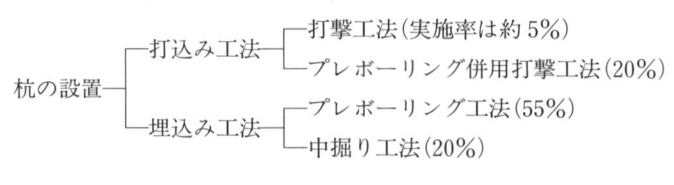

```
                    ┌─打込み工法─┬─打撃工法(実施率は約5%)
                    │            └─プレボーリング併用打撃工法(20%)
杭の設置─┤
                    └─埋込み工法─┬─プレボーリング工法(55%)
                                  └─中掘り工法(20%)
```

打撃工法

(1) 杭打ち　ドロップハンマー・ディーゼルハンマーで，杭を打込む．
① 落高エネルギー（杭をいため騒音も大）よりも，重力（重いハンマー）で打つ．
② 徐々に試し打ちし，垂直を確認してから本打ちをする．打始めが大切である．
③ 支持地盤に十分に根入れをし，所定の貫入量（支持力）で打止める．

(2) 工法の特長
　打撃工法は杭設置の原点である．先端支持力も周辺摩擦力も十分に発揮され，かつ貫入状況を観察しながら施工できる．杭支持力には最もよい．
　しかし，騒音・振動のため市街地においては，用いることはできない．

プレボーリング併用打撃工法

　オーガーで杭径程度の大きさの杭孔を掘削し，重いハンマーで杭を打込む．打込み抵抗を軽減しているので，騒音・振動は緩和される．
　この工法は，打撃工法と圧入工法の中間的性格である．杭孔を小さくし，ハンマー重量を大にすれば，圧入工法に近づく．

プレボーリング工法

　オーガーで杭孔を掘削し，これに杭周固定液（ベントナイト・フライアッシュ等を加えたセメントミルク）を充てんして，杭をそう入する．杭の品質に多少の問題はあるが，無騒音・無振動工法として最も多く用いられる．
　先端支持力を増大するため拡大根固め法（杭底を拡大掘削し根固め液で固める工法）が用いられることがあるが，先端地盤を乱すことがあるので要注意である．

中掘り工法

　杭径の大きい先端開放杭を，オーガーで中掘りしながら圧入する．良質であるが高価．
① 圧　入　圧入には大きな荷重をかける．普通はウォータージェットを併用する．
また杭先端のカッターで1～2cm広く掘削する工法の併用もある．
② 根固め　杭先端は根固め液で固める．別に拡大根固め法もある．

埋込み工法の問題点

　埋込み工法は，杭先端・地盤のゆるみ，杭の摩擦力・水平抵抗力の低下がある．セメントミルクの施工が粗雑になり，その効果が不確実である点も問題である．
(1) 杭の支持力は，土質試験から求めることができるが，正確には載荷試験によって知りうる（打込み杭は，最終貫入量より知ることができる）．
(2) 打込み工法より高価で工期も延びるので，大口径を用い，本数を減らして経済を図る傾向を生じる．ここに場所打ちコンクリート杭との優劣の問題が生じてくる．

4. 場所打ちコンクリート杭

杭孔を掘削し，鉄筋を吊り込み，コンクリートを打設してRC杭をつくる．無騒音・無振動で大口径の杭をつくることができる．坑径は，1～2m程度である．
杭孔の掘削方法が大切なところで，各杭の相違はその掘削方法にある．

(1) 杭の主筋（令38条・平成12告示1347号）
異形鉄筋6本以上を，帯筋で緊結する．鉄筋比は，0.4%以上とする．

(2) 孔壁の保護
孔壁崩落のおそれのあるときは，安定液またはケーシング（安全であるが高価）を用いる．
　　安定液……泥水ともいう．ベントナイトに混和材・混和剤を加えたもの．
　　　　　　泥水圧と壁面に形成される不浸透膜によって，孔壁の崩落を防ぐ．

(3) スライムの除去
掘削後，杭底面にスライムslime（掘削土・泥水のかす）が残存する．スライムは杭先端の支持力を著しく弱めるので，必ず除去する．
トレミー管の中にホースを入れてサクションポンプで吸い上げる，またはトレミー管に空気を送り込んで上昇水流とともに排出する（エアリフト方式）．

(4) 杭先端　　原則として，1m以上支持層の中に入れる．

(5) 配　筋　　鉄筋かご（地上で組んだ鉄筋，組鉄筋ともいう）を杭孔に吊り込む．

(6) コンクリート打設
① 水中コンクリート（124頁）を，トレミー管で打込む．
② 杭頭は，コンクリートの品質が悪いので余盛りし，あとで除去する．

(7) 掘削土の処分
ベントナイト泥水と流動性の高い掘削土は，産業廃棄物とみなされる．その運搬・処分などは廃棄物処理法による．

オールケーシング杭 all casing
安全・正確に施工でき，良質の杭を得ることができる．
ただし，高価である．

(1) 掘　削
油圧と振動で，ケーシングを地中に圧入しながら，大形の特殊バケットで掘削・排土する．

(2) 掘削後　鉄筋かごを吊り込み，ケーシングを引き抜きながらコンクリートを打設して，RC杭をつくる．

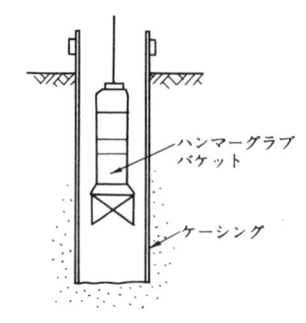

ケーシング工法

アースドリル杭 earth drill

機械が簡単で機動性があり，掘削速度も速く，安価であるので，最も多く用いられる．

（1）掘　削

アースドリルの円筒形のドリリングバケット（掘削用の刃が付いている）を回転させて掘削し，土砂がバケットにいっぱいになれば，引き上げて排土する．

表層土の崩落防止のため，スタンドケーシング（長さ4～8m程度）を設ける．

（2）孔壁の崩落防止

粘土質地盤に適す．地盤が良好で湧水がなければ，掘削は容易で能率もよい．地盤が悪いときは崩落防止に泥水を用いるが，必ずしも有効とはいえない（他の工法を検討する）．

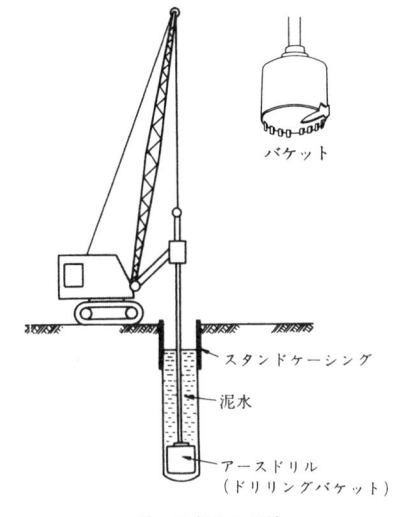

（3）掘削後

スライムを除去し，鉄筋かごを吊り込み，コンクリートを打ってRC杭をつくる．

リバース杭 reverse circulation

（1）孔壁の保護

掘削孔内に，地下水位より2m以上高く水を張る．この静水圧が，壁面崩落を防止する．

崩落のおそれがあれば，さらに泥水を用いる．

（2）掘　削

ビットの回転で掘削する．

① 掘削土は，サクションポンプ・エアリフトなどで，水とともに，ロットから吸い上げる．

これが逆循環 reverse circulation である．

② 掘削土は，貯水槽で土砂と水に分け，土砂（産業廃棄物）は場外搬出し，水は再使用する．

（3）掘削後

スライム除去，鉄筋かご吊込み，コンクリート打設を行ってRC杭をつくる．

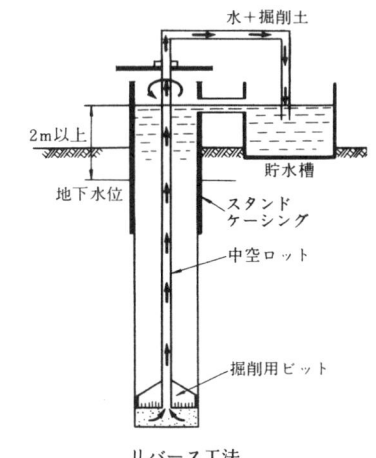

5. その他の杭

木杭

松杭材の欠乏と価格の高騰，地下水位の低下などにより，ほとんど用いられなくなった．

（1）木杭は，腐食防止のため，生丸太を常水面下に打込む．

木杭は，平家建の木造建築物に使用する場合を除き，常水面下にあるようにしなければならない（法38条）．

（2）杭材は，松の末口径12cm以上の直な材を皮をはいで用いる．必要に応じ，杭先端・杭頭部を金物で保護する．

BH杭

多少乱暴な工法であるが，機械が軽量であるので，狭い敷地で施工することができる．

（1）掘削

ボーリング機械の先端ビットの回転で掘削しながら，ビット先端より加圧泥水を噴出させる（泥水の循環方向がリバース工法とは逆である）．

この泥水の上昇によって掘削土は上昇し，杭孔より排出する．しかし重い粒形の大きい砂・砂利は上昇できない．

（2）泥水　泥水が孔内に連続循環するので，孔内の泥水濃度は非常に高くなる．孔壁に厚い泥水膜が生じ，これが孔壁崩落を防止する．

（3）掘削土（産業廃棄物）　貯水槽で土砂と泥水に分離し，泥水は循環に用いる．

（4）スライムが非常に多いので，入念に除去する．掘削後，RC杭をつくる．

深礎杭

L形鋼の腹起しの外側に波形鉄板を張って山留めとし，人力掘削する．掘削後，山留めを除去しながらRC杭を完成する．

人力掘削は非常に危険であるので，現在は用いられない．

（1）深所掘削の危険防止

深さ20m以上の人力掘削は，安全のため送風設備・電話・安全昇降設備を備えなければならない（労働安全規則）．

深所は，酸欠・有毒ガスの危険があるので，酸素濃度の測定，送風器による換気などを行う．

（2）第三者の墜落防止のため，杭孔周囲に柵を設ける．

（3）排水　湧水があれば危険である．ウェルポイント等で排水して地下水位を下げる．

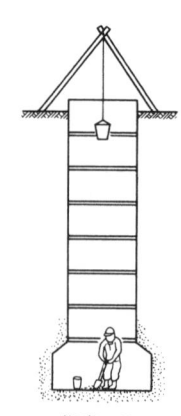

深礎工法

6. 地盤改良

軟弱地盤を改良・強化する工法である．場所により地盤状態が異なるので，改良効果にばらつきがある．なんらかの試験(平板載荷試験・貫入試験・コア試験など)によって，改良効果を確認する必要がある．

（1）置換法　軟弱土を良質土と入替える．原始的な工法である．
（2）脱水法　地中の水を排出して，地盤を強化する．
粘性土にサンドドレーン，砂質土にウェルポイント・ディープウェルがある．
（3）締固め法
① バイブロフローテーション・サンドコンパクション
砂・砂利・砕石などを振動・圧縮により地中に強制圧入して，地盤を強化する．
② 砂・砂利地業　突固めにより浅所地盤を強化する．
（4）固化法
土と固化材を混合して，地盤を強化する．薬液注入工法もある．

サンドドレーン sand drain

粘性土の(粘性土は排水に時間がかかる)排水を促進する工法である．粘性土地盤は，含水量の減少によって圧密沈下し，強度が増大する．

（1）工　法
ケーシングを打込み，これに砂(フィルター材)を投入するなどによりサンドパイル sand pile をつくる．
地上に敷砂をし，さらに盛土をする．
（2）圧　密
盛土荷重により，粘土中の水がサンドパイルを通って地上に排出し，時間をかけて地盤を圧密する．
（3）フィルター材に，多孔質の合成樹脂材などを用いる工法もある．

バイブロフローテーション vibro flotation

（1）工　法
大型の棒状振動機を，振動とウォータージェットで砂質地盤に貫入させ，振動機の周囲のすき間に砂利・砕石を充てんする．振動と骨材の補強を行いながら，振動機を引上げる．あとに骨材パイルが形成される．施工間隔は 1.2～1.5m．
（2）締固めの効果
投入骨材量だけ地盤が圧縮強化される．骨材投入量が大切である．

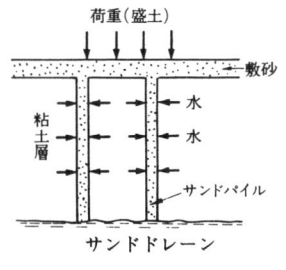

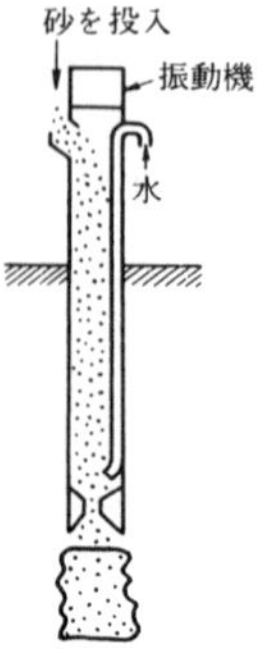

サンドコンパクション sand compaction

(1) 工 法

直径60～80cmの特殊パイプを，振動とウォータージェットで地盤に貫入させ，これに砂を投入する．パイプを引上げながら，パイプを振動させて砂を突固める．

あとにサンドパイルが形成される．施工間隔は2m程度．

(2) 改良効果

投下砂量だけ地盤が締固められるほか，サンドパイルによって長期にわたり圧密が進行する．

固化法

土とセメント系固化材を混合して，地盤を強化する工法である．

固化材と土とが十分に混合して固化するかどうかが，この工法の大切なところである．

(1) 工 法

回転翼を有する機械を回転させながら地中に貫入し，先端から固化材を噴出・回転させながら引上げる．あとにソイルセメント円柱が形成される．

(2) 固化材

セメントに，土質に応じ石灰・石膏・フライアッシュ・アルミナなどを加えたもの．既調合品がある．普通は水を加え液状で用いるが，水分の多い土壌には水を加えないで粉体で用いる．

(3) 改良土の強度

改良土の強度は，固化材の使用量にほぼ比例する．当然のことであるが，セメントを多く用いれば強度は大となる．

また土質によって，改良土の強度は大いに異なる．土質が悪い場合は，強度もでないし硬化不良も生じる．

改良土の強度の事例(固化材量100 kg/m³ の場合)

土　質	圧縮強度(kgf/cm²)
砂 質 土	10 ～15
シ ル ト	3 ～ 5
粘 性 土	1 ～ 3
有 機 質 土	0.5～ 1

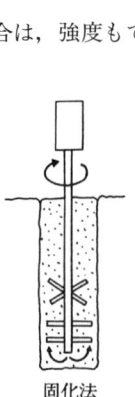

7. 砂・砂利地業

　軟弱地盤に砂・砂利・砕石を敷き，これを突固めることによって，地盤を圧縮強化する地業である．突固めによって地盤を締固めるのが目的であって，砂・砂利等はそのための手段である．
　突固めを必要としない良質な地盤は，これに直接基礎を構築する(地肌地業という)．

（1）　砂・砂利地業

　砂・切込み砂利・砕石を厚5〜15cm程度に敷き，突固める．
　突固めにより地盤は沈下(ローム土で5〜10cm程度)する．地盤が軟弱でめり込みの大きいときは，砂・砂利等の敷き厚を大きく(15〜30cm)する．さらに敷き厚の大きいときは，突固めは2回に分けて行う．

（2）　突固め機械

　小形のものから記せば，タンパー・振動コンパクター・ローラ(自重で転圧する．振動するものもある)がある．

6章　鉄筋工事

　鉄筋はRC造の骨格ともいうべきもので，コンクリートと一体となって外力に対抗し，構造体を強固にするものである．

　鉄筋が耐力として有効に働くためには，その精度が非常に大事である．鉄筋の誤差は，加工誤差・組立誤差・型枠誤差・コンクリート打設による誤差の集積である．最終的にはかぶり厚さに影響する．

　　設計図 ─→ 施工図 ─→ 材料 ─→ 加工 ─→ 組立 ─→ 打設 ─→ かぶり厚さ

（1）施工図
良好な配筋のためには，良好な設計と良好な施工図（加工図・組立図）が必要である．
（2）鉄筋の継手　　重ね継手・圧接継手・溶接継手・機械式継手がある．
（3）鉄筋の組立　　直組み鉄筋と先組み鉄筋がある．
（4）かぶり厚さの確保
かぶり厚さは，RC構造体の耐力・耐久性・耐火性をうるために非常に重要である．

1．鉄　筋

　鉄筋は，鉄筋コンクリート用棒鋼 JIS G 3112 に適合するものを用いる．
　（1）種　　類　　異形鉄筋 deformed bar と丸鋼とがある．
　丸鋼は，コンクリートと付着力 bond が異形鉄筋の 60% 程度である．すべてにフックを付けるのでコンクリートの流動性が悪い．強度も低いので，あまり用いられない．

異形鉄筋

　（2）使用鉄筋
　① 主筋は，異形鉄筋を用いる．
　② 実際は，ほとんどすべての RC 構造に異形鉄筋が用いられている．
　（3）強　　度
　① 鉄筋は，強度の高いものほど硬い伸びが少ない．
　② 鉄筋とコンクリートは，強度のバランスが必要である．一般に，高強度のコンクリートには，高強度の鉄筋が用いられる．

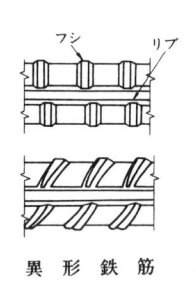

鉄筋コンクリート用棒鋼 JIS G 3112

鉄筋の種類		降伏点・耐力 N/mm²	引張強さ N/mm²	呼び名 D 径 φ	1本ごとの表示
異形棒鋼	SD 295 A	295 以上	440～600	D 6・10・13・16・19 22・25・29・32 35・38・41・51	ナシ
	SD 295 B	295～390	440 以上		─
	SD 345	345～440	490 〃		●
	SD 390	390～510	560 〃		●●
	SD 490	490～625	620 〃		●●●
丸鋼	SR 235	235 以上	380～520	φ 9・13・16・19 22・25・28・32	赤
	SR 295	295 〃	440～600		白

(注) SD 390 の 390 は，降伏点の最小値を示す．

(4) 表　示

1本ごと・1結束ごとの表示がある(JIS)．

① 鉄筋1本ごとの表示　　異形鉄筋は圧延マークで，丸鋼は塗色で種類を表示する．異形鉄筋は，このほか製造業者名またはその略号を圧延マークで表示する．

② 1結束ごとの表示　　種類・径・製造業者名・検査番号などを記載したもの(荷札など)で表示する．

(5) 保　管

① 種類・径・長さ別に，整頓して置く．

② 防錆のため，地上に直接置かない．

雨・潮風にさらされたり，どろ・油に汚されないようにする．

溶接金網・鉄筋格子

径4～16mm の鉄筋を，正方形・長方形の網目に組んで溶接したもの．

溶接金網は鉄線，鉄筋格子は棒鋼を材料とする．

(1) シート金物と，長物のロール金網がある．

(2) 細径のものは，鉄筋の補強材(せん断補強・ひび割れ防止)として用いる．

また，省力化のため，スラブ・壁の配筋に用いる．

2．鉄筋の加工

加工は切断と折曲げである．

① 切　断　　普通はシヤカッターによる．

② 折曲げ　　手動鉄筋折曲げ機または自動鉄筋折曲げ機による．折曲げは，冷間(熱を加えない)加工とする．

フック

（1） 異形鉄筋の場合

つぎの鉄筋以外はフックを省略してよい．
① 柱・梁(基礎梁を除く)の出隅の鉄筋，
② あばら筋・帯筋
③ 煙突の鉄筋

（2） 丸鋼の場合

すべてにフックを付ける．

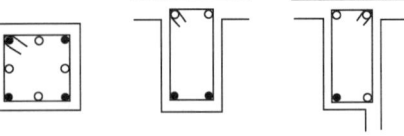

異形鉄筋のフック
(●フックあり，○フックなし)

3. 鉄筋の継手・定着

（1） 継手の種類　重ね継手・ガス圧接継手・溶接継手・機械式継手がある．
普通は，重ね継手を用いる．
ただし，太物の主要鉄筋には，ガス圧接継手・機械式継手も多く用いられる．

（2） 継手位置　原則として，応力の小さいところに設ける．かつ，同一個所に集中しないよう，多少ずらして設ける．

重ね継手

（1） 令73条の規定

主筋・耐力壁の鉄筋の継手の重ね長さは，
① 引張力の最小部分に設ける場合
$25d$(軽量コンクリートは$30d$)以上とする．
② それ以外の部分に設ける場合
$40d$(軽量コンクリートは$50d$)以上とする．

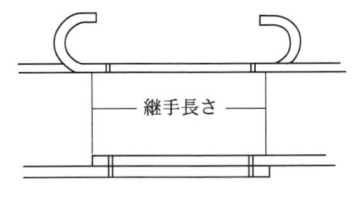

重ね継手
(2箇所を番線で結束する)

　　　(注)　dは鉄筋径(径の異なる場合は，細い方の鉄筋径)

（2） その他の鉄筋の重ね継手の長さは，特記による．その標準は下表のとおり．

重ね継手の長さ(かっこ内はフック付きの場合)(JASS 5)

コンクリートの設計基準強度 N/mm²	18	21・24・27	30〜45	48〜60
SD 295 A・SD 295 B・SD 345	$45(35)d$	$40(30)d$	$35(25)d$	$30(20)d$
SD 390	—	$45(35)d$	$40(30)d$	$35(25)d$

ガス圧接継手

ガスバーナーで鉄筋の両面より加熱しながら，加圧機で3 kgf/mm²の圧力を加えると，鉄筋の接触部はふくらみ，鉄の融点以下の温度で接合する．

日本圧接協会の認定を受けた圧接工が行う．溶接ほどの技術は必要としない．
(1) 圧接面　グラインダーで平らにし，圧接時に金属肌とする．
(2) 圧接部
① ふくらみ径は，$1.4d$ 以上，ふくらみ長さは $1.1d$ 以上とする．
② 圧接面のずれは，$1/4d$ 以下，鉄筋中心軸の偏心は，$1/5d$ 以下とする．
③ 圧接部は，折れ曲り・焼き割れ・へこみ・垂下り・内部欠陥がないこと．
(3) 特　長
鉄筋の心が通り，継手鉄筋が錯綜しないので，重ね継手より耐力上すぐれている．
重ね継手に次いで多く用いられ，普通，D 16 程度以上の鉄筋に用いられる．

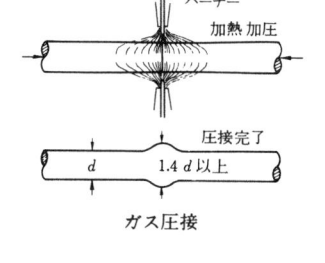

溶接継手
溶接の使用は，非常に少ない．
(1) 裏当て材を用いて突合わせ溶接とする．
(2) ただし，D 25 以下の主筋・耐力壁の鉄筋は，重ねアーク溶接とすることができる．

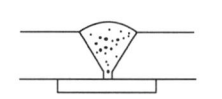

機械式継手
太物(約 D 29 以上)鉄筋でガス圧接の困難な場合，または，組鉄筋などに用いる．
① 圧着継手
カプラーを外部から締付けて，鉄筋に密着させる．
② ねじ継手　ねじふし鉄筋を用いる．
または，鉄筋にネジを切る．
③ 接着継手
カプラー内部に，強度は $50\,\mathrm{N/mm^2}$ 以上のモルタル・グラウトを注入する．

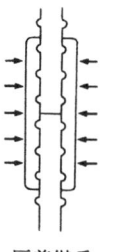

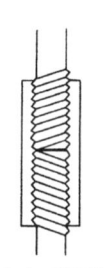

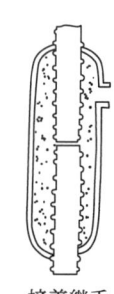

定着長さ (令73条)
梁の引張り鉄筋の柱への定着長さは，$40d$ (軽量コンクリートの場合は $50d$)以上とする．

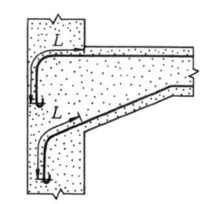

4. 鉄筋の組立

鉄筋を正しい位置に保持することは，構造耐力上きわめて重要である．
鉄筋は，設計図・施工図に従って正しく配筋し，堅固に組立てる．
(1) 清掃　　浮きさび・どろ・油など付着力を減ずるものは除去する．
(2) 結束　　鉄筋の交差部は，0.8mm 以上のなまし鉄線で結束する．
(3) 鉄筋のあき
2.5cm 以上，かつ粗骨材の最大寸法の 1.25 倍以上，かつ，鉄筋径の 1.5 倍以上とする．
(4) 鉄筋と型枠のあき
バーサポート（スラブ・梁底）・スペーサ（壁・柱・梁側）を用いて，かぶり厚を確保する．

バーサポート bar support・**スペーサ** spacer
(1) 材料　　原則として，鋼・コンクリート製を用いる．
ただし，スラブ・基礎・梁下以外は，プラスチック製を用いてもよい．

ドーナツ形　馬蹄形
スペーサ　　　　　バーサポート　　　　　　　　　　鉄筋

(2) 位置・数量　　標準は，つぎのとおりである(5～6 階建程度を対象)．
壁…………上段(梁下 0.5m)・中段に，横は 1.5m 間隔．
柱…………上段(梁下 0.5m)・中段に，柱幅に 2 個(幅 1m 以上の柱は 3 個)．
スラブ……上ば筋・下ば筋に，1m^2 当り 1.3 個程度．
梁…………上ば筋・下ば筋に，1.5m 間隔に設ける．

5. かぶり厚さ

かぶり厚さ(鉄筋表面とコンクリート表面との最短距離)は，耐久性・耐火性・構造耐力をうるのに非常に重要である．建築基準法の定めるかぶり厚さは，これらの性能をすべて満足しているものと解釈できる．
(1) 耐久性
コンクリートは，長い間には空気中の水分と炭酸ガスの作用でアルカリ性を失い，中性化する．中性化すれば，鉄筋は錆びる．

RCの耐久性は，鉄筋の錆，すなわちコンクリートの中性化によって決る．
① 耐久性はかぶり厚さが大きいほど大きい．寿命はかぶり厚さの2乗に比例する．
② 水セメント比が小さいほどコンクリートが密であるので，耐久性は大である．
③ モルタル塗り・タイル張り仕上げは，中性化を防止する．
（2）耐火性

鉄筋は高温になると強度が低下し，約600℃で降伏点が1/2となる．

火災時にコンクリート内部が600℃にならないために，かぶり厚さが必要である．

① 柱・梁・耐力壁は2時間耐火，
② 壁・スラブは1時間耐火である．

火災（約1 000℃）にコンクリート内部が600℃になる深さ

火災時間	600℃になる深さ
1時間	2cm
2時間	3cm
3時間	5cm

（3）構造耐力

鉄筋とコンクリートの一体性をうるため，鉄筋のまわりにコンクリートの厚みが必要である．

かぶりが小さいときは，コンクリートはひび割れを生じ，破壊する．

最小かぶり厚さ・かぶり厚さ

（1）最小かぶり厚さ

令79条に定められている．

最小かぶり厚さ(cm)（令79条）

土に接しない部分	壁・床・屋根	2(屋外の露出部は3)
	柱・梁・耐力壁	3(屋外の露出部は4)
土に接する部分	柱・梁・床・基礎の立上り	4
	基礎	6

(注) 1. ( )は，JASS 5の規定
2. 土に接する軽量コンクリートは，これに1cmの割増しをする（JASS 5）

（2）かぶり厚さ(施工上のかぶり厚さ)

最小かぶり厚さを確保するため，実際のかぶり厚さは，1cmの施工誤差を加える．

かぶり厚さ＝最小かぶり厚さ（または所要かぶり厚さ）＋1cm

（3）所要かぶり厚さ

高い耐久性を要求する構造体，または，海水の作用を受けるコンクリートなどは，より大きいかぶり厚さが必要である．所要かぶり厚さは，特記による．

7章 型枠工事

　型枠は，コンクリートを打込んで構造体を成型する鋳型となるもので，コンクリート構造体に正確な形状・寸法を付与するものである．
　RC造の型枠工事費は，実に構造体工事費の約40％に達し，コンクリート・鉄筋よりも高額である．

1. 型枠の材料

型枠は，つぎの3つで構成される．
　（1）　せき板　　コンクリートに直接接する板．普通は合板を用いる．ほかに製材のせき板・金属製パネル・繊維板などもある．
　（2）　支保工
せき板を支持する材．桟木・ばた・根太・支柱（普通はパイプサポート）など．
　（3）　付属品　　フォームタイ・セパレータ・剥離剤など．

コンクリート型枠用合板

俗にコンパネという．1種（普通用）と2種（表面板の品質がよく打放し用）とがある．
厚12，15，18，21，24mmがあり，普通12，15mmが用いられる．ベニヤ単体で用いるか，桟木を取付けパネルとして用いる．
　（1）　アルカリ対策
合板はラワン材など南洋材がほとんどで，アルカリに弱いものがある．
これらはコンクリートのアルカリによって色素が抽出して，コンクリートを赤茶色に着色したり，数回の使用で表面割れ・むしれを生ずるものがあるので，製造業者が耐アルカリ性試験を行ったものを用いる．
　（2）　日光対策
木材は日光を受けると，セメントの硬化をさまたげる成分が増え，コンクリート表面が硬化不良を生ずる．シートをかぶせるなど直射日光をさける．打放しの場合はとくに留意．古いせき板は，この成分が少ない．
　（3）　使用回数は，8(5～10)回程度である．塗装合板は，10～15回程度．

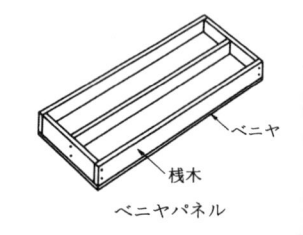

（4）塗装型枠　　面板を塗装した合板型枠．
高価ではあるが，脱型しやすく面板が破損しない．打上りが平滑で使用回数も多いのが特長である．対アルカリ・対日光問題も解決される．

鋼製パネル metal form
市販の既製品は，幅10, 15, 20, 30cm, 長さ60~180cmがある．出隅・入隅用の役物パネルもある．特殊接合金物で接合する．

（1）剛性と精度がよく，100回以上使用できる．
①重い，②細部のおさまりが困難，③フォームタイなどの穴の補修が困難，④釘打ちができない，などの欠点がある．

（2）形状の単純な面，基礎などに用いる．
打上りが平滑で，モルタル塗りは剝離する．打放しに適している．

ばた
柱・壁のせき板・型枠パネルを外部から押えるもの．普通，単管が用いられる．型枠パネルをたてに用い横ばたとするのが普通である．

フォームタイ form tie
型枠は，側圧に耐えるように，ばたを通してフォームタイ（緊結材）で緊結する．
フォームタイは，セパレータ separator（型枠の間隔を保持するもの）とセットになっている．

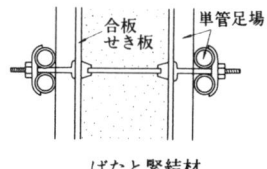

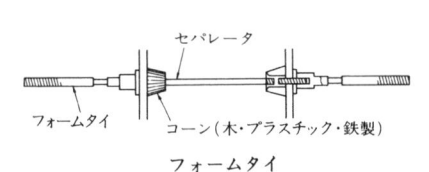

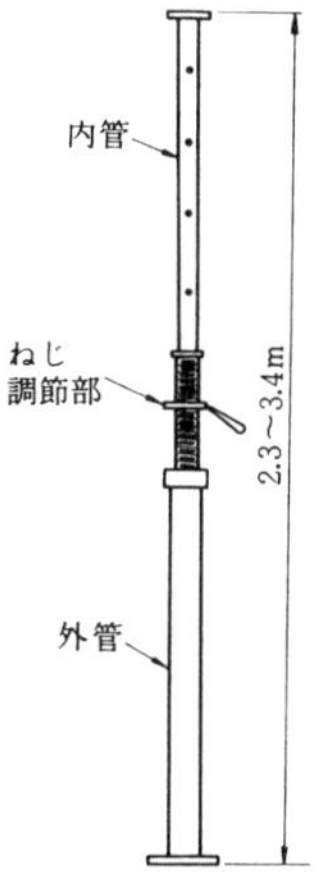

パイプサポート pipe support
十分な支持力のある地盤・敷板・構造物の上に，ほぼ1m間隔に鉛直に設ける．
（1）許容支持力　　高さ2~3mのとき……2tf
　　　　　　　　　高さ3~4mのとき……1.0~1.5tf（振止めを設ければ2tf）
（2）補　強
支柱の事故は，水平力によるものと長物の座屈がほとんどである．
支柱を筋かい・振止め・横つなぎなどで補強する．
（3）階高の高い場合は，パイプサポートを2段か，枠組足場を数段重ねて組む．

2. 型枠の組立

```
コンクリート図・型枠図 ─→ 墨出し・定規打ち ─→
                              型枠組立・配筋 ─→ コンクリート打設 ─→ 型枠除去
```

① コンクリート図　コンクリートの打上り寸法図を作成する．
これに，木れんが，インサート，貫通孔，ボックスの位置などを記入する．
② 型枠図
コンクリート図から型枠図パネル割付図・支保工組立図などを作成する．
③ 墨出し　床スラブ上に，測量によって壁心などの墨出しを行う．
また基準モルタルを置いて水平を定める．
④ 定規打ち　型枠の位置を定めるために，床に定規モルタル等を設ける．

型枠の構造
コンクリート打設時の荷重，側圧，衝撃などに耐える構造とする．
（1）　型枠材の許容応力度は，長期・短期の中央値とする．
（2）　支柱は，下階支柱の真上に垂直に立てる．

横力に対する補強
型枠の倒壊は，ほとんど打設時の横力によるものである．
（1）　支柱に，横つなぎ・筋かいなどを十分にとり，横力に対し補強する．
（2）　横力は，全垂直荷重の約5%とする．

コンクリートの側圧
柱・壁の型枠は，側圧に耐えるように設計しなければならない．
側圧は，コンクリートが流動体であることによって生ずる．コンクリートが流動性を保っている間は，その重量が流動圧として型枠に働く．
　　（1）　ポンプ打ちの場合
　打設速度が非常に速いので，コンクリートの全重量を流動体とみなす．
　H が3mの場合の側圧は，
　　　　$6.9 \text{tf/m}^2 (2.3 \text{tf/m}^2 \times 3\text{m})$
　　（2）　打設速度が遅い場合
　上部は流動性を保っているが，下部は一部流動性を失うので，流動圧は低下する．

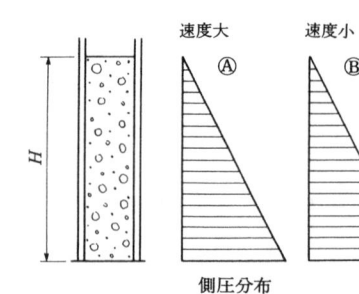

側圧分布
速度大 Ⓐ　速度小 Ⓑ

3. 型枠の存置期間

せき板の存置期間

（1） 基礎・梁側・柱・壁のせき板の存置期間は，コンクリート強度が $5\,\mathrm{N/mm^2}$ に達した（強度試験によって確認する）ときまで，または下表の期間とする．

せき板の存置期間（気温 $10\,\mathrm{C}°$ 以上の場合）

存置期間中の平均気温	20°C 以上	10〜20°C
早強ポルトランドセメント	2日	3日
普通ポルトランドセメント・混合セメントA種	4〃	6〃
混合セメントB種	5〃	8〃

強度 $5\,\mathrm{N/mm^2}$ は初期硬化が終り，コンクリートが損傷または初期凍害を受けることのない最低限の強度である．

（2） スラブ下・梁下のせき板は，支柱の除去後に取り外す．

支柱の存置期間

（1） 原　則

支柱は，つぎの2つの条件を満足するときまで存置する．

① コンクリート床のコンクリート強度が，設計基準強度に達すること．
強度がこれに達したことを，試験で確認する．

② コンクリート床の耐力が，その荷重（コンクリート床には，コンクリート打設時に最大の荷重が加わる）に耐えうること．

（2） 荷重の小さい場合の支柱

屋根スラブの支柱のように荷重の小さい場合は，安全を確認すれば，$12\,\mathrm{N/mm^2}$ に達していることを条件として，支柱を除去してよい．

（3） 片持梁バルコニー・ひさしの支柱

存置期間は上記に準じるが，不安定構造でひびわれ・折損の事故が多いので，安全をみて，より長くする．

（4） 支柱の盛替え

型枠の盛替え型枠を除去して，再び支柱のみを設置することは，原則として行ってはならない．

ただし，安全を確認して支柱を除去した階において，コンクリート打設時に念のため要所要所に支柱を設置するのは，安全のための有力な方法である．

支柱の働きと撤去時期の考え方(参考)

支柱荷重は，コンクリート打設時に最大となる．倒壊は打設時に起る．したがって，打設時における安全を確認すれば足りる．

$$コンクリート打設時の荷重 \ W = ① + ② + ③.$$

① 打設コンクリートの重量(1階分)＝スラブ $350～400\,kgf/m^2$ と梁重量．
② 打設による衝撃荷重＝集中荷重で $150\,kgf$ 程度，これをならして $30\,kgf/m^2$ 程度．
③ 型枠重量＝1階分当り $40\,kgf/m^2$ 程度．

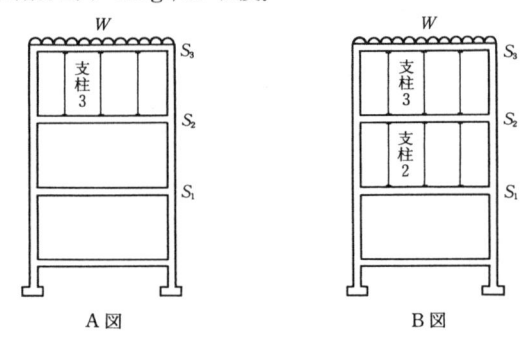

コンクリート打設時における支柱

上図において，コンクリート打設時の支柱は，A図かB図である．

(1) A図の場合

荷重 $W(450～600\,kgf/m^2)$ を S_2(スラブと小梁)が支持する．

① S_2 のコンクリート強度が設計基準強度に達すること．かつ，
② S_2 の耐力が，W に耐えること．

荷重 W は，S_2 の設計積載荷重(住宅で180，事務所・店舗で $300\,kgf/m^2$)をオーバーしているので，一般には不可である．

しかし，梁があって床組構造が堅固なときは，S_2 の耐力が設計積載荷重に対して余裕のあるケースはありうる．このとき，S_2 は W を負担しうる．

③ 理論的にA図の安全が確認された場合も，念のため下階の要所要所に支柱を設置すること(盛替え)が望ましい．

(2) B図の場合　　荷重 W を，S_1 と S_2 で支持する．

コンクリート打設時には，S_1 はほぼ28日強度に達しており，S_2 はほぼ14日強度に達している．すなわち，B図は，A図の2倍以上の耐力がある．

コンクリート打設後は，S_3 も初期強度が発達するので，翌日には支柱2を除去しうる．

(3) 結　論　　A図の場合は，一般には危険がある．B図の場合は，安全である．

4. RC 工事の数値

型 枠

(1) 型枠面積(せき板が直接コンクリートに接する部分の面積)

　　　建築面積 1m² につき……4〜6m²

RCマンションの型枠面積の部位別比率(%)

基礎・地中梁	柱	梁	壁	床	その他
7(6〜8)	8(7〜10)	17(15〜20)	32(26〜40)	21(17〜28)	15(8〜18)

(2) 型枠工事費　構成は，材料 30：労務 70 である．
1960 年頃には，材料 70：労務 30 であった．労務費の上昇を物語っている．

鉄 筋

(1) RC造(8階建以下程度を想定)の鉄筋量

　　　建物面積 1m² 当り…………60〜100 kg

　　　コンクリート 1m² 当り……100〜150 kg

(2) SRC造の鋼材量

SRC造(10階程度)の建物 1m² 当りの鋼材量(kg)

構造耐力の負担方式	鉄骨量	鉄筋量	合　計
鉄骨・鉄筋の共同負担	50〜80	50〜70	100〜150
鉄骨のみの負担	100〜150	30〜50	130〜200

コンクリート

(1) RC造のコンクリート量　建物面積 1m² につき　0.5〜0.8 m³．
これを建物面積にならせば，厚 50〜80 cm．

(2) RCマンションの資材量
3〜7階建の RC マンションを調査したところ，下表のとおりであった．

RCマンションの構造資材量(建築面積 1m² 当り)

型　枠	鉄　筋	コンクリート
5(4〜6)m²	70(60〜80)kg	0.7(0.6〜0.8)m³

8章　コンクリート工事

　コンクリート工事は，建築施工の中でも最も重要な部門である．いかにして耐久性と強度のあるコンクリート構造体をつくるかが，大切なところである．
　コンクリートの強度試験方法・調合・製造・発注・品質検査は，強度と耐久性を得るための一貫したプロセスであるので，十分な理解が必要である．

RC構造体の性能
　RC構造体の性能として，JASS 5は，つぎの7つをあげている．良質な構造体を得るには，これをクリアしなければならない．
（1）　構造安全性
積載荷重・地震などすべての外力に対して安全であること．
① 　コンクリートが所要の強度(強度が十分あれば他の物性も良好である)を有し，過大なひび割れ・コールドジョイント・打込み欠陥などのないこと．
② 　配筋の精度のよいこと(かぶり厚さにも影響する)．
（2）　使用性　　日々，平穏に使用・居住できる構造であること．
スラブのたわみ，(とくにクリープによる長期たわみ)・振動・ひび割れ・外壁・屋根スラブから水漏れのないこと，など．
（3）　耐久性　　耐用年限(主として鉄筋の腐食で決る)の長いこと(85頁)．
（4）　耐火性　　かぶり厚さが，火災時の鉄筋の強度低下を防ぐ(85頁)．
（5）　寸法精度　　部材の位置・断面寸法の精度のよいこと(115頁)．
（6）　コンクリートの仕上がり　　面の精度がよく平担なこと(115頁)．
（7）　かぶり厚さ
これによって耐久・耐火・耐力を得ることができる(85頁)．
かぶり厚さが1cm増えれば，中性化は20〜40年のびるとされる．逆もある．

RC構造体の耐久性
　かつてRC造は，半永久的にもつと思われていた．しかるに，材令30〜60年ぐらいで構造体に欠陥が生じるものが相当量あることが判明してきた．驚くべきことである．
　しかし，物には寿命があり，品質によってその命数を異にするのは，考えてみれば当然のことといえるのである(仕上げ・建築設備の寿命は，構造体の寿命より短い．RC造・SRC造の税法上の耐用年数は40〜50年である)．

計画供用期間

(1) 計画供用期間　一般供用・標準供用・長期供用の3つのクラスとする．
いずれを採用するかは，特記(建築主または設計者の指示)による．

計画供用期間(JASS 5)

計画供用期間	大規模補修不要期間	供用限界期間
一般供用	約30年	約65年
標準供用	約65年	約100年
長期供用	約100年	――

たとえば，一般供用構造物は，
① はじめの約30年間は，平穏無事である．
② つぎの30～65年(供用限界期間)は，建物の使用には十分耐える．
しかし，鉄筋の腐食が進行し，大規模補修がありうる．
③ 約65年を経過すれば，構造体の老朽化により物理的・経済的に建物の使用に耐えないこともありうる．すなわち，耐用の保証はないのである．

(2) 構造物の種類
構造物を，その重要度・耐久性により，つぎの3つに分ける．
① 一般供用構造物　世間一般の供用期間を想定した構造物．
現存の構造物，または普通の仕様による構造物の耐久性は，この程度である．
② 標準供用構造物　一般供用よりやや長期を想定した構造物．
③ 長期供用構造物　重要な建築物に適用する．
約100年の使用に耐える構造である．特別の仕様が必要である．
(80年超のRC造は日本にほとんど現存しないので，100年超は未知の世界である．)

1. 材　料

コンクリート ＝ セメント ＋ 骨材 ＋ 水 ＋ 混和剤 ＋ (混和材)

(1) 骨材には，普通骨材(砂利・砕石・砂・砕砂)と軽量骨材がある．
普通骨材を用いたコンクリートを普通コンクリートといい，軽量骨材を用いたコンクリートを軽量コンクリートという．
(2) 混和剤と混和材を総称して混和材料という．

セメント

セメントは，活性のある物質で，水と結合して強固な物質となる(硬化・水和作用)．

(1) 種類　ポルトランドセメントと混合セメントがある．

$$\text{ポルトランドセメント} = \boxed{\text{クリンカー}} + \text{せっこう}$$

$$\text{混合セメント} = \boxed{\text{クリンカー}} + \boxed{\text{混合材}} + \text{せっこう}$$

(注) 1. クリンカーは，ほぼ石灰岩4：粘土1を混合粉砕して焼成したものである．
　　 2. せっこうは，凝結時間を調整するために少量(重さで3%以下)用いる．

① ポルトランドセメント(本書ではポセと略記する)

普通ポセ・早強ポセ・超早強ポセ・中庸熱ポセ・耐硫酸塩ポセ・低熱ポセの種類がある．各種類それぞれに，低アルカリ形がある．

② 混合セメント

クリンカーに混合材を混合したセメントである．混合比率の高いセメントは，初期強度が低い，中性化が早く鉄筋の防錆力に劣る，など品質がやや劣る．

混合セメントの混合材と混合比率(セメントに対する重量比　%)

混合セメント	混合材	A種	B種	C種
高炉セメント	高炉スラグ	5～30	30～60	60～70
シリカセメント	シリカ質混合材	5～10	10～20	20～30
フライアッシュセメント	フライアッシュ	5～10	10～20	20～30

(注) 混合材が0～5%含まれているセメントは，ポルトランドセメントである．

しかし，価格がやや安い，水和熱が小さい，強度が長期に発達する，流動性がよい，海水・化学物質に対する抵抗力がある，などの長所がある．

(2) 適用

長期供用には，原則としてポセを用いる．

(3) 強度

強度の下限値は，右表のとおりである．実際に生産されているセメントの強度は，これの1.5～2.0倍程度である．

(4) 比重

ポセ……3.1～3.2，
混合セ…2.9～3.1である．

セメントの圧縮強度 N/mm^2 の下限値(JIS)

材	令	3日	7日	28日
ポセ	普通	12.5	22.5	42.5
	早強	20.0	32.5	47.5
	超早強	30.0	40.0	50.0
	中庸熱	7.5	15.0	32.0
	低熱	—	7.5	22.5
高炉セ	A種	12.5	22.5	42.5
	B種	10.0	17.5	42.5
	C種	7.5	15.0	40.0

普通骨材

粗骨材(砂利・砕石)と細骨材(砂・砕砂)がある．
（1） 気乾比重　　2.5 以上とする(普通は 2.5～2.7 程度)．
（2） 吸水率　　砂利 3% 以下，砂 3.5% 以下を用いる．
（3） 不純物
有害物の泥分・粘土塊・有機不純物を含まないこと．
（4） 海砂の塩分
砂の重量の 0.04% 以上の塩化物を含まないこと．
ただし，コンクリート中の塩化物制限(0.3 kg/m³ 以下)が優先する(105・109 頁)．
（5） アルカリ骨材反応　　所要の対策をとる(109 頁)．
（6） 粒度
粒度(粒度分布のこと)は施工軟度など調合に大きな影響を与えるので，粒度は良好でなければならない．いろいろの粒径のものを適度に混合しているものがよい．
① 粗骨材の最大寸法は，20・25・40mm の 3 種類がある．

砂利の標準粒度（JASS）

最大寸法(mm)	30mm	25mm	20mm	15mm	10mm	5mm	2.5mm
25	100	90～100	60～90		20～50	0～10	0～5
20		100	90～100	55～80	20～55	0～10	0～5

(注) ふるいを通るものの重量百分率を示す．上欄はふるいの寸法．
② 細骨材には，荒目(5mm 程度)・中目(2.5mm)・細目(1.2mm)がある．
（7） 粗骨材の最大寸法
下表の寸法で，かつ最小かぶり厚さ以下，鉄筋のあきの 4/5 以下とする．

粗骨材の最大寸法(mm)

柱・梁・スラブ・壁	20・25(ただし，砕石は 20 のみ)
基　　礎	20・25・40

（8） 実積率　　　　実積率＋空げき率＝100%
① 粒形がよく，粒度分布のよい骨材は，実積率が大である．
締固めた骨材の実積率は，砂利 64%，砕石 55～60%，砂は荒目 66%，中目 64%，細目 61%，である．
② 実積率の大きい粗骨材と細骨材を適正比率で配合するのが，良好な配合である．このとき，空げきを満たすべきペースト量が最小となり，良好な流動性を得る．

（9）骨材事情
川砂・砂利の採取が難しくなって，海砂・砕砂・砕石の使用が増加している．
① 海砂　　塩分は鉄筋を錆びさせるので，有害量をこえる場合は水洗いして用いる．
② 砕石　　粒形は悪いが，粒度分布を自由にできる（107頁）．

海砂・砕砂（対細骨材）・砕石（対粗骨材）の使用比率（％）　1995年

地域	北海道	東北	関東	中部	関西	中国	四国	九州・沖縄
海砂	20	10	0	0	50	50	40	60
砕砂	0	0	20	0	5	40	40	20
砕石	30	65	60	30	75	75	80	90

混和剤

コンクリートの性質を改善するため，少量，液状で用いる．

（1）化学混和剤（JIS A 6204）
界面（表面）活性剤で，その主な作用は，気泡と分散である．

化学混和剤の種類

混和剤	気泡	分散	減水率（％）
AE 剤	○		6～8（6以上）
減水剤		○	4～6（4以上）
AE 減水剤	○	○	12～16（10以上）
高性能 AE 減水剤	○	◎	20～30（18以上）

（注）　1，凝結・硬化時間により，標準形・遅延形・促進形がある．
　　　 2，減水率は，流動性向上のみによる減水を示す．（　）は JIS 規定．

　　　気泡作用──→流動性大（減水効果），しかし，強度低下──→相殺して強度増減なし
　　　分散作用──→流動性大（減水効果），かつ，強度向上──→ダブルで強度増大

① 気泡作用
AE 剤によって微小な気泡が発生し，これがボールベアリングのような働きをして，流動性が向上する（その他，粘性の増大，ブリーディングの減少，耐凍害性にもよい）．
しかし，気泡は，強度を低下させる．

② 分散作用
減水剤を添加すれば，セメント粒子が分散する．水和しやすくなって，強度が増大，かつ，流動性が向上する．

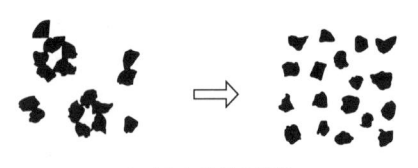

セメント粒子の分散

③ 混和剤による減水効果

化学混和剤の気泡作用・分散作用によってコンクリートの流動性は向上する．

　　　　混和剤(気泡・分散)──→流動性向上──→減水効果──→強度の増大

流動性が向上すれば，同一スランプを得るのに必要な水量を減ずることができる．水量を減ずれば強度は増大する（ただし気泡は，一方で強度低下をもたらす）．

（2）　その他の混和剤

　　　流動化剤………高度の分散作用により，流動性を高める（122頁）．
　　　防錆剤…………コンクリート中の塩分による鉄筋の錆を防ぐ．
　　　分離抵抗剤……高流動コンクリートは分離しやすい．これを防止する．

このほか，硬化促進剤・凝結遅延剤・急結剤・防水剤などがある．

これらは，コンクリートのある性質を改善するが，耐久性・強度を低下させる，鉄筋を錆びさせる，などの弊害を伴うものがあるので，その使用は慎重にする．

混和材

コンクリートの性質（水和熱・流動性など）を改善するため，比較的多量に用いる材料．固体粒子でコンクリートの実質構成材となるものである．

代表的な混和材は，フライアッシュ（粒子が円形である）と高炉スラグ微粒子（粒子が非常に小さい）である．これらは，水和熱が小さく，流動性を向上させ，ゆるい水硬性があるが，中性化が早いなどの短所もある（混合セメントはこれらを混和している）．

2．試　験

セメントの強度試験（JIS R 5201）

（1）　供試体 test piece

重量比セメント1：砂3，水セメント比50％のモルタルでつくる．

（2）　標準養生

成型後24時間湿気箱に入れ，その後脱型して水中養生する．製作中および養生中の温度は20±3℃とする．このような養生を標準養生という．

（3）　強度試験

1日・3日・7日・28日強度について行う．

① 　曲げ強度　　それぞれの材齢につき3個の供試体で行い，その平均値とする．

② 　圧縮強度

曲げ試験の折片6個について行い，その平均値とする．

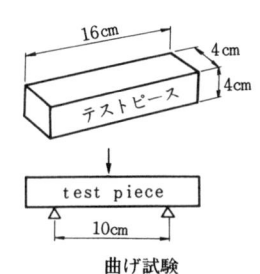

曲げ試験

コンクリートの強度試験（JIS A 1108・1132）

コンクリートの強度は，供試体3個の圧縮強度の平均値とする．

（1） 供試体（テストピース）の寸法

直径の2倍の高さの円柱とする．直径15cm，高さ30cmの円柱が原則であるが，直径10cm，高さ20cmの円柱も用いられる．

（2） 供試体のつくり方　　試料を鉄製型枠に打込んでつくる．

① 突き棒の場合

ほぼ等しい厚さに3層に分けて詰め，その各層を突き棒で，径15cmのテストピースでは25回，径10cmでは11回突く．

② 振動機の場合

試料を2回に分けて詰め，各層ごとに，表面積60cm²ごとに振動機で締固める．

（3） 供試体の養生　　コンクリートは養生方法によって強度が異なる．

① 標準養生

20±3℃の温度の水中または飽和湿気中において養生する．

強度の発現には理想的な養生で，安定して強度が出る．

② 現場水中養生

工事現場において，現場の気温に近い温度の水中で養生する．

③ 現場封かん養生

構造体に近い状態の養生．水分が逃げないよう外気温に近い温度で，ビニール袋などで供試体を封じて養生する．

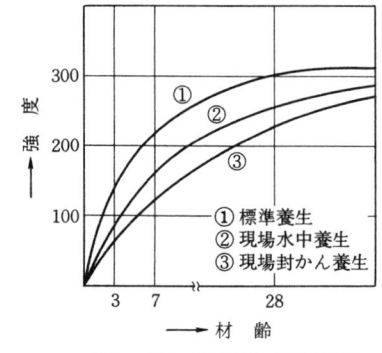

（注）一般に，28日強度・最終強度は①＞②＞③である．

養生方法と強度との関係

（4） 現場試験強度の評価

① 構造体コンクリート強度は，現場試験強度（現場水中養生・現場封かん養生による供試体の強度）によって判定することになっている．したがって，現場水中養生・現場封かん養生は，構造体と同程度の養生方法としている．

② しかし，現場試験強度は，構造体の真実の強度（コア試験強度）よりも，3N/mm²程度高いことが調査で明らかになっている．

③ ゆえに，構造体強度（品質基準強度）を設定するときは，3N/mm²の割増しをする．

コンクリートの試料採取方法(JIS A 1115)

圧縮強度・スランプなどの試験をするため，試料 sample をアジテータ・コンクリートポンプ・打込み個所などから採取する方法．

(1) 試料は，試験しようとするコンクリートを代表するようなものとする．

(2) 試料は，コンクリートから3回以上に分けて採取し，それらをショベルで一様になるまで練り混ぜてつくる．

スランプ試験 slump test (JIS A 1101)

コンクリートの軟らかさ・流動性を調べる．

(1) テストの方法

鉄製のスランプコーン(内径：上部10 cm，下部20 cm)に，試料を3層に分けて詰め，その各層を突き棒で(突き棒が前層にようやく達する深さまで)25回均等に突く．

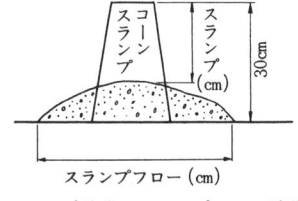

(2) スランプ(cm)

コーンを引上げたときのコンクリートの下がり．

スランプ試験・スランプフロー試験

スランプフロー試験(JASS 5)

高流動コンクリートの流動性を調べる．

(1) スランプコーンに試料を1層か3層に分けて詰め，各層を突き棒で5回突く．

(2) スランプフロー(cm)　コーンを引上げたときのコンクリートの拡がり．

ブリーディング試験(JIS A 1123)

ブリーディングは，コンクリート中の水が分離して浮上する現象である．コンクリートの沈降・レイタンスを生ずるのでよくない．

(1) 試験方法

一定の容器に試料を入れて，その浮き水の量を調べる．

　　　ブリーディング量(cm^3/cm^2) = 上面の1 cm^2 当りの浮き水の量(cm^3)

浮き水の水深(cm)を計ったことになる．

(2) 水の分離を防ぐには，コンクリートの粘性が必要である．

粘性のない(AE剤等を用いない水量の多い)コンクリートの浮き水は，打込み高さ1 mにつき水深1 cm程度にもなる．

コア試験(JIS A 11107)

完成した構造体からコアを切り取って強度試験をする．

(1) コアは構造上支障のない個所から，コンクリート用コアドリルで切り取る．

(2) コアは円筒形で，直径は粗骨材の最大寸法の3倍以上，高さは直径の2倍とする．

3. 調 合

コンクリートの調合(強度・流動性)についての考え方(参考)

(1) コンクリート強度

コンクリートは,骨材とこれを結合するセメントペーストで構成される.骨材は十分に強度があるので,コンクリート強度はペーストの強度で決る.ペーストが密実で強いことが必要である.

　　　　コンクリート＝骨材＋セメントペースト(水＋セメント)

セメントは石灰岩を粉末にして焼成したもので,水と結合して元の石灰岩のような強い物質に戻ろうとする性質(水和作用・硬化)がある.化学的に水和に必要な水量(結合水)は,セメント重量の約25％である.

ペーストの調合		
	セメント	水
重　量	100 kg	60 kg
絶対容積	32 *l*	60 *l*

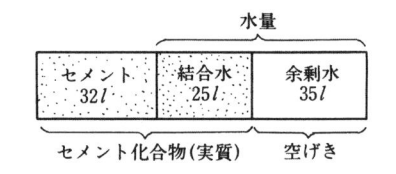

水量: セメント 32*l* / 結合水 25*l* / 余剰水 35*l*
セメント化合物(実質) / 空げき

セメントペーストの構成(水セメント比60％の場合)

25％の水はセメントと結合して化合物となり,実質部を形成する.余剰の水はペースト中に残り,硬化後は蒸発して空げきとなる.ゆえに,水量の多いペーストは,ポーラスな,密度の小さい,強度のない物質となる.

密な,強いペーストをつくるには,水を少なくすればよい.水量の少ないコンクリートは,耐久性・水密性も高く,硬化収縮も少ない.

しかし,あまりに水量が少ない場合は,流動性がなく施工が困難であるので,ある程度の余剰水は必要である.

(2) コンクリートの流動性

流動性は,主としてセメントペーストの流動性とその量による.ペーストは,骨材の空げきを満たすだけの量は最小限必要であるが,そのほかに余分の量があればそれだけ流動性はよくなる.したがって,骨材の空げきが最小(実積率が最大)となるとき,一定のペースト量で良好な軟度を得ることができる.

(3) 良好な調合

良質のセメントペースト(水セメント比の小さい)を,最小の空げきを有する骨材に充てんすることが,調合の理想である.

調合決定のプロセス

コンクリートの強度・流動性・耐久性を得るため，調合は，つぎのプロセスで行う．

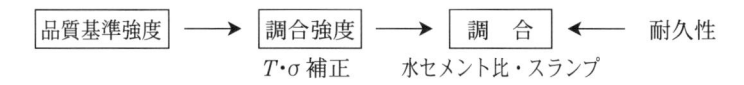

```
品質基準強度  ⟶  調合強度   ⟶   調 合   ⟵  耐久性
                 T·σ補正      水セメント比・スランプ
```

(1) 強　度　① 品質基準強度(目標とする構造体強度)を定める(101頁)．
　　　　　　② 品質基準強度を得るために必要な調合強度を定める(102頁)．
　　　　　　③ 調合強度を得るために必要な水セメント比を定める(104頁)．
(2) 流動性　④ 水セメント比・骨材粒度・空気量等から，所要スランプを得るための調合を定める(104頁)．
(3) 耐久性　⑤ 品質・耐久性を確保するため，調合は必要な条件を満足しなければならない(104頁)．

品質基準強度

品質基準強度(構造体のコンクリート強度)は，設計基準強度と耐久設計基準強度を，ともに満足しなければならない．

(1) 設計基準強度

特記による(構造設計において定めた強度である)．
$18・21・24・27・30・33・36\,N/mm^2$ のいずれかとする．

(2) 耐久設計基準強度

耐久設計基準強度

計画供用期間	一般供用	標準供用	長期供用
耐久設計基準強度(N/mm^2)	18	24	30

　低強度コンクリートは耐久性も劣る．耐久性を得るためには，それ相応の強度が必要である．すなわち，強度と耐久性は相関がある．
　耐久設計基準強度とは，耐久性を得るための必要最小限の強度である．

(3) 品質基準強度

　コンクリートは，強度のためには設計基準強度を，耐久性のためには耐久設計基準強度を，クリアしなければならない．

品質基準強度 ＝〔設計基準強度・耐久性基準強度の大きい方の強度〕＋$3\,N/mm^2$

　　(注)　$3\,N/mm^2$ は，真実の構造体強度と供試体による強度との強度差である(98頁)．

調合強度

(1) 調合強度を有するコンクリートを，構造体に打設する．
28日(またはn日)後に，構造体は品質基準強度以上に達しなければならない．

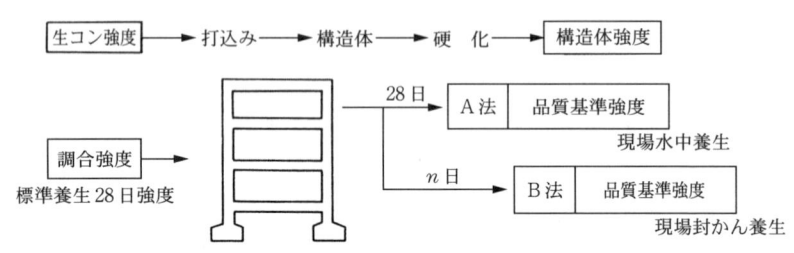

調合強度が品質基準強度（構造体強度）に至るプロセス

[A法]……構造体強度が28日目に品質基準強度に達すること．
[B法]……構造体強度が，n日(28〜91日)までに品質基準強度に達すること．
原則として，A法による．

B法は，28日に品質基準強度に達することが困難な場合で，強度が出るまで待つ態度である(養生期間・型枠存置期間が長くなる)．

(2) 調合強度
品質基準強度に，気温補正と標準偏差補正を加えたものである．

[A法]　　調合強度＝(品質基準強度＋T)＋1.73σ ……①
　　　　かつ，調合強度＝0.85(品質基準強度＋T)＋3σ ……②

[B法]　　調合強度＝(品質基準強度＋T_n)＋1.73σ ……③
　　　　かつ，調合強度＝0.85(品質基準強度＋T_n)＋3σ ……④

　　　　ここに，T：28日までの気温による補正値　　σ：標準偏差
　　　　　　　　T_n：n日までの気温による補正値

(注) 生コン(レミコン)の場合は，σ補正は生コン業者が行う．
　　　したがって，ゼネコンは，気温補正のみを行って，呼び強度とする(110頁)

気温補正値 $T \cdot T_n$

コンクリートは気温が低ければ強度が十分に発現しない．したがって，所要強度を得るために，低温による強度低下分だけ割増し(気温補正)をする．

初期強度の低いセメントほど，冬期に弱いので，気温補正値は大である．

8章　コンクリート工事

気温補正値 T

セメント	早強ポセ	普通ポセ	中庸熱ポセ	高炉セBB種	$T(\text{N/mm}^2)$
28日間の予想平均気温(℃)	2～5	3～8	9～13	10～13	6
	5～15	8～16	13～17	13～17	3

(注)「2～5」は，2以上5未満と読む．

気温補正値 T_n

セメント	普通ポセ		中庸熱ポセ		高炉セBB種		$T(\text{N/mm}^2)$
材齢	42日	56日	42日	56日	42日	56日	
n日間の予想平均気温(℃)	2～4	—	3～5	—	6～10	2～5	6
	4～8	2～4	5～9	2～5	10～14	5～10	3

(注)　材齢91日の場合は，上記のセメントは，予想平均気温2℃以上であれば，$T=0$ である．

標準偏差 σ

コンクリート強度は，ばらつきがあり施工管理の良好なものは，σ は小さい．
（1）　σ は，生コン工場の実績による．
または，$2.5\,\text{N/mm}^2$ か品質基準強度の10%の，いずれか大きいほうの数値とする．
（2）　σ 補正によって
①③式により，ほぼ品質基準強度を得ることができる(不合格率は約4%)．
②④式により，最悪の場合でも品質基準強度の85%は確保し得る(不合格率約0.8%)．

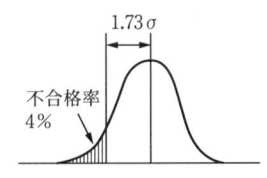

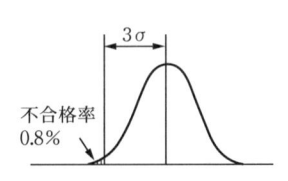

コンクリートの強度分布

調合強度の算定例

品質基準強度 $=24\,\text{N/mm}^2$,　$\sigma=2.5\,\text{N/mm}^2$,　普通ポセ使用
28日間の予想平均気温 $=5$℃……$T=6\,\text{N/mm}^2$
[A法]　調合強度 $=(24+6)+1.73\times 2.5=34.3$ ……①式
　　　　調合強度 $=0.85(24+6)+3\times 2.5=33.0$ ……②式
∴　調合強度 $=34.3\,\text{N/mm}^2$
この強度を打設すれば，構造体強度は28日目には，ほぼ $24\,\text{N/mm}^2$ となる．

水セメント比の決定

（1） コンクリート強度は，基本的にはセメント強度と水セメント比によって決る．

$$コンクリート強度 = f(水セメント比・セメント強度)$$

ここから，強度(調合強度)を得るに必要な水セメント比を求めることができる．

（2） 水セメント比は，

① 試し練り，または，信頼できる試料・関係式によって求める．

② 生コンの場合は，生コン工場の保有するデータによってよい．

計画調合

使用材料・水比から，所要のスランプ・空気量を得るよう計画調合を決定する．

① 調合(計画調合)は，原則として試し練りによって定める．

② ただし，生コンの場合は，試し練りを省略して生コン会社の有する技術データによることができる．

調 合 表

調合強度 (kgf/cm²)	スランプ (cm)	空気量 (%)	水セメント比 (%)	粗骨材大寸法 (mm)	細骨材率 (%)	単位水量 (kg/m³)	絶対容積 (l/m³)			重量 (kg/m³)			化学混和剤 (cm³/m³) (g/m³)
							セメント	細骨材	粗骨材	混和材	セメント	細骨材	粗骨材	混和材	

（注） 参考までに，日本建築学会の参考調合表の一部を 106 頁に示す．

調合の条件

調合は，つぎの条件を満足しなければならない．

(ただし，寒中コンクリート，暑中コンクリート・マスコンクリート・水中コンクリートなど各種コンクリートの場合は，調合の条件は多少異なる．)

（1） 水セメント比(水とセメントの重量比，水比ともいう)

　　　　　ポセ・混合セ A 種……65% 以下

　　　　　混合セ B 種……………60% 以下

　　　　　低熱セ・混合セ C 種…約 55% 以下とする．

水セメント比は最も大切であり，すべての品質(強度・耐久性など)の基本である．

（2） スランプ　　18cm 以下とする．

ただし，品質基準強度が 33 N/mm² 以上の場合は，21cm 以下でもよい．

できるだけ硬練りとする．硬練りコンクリートは，強度はもちろん耐久性・水密性・収縮性など，すべての点で品質がよい．

（3）単位水量　　185 kg/m³ 以下とし，できるだけ小さくする．
（単位水量は，コンクリート 1 m³ 中の水量で，水セメント比の水量である．ただし，骨材中の水量は含まない）．

単位水量の大きいコンクリートは，乾燥収縮・ブリーディング・沈降などが大で，耐久性が劣る．

（4）単位セメント量（コンクリート 1 m³ 中のセメントの重量）
270 kg/m³ 以上とする．

セメント量の少ない貧配合のコンクリートは，耐久性・施工性などが劣る．

（5）細骨材率（骨材に対する細骨材の絶対容積の比率）

できるだけ小さくする．すなわち，細骨材を少なく粗骨材を多くする．骨材の空げきを小さくして，セメント量・水量を減ずるためである．

（6）空気量

原則として，化学混和剤を用い，空気量は 4～5% とする．

混和剤は液状で用いるので，単位水量に含む．適度の空気量は，流動性・水密性・耐久性・ブリーディングに有効である．ただし，過大の空気量は悪い．

（7）塩分

コンクリート中の塩分は，塩素イオン量として 0.3 kg/m³ 以下とする．

ただし，鉄筋の防錆対策をした場合は 0.6 kg/m³ 以下でもよい．

耐久性の確保

（1）構造体の耐久性　　RC 構造体の老朽は，鉄筋の腐食による．

鉄筋の腐食は，コンクリートの品質（密実なこと・中性化しないこと・ひび割れのないことなど）と鉄筋のかぶり厚さによる．

構造体の耐久性を得るには，コンクリートの品質が必要条件である．

　　　　| コンクリートの品質 | ・| かぶり厚さ |──→ 鉄筋の腐食 ──→| 構造体の耐久性 |

（2）耐久性を得るためのコンクリートの品質（具体的数値はすでに述べた）

① 水セメント比を小さくする．　② スランプを小さくする．
③ 単位水量を少なくする．　　　④ 貧調合としない（セメント量）．
⑤ 空気量を適正にする．　　　　⑥ 粒度・粒形のよい骨材を用いる．
⑦ 有害量の塩分を含まない．

砂・砂利コンクリートの参考調合 (砂利の最大寸法 20 mm)

砂	水セメント比 (%)	スランプ (cm)	細骨材率 (%)	単位水量 (kg/m³)	絶対容積 (l/m³)			重量 (kg/m³)		
					セメント	砂	砂利	セメント	砂	砂利
5 mm 以下	40	12	40.6	183	145	269	393	458	699	1 023
		18	40.8	205	163	245	368	513	660	957
	50	12	44.2	175	111	311	393	350	809	1 023
		18	45.2	195	124	303	368	390	788	957
	60	12	45.9	172	91	334	393	287	868	1 023
		18	47.4	190	101	331	368	317	861	957
1.2 mm 以下	40	12	29.6	190	151	192	457	475	499	1 188
		18	29.2	212	168	178	432	530	463	1 122
	50	12	34.0	182	116	235	457	364	611	1 188
		18	34.8	200	127	231	432	400	601	1 122
	60	12	36.2	176	95	259	457	298	673	1 188
		18	37.4	196	104	258	432	327	671	1 122

(注) 砂は，中目 (2.5 mm 以下) を省略して，荒目 (5 mm 以下) と細目 (1.2 mm 以下) のみを記載した．

砂・砕石・AE コンクリートの参考調合 (砕石の最大寸法 20 mm)

砂	水セメント比 (%)	スランプ (cm)	細骨材率 (%)	単位水量 (kg/m³)	絶対容積 (l/m³)			重量 (kg/m³)		
					セメント	砂	砕石	セメント	砂	砕石
5 mm 以下	40	12	44.0	183	145	278	354	458	723	920
		18	44.1	205	163	261	331	513	679	861
	50	12	47.5	175	111	320	354	350	832	920
		18	48.4	195	124	310	331	390	806	861
	60	12	49.2	172	91	343	354	287	892	920
		18	50.5	190	101	338	331	317	879	861
1.2 mm 以下	40	12	33.6	190	151	208	411	475	541	1 069
		18	32.9	212	168	191	389	530	497	1 011
	50	12	37.9	182	116	251	411	364	653	1 069
		18	38.5	200	127	244	389	400	634	1 011
	60	12	40.1	179	95	275	411	298	715	1 069
		18	41.1	196	104	271	389	327	705	1 011

砕石コンクリートの性質
砕石は粒度分布が自由にできる利点がある．
① 粒形が悪く流動性が悪いので，それをカバーするため水量を増やす．
砕石とペーストとの付着がよいので，強度は大となる．
② 結局，おなじ強度とスランプを得るには，砂利コンクリートと比較して，
　セメント同量　　水＝8% 増　　砂は増，砂利は減となる．

AE コンクリートの性質
AE 剤 air entraining agent を用いれば，コンクリート中に 0.03～0.3mm 程度の微小な気泡が発生し流動性がよくなる．耐久性・水密性なども向上する．
① 所要のスランプを得るための水量(8% 程度)を減ずることができる．
強度は空気量 1% につき 3～4% 低下する．しかし，水量を減じているので，強度低下はカバーできる．
② 振動を与えれば空気量は減少するので，輸送中に空気量は減少する．
③ 空気量は，エアメータ air meter で測定する．

4．製　造
現場練り(現場製造)とレミコン(工場製造)がある．原則としてレミコンを用いる．

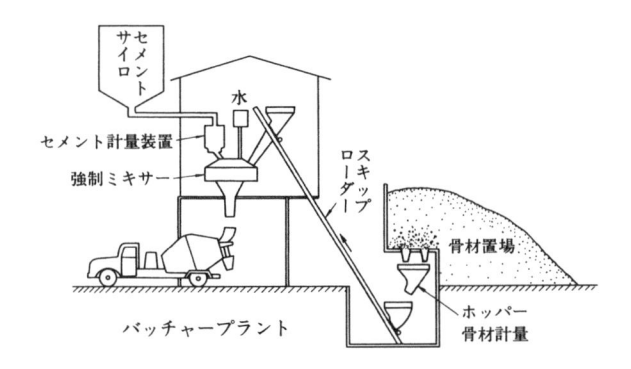

現場製造
ミキサー練り・手練り，大規模工事においてはバッチャープラントがある．
（1）　手練り　　鉄板上で練る．その品質は機械練りに及ばない．
（2）　バッチャープラント bather plant　　小型の生コン工場である．
　　　　　　材料貯蔵設備──→運搬設備──→計量装置──→ミキサー

レディーミクストコンクリート ready mixed concrete（JIS A 5308）

JIS は，工場製造して荷卸し地点に配達されるまでのレディーミクストコンクリート（俗に生コン，またはレミコンと呼ばれる）について規定している．

（1）注　文

購入者は，粗骨材の最大寸法・スランプ・呼び強度を指定して注文（発注）する．

レディーミクストコンクリートの種類

コンクリートの種類	粗骨材の最大寸法 (mm)	スランプ (cm)	呼び強度(N/mm^2)							
			18	21	24	27	30	33	36	40
普通コンクリート	20・25	8・12・15・18	○	○	○	○	○	○	○	○
		21		○	○	○	○	○		
	40	5・8・12・15	○	○	○	○	○			
軽量コンクリート	15・20	8・12・15	○	○	○	○	○			
		18・21		○	○	○	○			

（注）呼び強度は，28 日圧縮強度である．

（2）特別指定

また，購入者は，下記の事項，その他の事項を生産者と協議して指定することができる（指定事項が多くなれば，当然価格は高くなる）．

① セメント・骨材・混和材料の種類
② 骨材のアルカリシリカ反応の区分，またその抑制方法
③ 標準と異なる数値の空気量・粗骨材の最大寸法・塩化物含有量
④ 水セメント比の上限値，単位水量の上限値，単位セメント量の下上限値
⑤ 呼び強度を保証する材令(耐久性)
⑥ コンクリートの最高温度，最低温度
⑦ ベースコンクリートからのスランプの増大量(流動化コンクリートの場合)
⑧ 軽量コンクリートの単位容積質量
⑨ その他必要な事項

（3）配　合

① 生コンの配合は，生産者が購入者と協議して定める．
② 生産者は，生コンの配達前に，配合報告書を購入者に提出しなければならない．

（4）骨材の対アルカリ骨材反応

砕石・砕砂・砂利・砂は，アルカリ骨材反応を生ずるものがあるので，アルカリシリカ反応試験で無害と判定したものを用いるか，つぎの対策のいずれかを講ずる．

① 低アルカリポセを用いる．
② 抑制効果のあるセメント(高炉セ・フライアッシュセのB種・C種)を用いる．
③ コンクリート中のアルカリ総量を $3.0\,\text{kg/m}^3$ 以下とする．
荷卸し後に流動化剤を用いる場合は，流動化剤中のアルカリ量を差し引く．
アルカリ骨材反応……骨材中のシリカ成分とセメント中のアルカリ成分が化学反応して膨張物質ができ，硬化後数年してコンクリートにひび割れを生ずる．発生頻度は多くないが，非常にやっかいな現象である．

(4) 品質・検査
生コンは，荷卸し地点において，つぎの品質を有すること．これを検査で確認する．
① 強　度
荷卸し地点で，$150\,\text{m}^3$ ごとに1回の試験(任意の1運搬車から採取した3個の供試体の標準養生による28日強度の平均値)を行い，
　　　1) 1回の試験結果が，指定した呼び強度の85%以上，かつ
　　　2) 3回の試験の平均が，指定した呼び強度以上でなければならない．
② スランプの許容差

スランプの許容差

スランプ(cm)	5	8〜18	21
許容差(cm)	±1.5	±2.5	±1.5

③ 空気量　　普通コンクリート……4.5±1.5%
　　　　　　軽量コンクリート……5.0±1.5%
④ 塩化物含有量
生コン中の塩化物含有量は，塩化物イオン量 $0.3\,\text{kg/m}^3$ 以下とする．ただし，購入者の承認(鉄筋を防錆処理した場合など)があれば，$0.6\,\text{kg/m}^3$ 以下でもよい．
この検査のみは，荷卸し地点でなく，工場出荷時に行ってもよい．
⑤ 検査試料の採取方法
トラックアジテータで30秒高速かくはん後，最初の排出コンクリート $50〜100\,l$ を除き，その後のコンクリート流から採取する．

(5) 輸　送
① 生コンは，トラックアジテータで輸送する．
agitatorは，すでに練混ぜられたコンクリートを，かき混ぜながら均一に保持する機械である．(ミキサーは，材料を練混ぜてコンクリートをつくる機械である)．
② 荷卸し直前に，アジテータを高速回転させコンクリートを均一にしてから排出する．

5. 生コンの発注

基礎・主要構造部その他重要な部分には，JIS規格に適合したコンクリートを用いなければならない(法37条)．

コンクリートは，原則として工場生産の生コンを用いる．

　　　発　注(施工業者) ── 製　造(生コン工場) ── 検　査(荷卸し地点)

(1) 発　注

施工業者(購入者)は，コンクリートの種類(呼び強度・スランプ・粗骨材の最大寸法)を指定して発注する．必要な場合は，調合に関する事項も指定する(108頁)．

(2) 製　造

生コン工場は，呼び強度を得るために水セメント比・調合を決定し，生コンを製造する．

呼び強度

呼び強度は，品質基準強度とする．ただし，冬期はこれに気温補正をする．

$$呼び強度 = 品質基準強度 + (T \text{ または } T_n)$$

　　　　(注) 生コン業者は，これに標準偏差補正 σ を加え，調合強度(102頁)とする．

生コン工場の選定

(1) 工場は，購入するコンクリートについてJIS表示許可を受けていること．または，
(2) 工場は，コンクリートを適正な時間内に打込みのできる運搬距離にあること．
(3) 同一打込み工区に，2つ以上の工場のコンクリートを打込まないようにする．

生コンの輸送・運搬中の品質変化

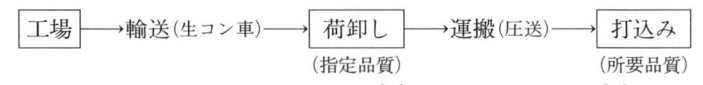

　　　工場 → 輸送(生コン車) → 荷卸し → 運搬(圧送) → 打込み
　　　　　　　　　　　　　　　(指定品質)　　　　　　　　(所要品質)

　　　(注) JISは，工場から荷卸し地点までを輸送，JASSは，現場内を運搬とする．

(1) 輸送中　　スランプ・コンクリート温度が変化する．

変化量は輸送時間・気温による．特に寒中・暑中が問題である．

(2) 圧送中

圧送中の変化は，輸送中に比較して小さい．

最終の打込み時に所要品質を得るよう，荷卸し地点の品質を指定する．

① 普通コンクリートは，圧送条件にもよるが，0.5cm程度のスランプ低下がある．
② 軽量コンクリートは，スランプ・空気量・単位容積重量が低下する(121頁)．

6. 運搬・打込み

（1）施工計画　つぎの事項を定めて施工計画をたてる．
① 運搬・打込みの方法・機械器具・労務組織
② 1回の打込み区別・打込み順序・打込み高さ・打込み量
③ 打継ぎ部の処理方法
④ 降雨・降雪などに対する措置

（2）生コンの受入れ準備
① 前もって，コンクリートの種類，1日・時間当りの納入量，打込み開始時間等を生産者に連絡する．
② 生コン車が円滑に出入でき，荷卸しが容易にできる荷卸し場所を確保する．

（3）練混ぜから打込み終了までの時間
気温が25℃未満のときは120分，25℃以上のときは90分以下とする．

（4）運　搬　コンクリートの品質の変化がないように行う．
運搬用の機械器具には，つぎのようなものがある．
① 圧送用機械　運搬は，ほとんどポンプ圧送による．
② バケット concrete bucket　クレーンでバケットから直接打込む．
　　分離が少なく，ごく硬練り運搬が可能である．PC工場等で用いるが，現場では用いない．
③ シュート shoot　垂直に用いる．分離を生ずるので斜めに用いない．
　　やむをえず斜めに用いるときは30°以上の傾斜とする．

（5）打込み・締固め
コンクリートを均質・密実に充填するように行う．

圧送用機械

（1）コンクリートポンプ
十分な圧送能力(圧力・容量)を有するものを用いる．2機種がある．
① ピストン式
強力で，容量 $100 \, m^3/h$・圧力 $70 \, kgf/cm^2 (7 \, N/mm^2?)$ 程度が普通である．
② スクイーズ式
ゴムチューブ中のコンクリートをローラではさみ，絞り出して圧送する．能力はピストン式の半分程度である．
軟練りコンクリート向きで，残コンクリートの処理が容易である．

（2）コンクリートポンプ車(略してポンプ車)
危険なものである。トラックにコンクリートポンプを搭載したもの。
（3）ブーム付ポンプ車(略してブーム車)
ブームは3段式が普通で，高さは15～30m程度。これに輸送管を装着し，先端に長さ5～8mの先端ホース(軽量のフレキシブルホース)を接続する。危険防止のため，
① ブームで機材を吊り上げたり，ものを引張ってはならない。
② 先端ホースは，メーカー規定の長さのものを用いる。
③ コンクリート排出中に，ブームの移動を行ってはならない。
（4）輸送管
直管・ベント管・テーパ管(異径管の接続用)・ジョイント・先端ホースなどがある。
① 管　径　　呼び寸法100A・125A・150A(数値は内径寸法)がある。
　　　　　　粗骨材の最大寸法20mm以上……100A以上
　　　　　　　〃　　　　　　40mm以上……125A以上を用いる。
② 設　置　　輸送管は，圧送圧によって強く振動する。
型枠・配筋に振動などを与えないように，支持台・緩衝材などを用いて設置する。
（5）圧送圧　　圧送のとき，ポンプの吐出口に圧送圧が生じる。
　　　　圧送圧力＝管の摩擦抵抗圧 A ＋ コンクリートの重量圧 B
　　　　　　　　　(圧送長さに比例)　　　(圧送高さに比例)

管径の小さいとき，圧送量の大きいとき，硬練りのとき，砕石・軽量コンのとき，管の継手の多いとき，管内摩擦抵抗 A が大きい。

圧　送

圧送で大切なことは，コンクリートの品質確保と，工事の安全確保である。
圧送は，コンクリート圧送施工技士(厚生労働省認定)が行うこと。
（1）先送りモルタル
ポンプと圧送管を潤滑にするため，最初に富調合高強度モルタルを圧送してから，コンクリートを圧送する。モルタルの品質変化したものは，打込まず廃棄する。
（2）圧送の中断
圧送を中断すれば，閉そくのおそれがあるので，圧送は連続して行う。
① 1時間以上中断しようとする場合は，管内のコンクリートを排出しておく。
② 圧送中に閉そくしたコンクリートは，廃棄する。
（3）圧送終了時の残留コンクリートの処分　　クリーナ(スポンジなどの詰物)を詰め，水または空気を圧送して，残留コンを押出し，構造体に打込むか，廃棄する。

特殊圧送

つぎのような特殊圧送は，閉そくしやすいので，圧送を中断してはならない．

（1）　高所圧送・長距離圧送

高さ80mの高所圧送と，200mの長距離圧送とは，ほぼ同一の圧力である．これ以上の高圧圧送は大型高圧圧送ポンプを用い，肉厚の輸送管を振動に耐えるよう堅固に固定する．

（2）　暑中・寒中圧送

中断すれば，凝結(暑中)，凍結(寒中)して閉そくする．

（3）　下向き圧送　　中断すれば，自然落下して空げきを生じ，分離・閉そくする．

打継ぎ

打継ぎ個所の一体性を図る．コールドジョイントは，耐力・耐久性・雨もりなどの欠陥となる．

（1）　打継ぎ位置　　応力の小さい位置に設ける．

　　　　　梁・スラブの垂直打継ぎ部……スパンの中央に垂直に設ける．
　　　　　柱・壁の水平打継ぎ部…………上端から下端に水平に設ける．

（2）　形　状　　打継ぎ面が鉄筋と直角となり，施工しやすい形状とする．

（3）　打継ぎ面

レイタンス等を取り除き清掃し，水湿しをする．

打込み前の準備

（1）　打込み・締固めに必要な機器・電源・人員を確認する．

（2）　配筋・鉄筋のかぶり厚さ・型枠・配管・埋込物などを，検査する．

（3）　型枠を清掃・散水する．散水した水は打込み前に高圧空気などで取除く．ただし，冬期は，凍結するので散水しない．

打込み

（1）　打込み個所に，できるだけ近づけて打込む．

分散打設(1個所に集中しない)して打込み，コンクリートを横流ししない．

（2）　分離するのでコンクリートを1m以上高いところから落下させない．このときはフレキシブルシュートなどを用いる．

（3）　1回の打込み区画内では，中断しないで連続して打込む．

中断する場合は，コールドジョイントの生じない範囲とする．

（4）　壁・柱の下部は，コンクリート落下の際，骨材の分離などがあり，豆板を生じやすく打継ぎ部が弱体となるので，入念に施工する．

（5）　打込み速度を速くしすぎない．締固めの時間が必要である．

締固め

均質・密実を得るため，棒状振動機・型枠振動機・突き棒などで締固めを行う．
このうち，棒状振動機 vibrator が主力である．つぎのようにかける．
① 打込み層の底まで振動機の先端が届くよう垂直にそう入する．
② そう入間隔　約 60 cm 以下とする．振動の影響範囲は約 30 cm である．
③ 振動時間　コンクリート面に薄くペーストが浮く程度とする．
かけすぎは分離を生ずるのでよくない．

7. 養　生

コンクリート養生は，つぎの 3 点である．
　　湿　潤……コンクリートが乾燥しないよう養生する．
　　温　度……寒冷期の低気温，また部材の高温化に対して養生する．
　　外　力……若齢のコンクリートを外力・振動より保護する．
いずれも，初期養生が大切である．初期養生により初期強度がある程度に達すれば，養生の目的は達せられたことになる．

湿潤養生

打設後，散水またはシート・養生マット・透水性の小さいせき板などで，下表の期間，コンクリートを湿潤に保つ．

湿潤養生の期間

計画供用期間	早強ポセ	普通ポセ	その他のセメント
一般・標準供用	3 日以上	5 日以上	7 日以上
長期供用	5 日以上	7 日以上	10 日以上

① ただし，普通ポセ・早強ポセを用いた厚 18 cm 以上の部材は，強度が 10（長期供用の場合は 15）N/mm² に達すれば，養生を中止してよい．
② 気温が高いとき，風が強いとき，直射日光を受けるときは，コンクリート面が乾燥しないように，養生する．

温度に対する養生

（1）寒冷期の養生
① 打設後 5 日間以上（早強ポセは 3 日間以上），コンクリート温度を 2℃ 以上に保つ．
② コンクリート温度が 2℃ 以下になれば，凍結のおそれがある．この場合は，寒中コンクリート（118 頁）に準じた養生を行う．

(2) 高温対策　　水和熱により内部温度が外気温より25℃以上高くなるおそれのあるときは，マスコンクリート(123頁)に準じた処置をする．

外力に対する養生
(1) 若齢のコンクリートが有害な外力・振動を受けないよう，周辺作業を管理する．
(2) 少なくとも1日間は，その上を歩行したり作業してはならない．

8. コンクリート仕上がり精度

RC構造体の仕上り(コンクリートの打上り)は，部材の位置・寸法が正確で，かつ面が平坦でなければならない．

部材の位置・寸法
コンクリート寸法の不良は，部材断面の不足・かぶり厚さの不足などを生じ，耐力・耐久性・意匠の欠陥となる．補修は困難である．

部材の位置・寸法の許容差(mm)の標準

部　位	一般・標準供用	長期供用
部材の位置	−20　+20	−20　+20
柱・梁・壁の断面寸法	− 5　+20	− 5　+15
床・屋根のスラブ厚	− 5　+20	0　+20
基礎の断面寸法	−10　+50	− 5　+10

面の平坦さ
打上がりの面の平坦さ(凹凸差)の標準は，つぎのとおりである．
① 薄い仕上げの場合……………………3mにつき7mm以下
　　　(じか塗装・樹脂塗床・金ごて仕上げ床など)
② 中程度の厚の仕上げの場合…………3mにつき10mm以下
　　　(じか吹付け・壁タイル圧着・じか防水など)
③ 厚い(7mm以上)仕上げの場合 ……1mにつき10mm以下
　　　(塗壁・塗床・胴縁下地など)

部材の補修(参考)
精度の原因は，型枠・鉄筋・打設にあって，打上がりの精度はその結果である．RC構造体の補修はほとんど不可能である．
① はつる補修　　部材は精度不良によって，すでに断面・かぶり厚さが不足している．これをはつれば，欠陥がさらに増大するので，構造耐力上非常に悪い．
② モルタル塗り補修　　厚付けは，剥離，落下の危険がある．人身事故もありうる．

9. 品質管理・検査

（1）品質管理　品質管理の計画書を作成し，品質管理の責任者を定めて，コンクリートの品質管理・品質検査を行う．

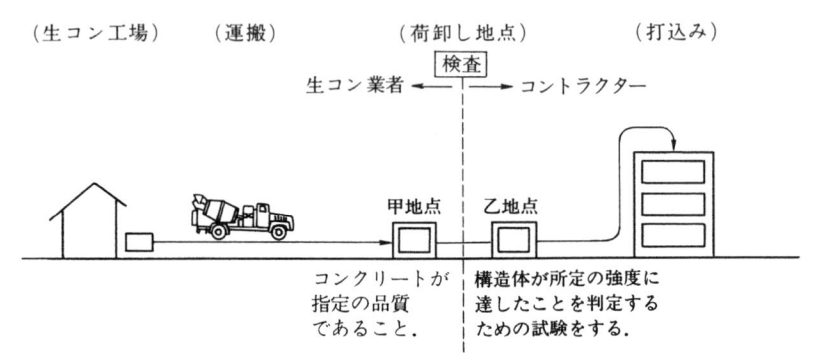

```
（生コン工場）　（運搬）　　（荷卸し地点）　　（打込み）
                          ┌検査┐
              生コン業者 ←─┼─→ コントラクター
                          │   │
                         甲地点 乙地点
                    コンクリートが｜構造体が所定の強度に
                    指定の品質　　｜達したことを判定する
                    であること．　｜ための試験をする．
```

(注)　図の甲地点と乙地点とは同一の荷卸し地点であるが，説明のために分けてある．

コンクリートの品質検査

（2）検　査

コンクリートは，上図の甲地点と乙地点において検査する．両者の検査はその目的をまったく異にする．

甲地点の検査は材料試験であり，乙地点の検査は構造体強度の試験である．

甲地点の検査（材料検査）

コンクリートは，運搬中に品質が変化するが，荷卸し地点で所定の品質（指定の品質）でなければならない．これを，甲地点において検査．

ここでは，コンクリートという材料の品質を検査するのである．

（1）生コンは，荷卸し地点までが生コン業者の守備範囲であるので，検査は生コン業者の責任において行う．建設業者はこれを確認する．

（2）検査は JIS の定めるところによる（109頁）

主な検査は，強度（標準養生による圧縮試験）・スランプ・空気量・塩分（塩分のみは工場で検査してもよい）である．

乙地点の検査（構造体強度の検査）

最終的には，一定の材齢において構造体のコンクリートが，所定の強度（品質基準強度）に達しなければならない．

これを判定するために，建設業者は，つぎの強度試験をする．

（1）試験方法　乙地点においてテストピースを採取して，これを構造体に近い状態で養生して，強度試験する．

強度試験は，打込み工区ごと，打込み日ごと，かつ150 m³ごとに1回（3個のテストピースの平均値）を行う．

（2）判　定　毎回の試験でつぎの基準に合格しなければならない．

[A法の場合]

① 28日強度（現場水中養生）が，品質基準強度以上であること．

② もし，28日に品質基準強度に達しない場合は，対策を工事監理者と協議する（重大事態である．平均気温が予想より5℃低いと，強度は10〜15％低くなるので，所要強度に達しないことがありうる）．

最悪の場合，91日以前に品質基準強度に達すれば可とする．これを判定するため，予備のテストピースが必要である．

[B法の場合]

91日以前のn日に，品質基準強度に達すること（現場封かん養生による）．

品質管理と施工プロセス（参考）

最終の目的は，構造体の品質・品質基準強度である．不合格の場合，補修は不可能である．（完成した大規模高層の構造体を，壊してコンクリートを打ち直した事例はある）．

品質管理がいかに重要であるかということである．施工に怠慢・不注意・不正があってはならない．施工プロセスにおける主要なポイントを考える．

```
┌────┐                    ┌──────────┐             ┌────────┐
│発注│ 生コン業者──→ │荷卸し地点│──→ 打設・養生──→│構造体  │
└────┘                    └──────────┘             └────────┘
品質指定                      検査                    品質基準強度
```

（1）生コンの発注

コンクリートの所定の品質を計画し，これを生コン業者に的確に指示したかどうか．

（2）荷卸し地点

搬入生コンのすべてが指定品質であるかどうか．

最も重要な点である．すなわち，不適格の生コンの搬入がありうるということである（検査は，sample testであって全数検査ではない）．これは，生コン業者の責任である．しかし，結局はゼネコンの責任となる．

（3）打設・養生

コンクリートが硬化し，強度を十分に発揮するまで，水と温度の管理を行ったかどうか．とくに寒中・暑中においては，養生が大事である．

10. 各種コンクリート

前項でコンクリートの総論は終り，これ以降は各論である．

各種コンクリートは，各種目的に応じてコンクリートのある性能・抵抗力を高めたものである．その基本の性能は，皆同じである．強度・耐久性・流動性は厳守する．

各種コンクリートの概要

寒中コンクリート……凍結のおそれのあるコンクリート．
　　　　10℃以上のコンクリートを用い，一定強度に達するまで保温養生を行う．
暑中コンクリート……気温がほぼ25℃をこえる時期に施工するコンクリート．
　　　　コンクリート温度を下げる（荷卸し地点で35℃以下とする）．
軽量コンクリート……人工軽量骨材を用いたコンクリート，1種と2種がある．
　　　　普通，1種を用いる．骨材が軽く吸水が大きいので，施工性は悪い．
マスコンクリート……部材断面が大で，内部温度上昇により，ひび割れのおそれがある．
　　　　セメントを選別し，単位セメント量を少なくして水和熱を抑制する．
流動化コンクリート……ベースコンに流動化剤を添加して，流動性を増大させる．
　　　　ベースコンクリートを硬練りにすることができる．スランプロスがある．
海水の作用を受けるコンクリート……海岸にあるコンクリート．
　　　　かぶり厚さと水セメント比によって，塩分による鉄筋の錆を防止する．
水中コンクリート……トレミー管を用い，場所打ち杭などに打込む．
　　　　水中で分離しないよう富配合とする．スライム処理を確実にする．
水密コンクリート……受水槽・プールなどに用いる水密性の高いコンクリート．
　　　　ペースト量を少なくし，ひび割れのない密実なコンクリートをつくる．
凍結融解作用を受けるコンクリート……完成後，凍害を受けるコンクリート．
　　　　とくに骨材の吸水率・空気量・密実性（水セメント比）に留意する．
遮蔽用コンクリート……生体防護のため放射線を遮蔽する目的のコンクリート．
　　　　遮蔽能力は質量によるので，壁厚を厚くするか，重量骨材を用いる．
無筋コンクリート……土間コン・捨てコンなどに用いる．鉄筋の錆の心配はない．
簡易コンクリート……木造建物の基礎，軽微な構造物などに用いるコンクリート．
高流動コンクリート……高度の流動性を有し，締固めなしで充てんが可能である．
　　　　混和剤・砂・水・微粉混和材などを多量に用いるので品質の問題がある．
高強度コンクリート……設計基準強度が $36\,\text{N/mm}^2$ をこえるコンクリート．
　　　　水セメント比と良質な材料・調合・施工によって高強度に到達しうる．

11. 寒中コンクリート

凍結のおそれのあるコンクリート．打込み後 28 日間の予想平均気温が，約 3℃ 以下の期間に打設するコンクリートである．

（1） 施工の重点

① 高温のコンクリートを用い，かつ，初期養生により凍結を防止する．少しでも凍結すれば，コンクリートは崩壊する．

② コンクリート温度を 2℃ 以下としない．2℃ 以上であれば，凍結しない．

（2） 寒中を軽微な凍結期と凍結作用期にわける．

軽微な凍結期（気温 −3℃ 以上の期間）……10℃ 以上のコンクリートを用いればシート養生程度でも，水和熱により，コンクリート温度は約 2℃ を確保できる．

凍結作用期（気温 −3℃ 以下の期間）……初期養生をしない場合は，凍結の危険がある．

コンクリート

（1） 設計基準強度は，24 N/mm² 以上とする．

（2） セメント　水和熱・初期強度の点で，早強ポセは有利，混合セは不利である．

（3） 気温補正　調合強度・呼び強度を決定する際の気温補正は，予想平均気温ではなく計画養生温度による（103 頁）．

（4） 単位水量　できるだけ少なくする．

（5） 荷卸し時のコンクリートの温度は，10～20℃ とする．

ただし，軽微な凍結期，または，マスコンの場合は，5～20℃ でもよい．

① このため水・骨材を加熱する．セメントを加熱してはならない．

② 輸送中に冷却しないよう，輸送時間・距離を検討する．

養　生

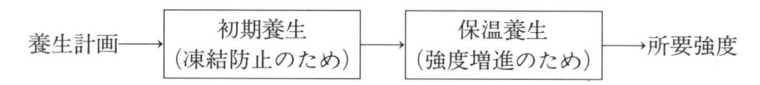

養生計画 → 初期養生（凍結防止のため） → 保温養生（強度増進のため） → 所要強度

（1） 初期養生

コンクリート強度が，5（軽微な凍結期は 3.5）N/mm² に達するまで保温養生を行う．強度がここまで達すれば，寒気にも耐え凍結もない．

（コンクリートが 5 N/mm² に達する期間は，養生温度・セメントの種類・水セメント比によって相違するが，だいたい 2～7 日である．）

（2）温度養生　所要強度を得るため，初期養生終了後も，コンクリートが冷却しないように必要な保温養生を行う．

（3）温度管理　養生中は，気温・コンクリート温度・空間温度を，温度記録計で計測し，コンクリートが計画温度を保つよう管理する．

保温養生

（1）加熱養生

上屋を設け屋内を(5℃程度に)加熱する．極寒用である．

加熱中はコンクリートが乾燥するので，散水などで湿潤を保つ．

（2）断熱養生

断熱型枠・断熱シート・断熱マットなどで，コンクリートを外気より遮断する．水和熱で保温する養生である．

（3）被覆養生　シートなどで覆うごく簡単な養生である．

12．暑中コンクリート

平均気温がほぼ25℃をこえる期間に打設するコンクリート．

（1）暑中コンクリートの問題点

① 気温が高いので，輸送・運搬中にスランプが低下する．

② 水分の急激な蒸発により，コールドジョイントを生じる．

③ 冷却時に，ひび割れを生じる．早期乾燥により，長期強度が発現しない．

（2）施工の重点

荷卸し時のコンクリート温度を35℃以下とする．

① このため，セメント・骨材・水は低温のものを用いる．氷水の使用もある．

② コンクリート温度は，輸送中に3～5℃上昇する(輸送時間・気温による)．

調合・施工

（1）混和剤　凝結の遅延・減水により，初期水和熱の減少を図る．AE減水剤遅延形・減水剤遅延形・高性能AE減水剤・流動化剤を用いる．

（2）スランプ　輸送中に，1時間で2～5cm低下する．

圧送中に，スランプ低下による閉そくもあるので圧送は中断しない．

（3）打設中も打設後も，せき板などに散水し，直射日光を当てない．

（4）養　生

① 打設後5時間以上(普通ポセを用いた場合)湿潤養生をする．

② 養生終了後，コンクリートが急激に乾燥しないよう処置する．

13. 軽量コンクリート

軽量骨材を用いたコンクリート．1種と2種がある．普通は1種を用いる．

軽量コンクリートの種類

種類	軽量骨材	設計基準強度(N/mm^2)	気乾単位容積重量(t/m^3)
1種	粗骨材のみ	36以下	1.7〜2.1
2種	全骨材	27以下	1.4〜1.7

2種軽量コンクリートは，軽量で断熱性はあるが，収縮率が大で亀裂が生じやすい，吸水率が大きい，中性化が早い，施工性が悪いなどの弱点がある．
（1）価格は，普通コンクリートよりも40〜60%（1種），60〜80%（2種）高である．
（2）軽量骨材　人工軽量骨材・天然軽量骨材（火山れき）・副産軽量骨材（膨張スラグ・石炭がらなど）がある．
（3）構造用軽量コンクリートには，人工軽量骨材のみを用いる．

人工軽量骨材

頁(けつ)岩・粘土・フライアッシュなどをロータリーキルンで焼成したもの．
① 粒形は球状である．
② 絶乾比重は，粗骨材1.0〜1.5，細骨材1.3〜1.8である．
③ 吸水率(24時間水中に浸漬したとき)は大きい．だいたい5〜10%である．
④ 骨材価格は，普通骨材の3〜4倍である．

調　合

（1）人工軽量骨材
粗骨材の最大寸法は，特記による．普通は15mmを用いる．
（2）調　合
圧送時に粗骨材の浮上がり・スランプの低下・閉塞が生じないよう，単位セメント量・細骨材を補正する．
（3）混和材　AE剤・AE減水剤・高性能AE減水剤のいずれかを用いる．
（4）空気量　5%を標準とする．
（5）気乾単位容積質量
軽量が目的であるので，気乾単位容積質量は所定のものでなければならない．

$$気乾単位容積質量＝全骨材量(気乾)＋セメント量＋120(kg/m^3)$$

運搬・打込み
骨材が軽いこと，吸水率が大きいことが問題で，施工性は悪い．
（1） 製造工場　　軽量コンクリートの JIS 表示の認定を受けた工場とする．
（2） 圧　送　　圧送管は，125 A 以上を用いる．
① 骨材の圧力吸水により，スランプが低下(1～2cm)し，閉塞のおそれもある．
骨材は，製造時に十分にプレソーキングする．
② 圧送中に，空気量は 0.5％ 減じ，単位容積重量は，約 1％ 重くなる．
（3） 打込み　　骨材が軽いので打込みの際，分離して表面に浮きやすい．
表面に浮き出した粗骨材は，タンピング・こて等で押え込む．

14. 流動化コンクリート

硬練りコンクリートは，強度・耐久性等すべての点で高品質であるが，流動性が悪く，そのまま打込むことは困難である．

そこで，スランプ 8～15cm 程度の硬練りコンクリートをつくり，これに流動化剤を添加・かくはんして，流動化コンクリート(スランプ 18～21cm 程度)にして打込む．

ベースコンクリート(流動化剤を添加する前のコンクリート)に流動化剤を加えると，流動性が著しく増大する(強度はほとんど変化・低下しない)．

流動化剤中の高性能の減水剤が，セメント粒子を高度に分散させることによる．

（1） 流動化剤　　標準形と遅延形がある．遅延形は，スランプロスの遅延，暑中コン・マスコンの凝結の遅延(水和熱の抑制)などに用いる．
（2） 調　合　　調合によって分離・ブリーディングなど，を生じる．
たとえば，細骨材の微粒分が不足のときは，粘性が不足し，分離しやすい(フライアッシュなどを加え，微粒分を補うなどで対処する)．
（3） スランプ　　ベースコンクリート……15(軽量コン 18)cm 以下
　　　　　　　　　流動化コンクリート……21cm 以下
スランプの増大は，流動化剤の使用量にほぼ比例する．
（4） 空気量
AE 剤・AE 減水剤などを用いて，ベースコンクリートの空気量を 4.5％ とする．
その後の流動化剤の添加によって，空気量はほとんど変化しない．
（5） スランプロス
流動化剤の添加後，その効果は徐々に失われ，30～40 分後には元のスランプにもどる．
スランプロスを防ぐために流動化剤は，荷卸し地点で添加する．

（6） 打込み　　締固めを十分に行う．
打込み・締固めが不十分なときは，豆板・コールドジョイントなどを生じる．
（7） 流動化コンクリートの特長
ベースコンクリートを硬練りにすることによって，水量，水比を小さくして，高強度・高品質のコンクリートを得ることができる．

15．マスコンクリート

部材の断面の最大寸法が大きく（壁約80cm以上，柱約100cm以上）かつ水和熱による温度上昇によって，有害なひび割れが生ずるおそれのあるコンクリート．
① 内部温度　　20～40℃も上昇する．
1～3日で最高に達し，あと徐々に低下する．
② 問題点
コンクリート内外の温度差で，ひび割れを生じる．
③ 施工の重点
水和熱を抑えて，温度上昇を防ぐ．
（1） セメント
水和熱の小さいセメントを用いる．
普通ポセ・混合セ・中庸熱ポセの水和熱は，それぞれ10％以上の差がある．低熱ポセの水和熱は，中庸熱ポセよりさらに15％程度小さい．
（一般に初期強度の大きいセメントは，水和熱が大である．）
（2） 単位セメント量・混和剤
水和熱を減ずるため，セメント量を少なくし，混和剤は遅延形を用いる．
（3） スランプ　　15cm以下とする．
硬練りとし流動化剤を用いて打込む．スランプを1cm下げれば，セメント量5～6kg/m²を減ずることができる．
（4） 養生・温度管理
① コンクリートの表面・内部の温度を測定する．
② 内部温度の上昇中は，表面温度が冷却しないようにする．
下降中は，保温して急激な温度下降が生じないようにする．
③ せき板・保温材は，コンクリート表面温度が外気温に近づいてから除去する．
除去後，コンクリート表面が急激に乾燥しないようにする．

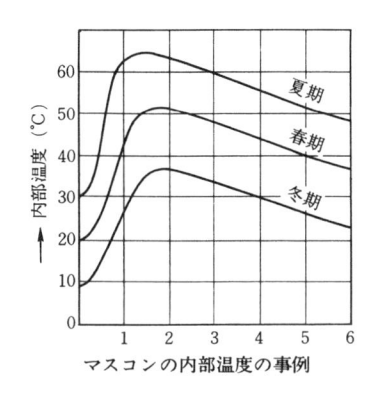

16. 海水の作用を受けるコンクリート

海岸から約 100m 以内にあるコンクリート．海水・波しぶきにより，鉄筋が錆びることが問題である．要は，海水・塩分を内部に浸透させないことである．

（1） 施工の重点

水セメント比を小さく，かぶり厚さを大きくする．

水セメント比・かぶり厚さの最小値

区分	箇　　所	水セメント比	かぶり厚さ (cm)		
A	常に波しぶきを受ける部分	45% 以下	6	(7)	(9)
B	常時海水の中にある部分	45% 以下 50% 以下	5 5	(6) (7)	(7) (8)
C	ときどき波しぶきを受ける部分	45% 以下 50% 以下 55% 以下	4 5 5	(5) (6) (7)	(6) (7) (8)

（注） 1. かぶり厚さは，一般供用・(標準供用)・《長期供用》の順に示す．
　　　 2. 防錆処理鉄筋を用いた場合，かぶり厚さは1cm小さくてよい．

（2） コンクリート面を塗装などするのは非常に有効である．
鉄筋を金属めっき・樹脂塗装などで防錆処理するのも非常に有効である．
（3） 鉄筋の結束線が，かぶり厚さの中に残らないようにする．
セパレーターなど金属類が表面に出ないようにする．
（4） 区分A・Bにおいては，原則として打継ぎをつくらない．

17. 水中コンクリート

場所打杭・場所打ちRC地中壁などにおいて，水・泥水中に打込むコンクリート．締固めができず水中で分離しやすいので，ワーカブルな分離しないコンクリートを用いる．

（1） 調　合
① 粗骨材の最大寸法は 25mm 以下とする．
② 地中では 15℃ 以上は確保できるので，調合強度・呼び強度の温度補正は原則として行わない．しかし，極寒期において多少の補正はありうる．
③ スランプは，流動性を配慮して 21cm 以下とする．
④ 水セメント比は，場所打ち杭60%，地中壁55%以下とする．
⑤ 単位水量は，200 kg/m^3 以下とする．

⑥　水や泥水に洗われてセメント分が流出するので，富調合とする．
　単位セメント量は，場所打杭 330 kg/m³ 以上，地上壁 360 kg/m³ 以上とする．
（2）　スライムの除去
　スライムは，杭支持力・コンクリート強度を著しく低下させるので，打込み前に，必ずスライムをサクションポンプ等で除去する．
（3）　打込み
①　トレミー管（内径 20～25 cm）をコンクリート中に 2 m 以上入れて，連続打設する．
　コンクリート表面のレイタンス・スライムなどを混入させないためである．
②　コンクリートは，杭頭 50～100 cm を余分に打つ．
　余盛り（レイタンス・泥水・スライム等が混入して品質が悪い）は，硬化後に取り除く．
（4）　かぶり厚さ
　鉄筋と孔壁とのあきは，10（ケーシングを用いる場合は 8）cm 以上とする．

18.　水密コンクリート

　　　　コンクリート＝骨材＋セメントペースト

　コンクリートは，骨材とセメントペーストで構成される．骨材は十分に水密であるので，コンクリートの水密性はペースト部分の水密性の問題となる（100 頁）．
　透水の原因となるペーストの量を少なくし，密実とすることである．
　こうすれば，収縮ひび割れも防止しうる．
（1）　ペースト量を少なくする．
　すなわち，骨材の間げきを少なくし，実積率を大きくする．
①　骨材の粒度・粒形を選ぶ．
②　粗骨材は荒目とし，単位粗骨材量を多くする．
（2）　ペーストを密実にする．
①　水セメント比　　50% 以下とし，なるべく小さくする．
　水セメント比を小さくすることが一番大切である．
②　単位水量・単位セメント量　　できるだけ小さくする．
③　スランプ　　18 cm 以下とし，できるだけ硬練りにする．
④　混和剤　　化学混和剤を用いる．空気量は 4.5% 以下．
⑤　打継ぎ　　つくらない．つくる場合は防水処理をする．
（3）　適用　　水槽・プール・地下構造物などに用いる．
　ひび割れより漏水すれば意味がないので，ひび割れの生じる構造には用いない．

19. 凍結融解作用を受けるコンクリート

コンクリートは，凍結融解の繰返しにより破壊する．凍害である．

凍害は，ひび割れ・組織破壊・スケーリング scaling（コンクリートの表面剥離）・ポップアップ popup（粗骨材中の軟石の吸水による表面剥離）などである．

① 普通は，寒冷地が対象となる．
② 雨水の浸入を防ぐ．
③ 軒先・ひさし・ベランダ・パラペットは，最も凍害を受けやすい．
④ 外壁は，仕上げによって，ある程度は凍害を防止しうる．

この場合，モルタルなど仕上材が凍害を受けないようにする．

（1） 骨　材　　なるべく吸水率の小さい骨材を用いる．
（2） 水セメント比　　最も大切である．50%（軽微なものは 55%）以下とする．
（3） 空気量　　気泡は耐凍結性が非常に大きい．
① 良質の化学混和剤を用い，空気量は 4~8% とする．
② 打込み時，振動をかけすぎて空気量を減らさないようにする．
（4） 養　生　　打設後，コンクリートが急激に乾燥・温度変化しないようにする．

20. 遮蔽用コンクリート

生体保護のため放射線を遮断する目的のコンクリート．

放射線（X 線・γ 線・中性子線など）の遮蔽力は，質量に比例するので，壁厚を厚くする，または，重量コンクリートを用いる．

　　　　重量コンクリート（比重 3~6）＝セメント＋水＋重量骨材

（1） 重量骨材
鉄鉱石（比重 3.0~5.3）・バライト（重晶石，比重 4.0~4.7）などを用いる．
（2） 水セメントは 60% 以下，スランプは 15 cm 以下とする．
（3） ひび割れ・打継ぎから放射線が漏れる．ひび割れ防止のため，水和熱の小さいセメントを用いる．打継ぎは設けない，設ける場合は補強する．

21. 無筋コンクリート

土間コン・捨コンなどに用いるコンクリート．

（1） 鉄筋がないので塩分の心配はない．アルカリ骨材反応の対策も必要ない．
（2） スランプ 18 cm 以下，設計基準強度 18 N/mm^2（気温補正はしない）とする．

22. 簡易コンクリート

木造建物の基礎，小規模な門・へい，非居住の軽微な建物などに用いるコンクリート．
（1） スランプ18cmのレミコンを用いる．
強度は，21(28日の平均気温5～10℃の場合24)N/mm² 以上とする．
（2） 養　生　5日間は散水してマットなどで覆う．2℃以下は保温養生する．

23. 先端のコンクリート

つぎに述べる先端のコンクリートは，今のところ実施例も少ないので簡単に説明する．

高流動コンクリート

高度の流動性を有するコンクリートである．締固めができないような特殊な箇所に用いられる．締固めを行うことなく充てんすることができる．
　スランプフローは 50～70cm である．普通コンクリートに比較して，異質である．
（1） 調　合　流動性を高めるため，
① 砂利を減じ，砂を多くする，② 微粉体の混和材・結合材を多量に用いる．
③ 分離防止のため分離抵抗剤を用いる，④ 水が多めになるが，これはよくない．
（2） 短　所　ひび割れが生じやすいなど，耐久性・品質に劣るおそれがある．

高強度コンクリート

設計基準強度が 36N/mm² をこえる(60N/mm² 程度まである)コンクリート．
　高強度の鉄筋と併用して，超高層をRC造とすることができる．
（1） 高強度を得るには，格別のうまい方法があるわけではなく，材料・調合・製造・打込みなど，すべての工程においてきびしく管理し，そのレベルを高めたものである．すなわち，普通コンクリートの線上にある．
（2） 水セメント比
　強度の基本は，水セメント比である．水セメント比を小さくすれば，強いコンクリートをつくりうる理屈である．
　水セメント比を小さくする方法は，セメント量を多くするか，水量を減ずるかである．セメント量を多くすればひび割れなどの欠陥が生じ，水量を減ずれば流動性が悪くなる．流動性をカバーするために混和剤を多用すればその副作用がある．
　これらの諸問題をクリアして，良質な材料・良質な調合・高度な施工管理により高強度・高品質に到達することができる．

9章　鉄骨工事

鉄骨構造

鉄骨構造は，つぎのように区分することができる．

（1）**鉄骨造（S造）**　軽量で強度が大であるが，耐火構造ではない．工場・倉庫・体育館などの大スパンの構造に適している．

（2）**耐火被覆の鉄骨造**

鉄骨を断熱板・断熱材吹付けなどで耐火被覆したもので，耐火構造である．

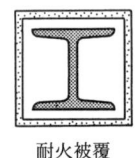

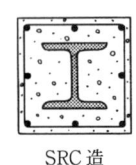

耐火の目的で小規模建物に，軽量・柔構造の目的で高層・超高層建築に用いられる．

（3）**SRC造**　本格的な耐火構造である．一般にRC造は7階建程度までで，それをこえる高層建築はSRC造とされる．

S造　　耐火被覆　　SRC造

品質管理

鉄骨工事は，良好な品質管理をすれば耐力のある良質な構造体を得ることができるが，不良工事の場合には，非常に危険な構造体となる．その良否の落差は著しい．

品質はつぎの3者の総合力によって決る．

（1）**設計者**　設計，とくに接合の設計が良好でなければならない．

（2）**鉄骨加工業者**　加工業者の質が，鉄骨の品質を左右するところが大きい．工事規模に合った技術力・設備・品質管理システムを有する加工業者を選定する．

（3）**施工業者**

最終的に，施工業者が施工品質について全責任がある．計画・工場製作・現場施工・検査に至るまで，全工程について万全の品質管理を行う必要がある．

1．構造用鋼材

（1）種類は非常に多い．主なものは，つぎのとおりである．

　　　建築構造用圧延鋼材（SN材）　　　溶接構造用耐候性熱間圧延鋼材（SMA材）
　　　軽量形鋼（SSC材）　　　　　　　溶接軽量H形鋼（SWH材）
　　　炭素鋼鋼管（STK材）　　　　　　角形鋼管（STKR材）

このほか，デッキプレート・耐火鋼・高性能高強度鋼など特殊目的の鋼材もある．

9章　鉄骨工事

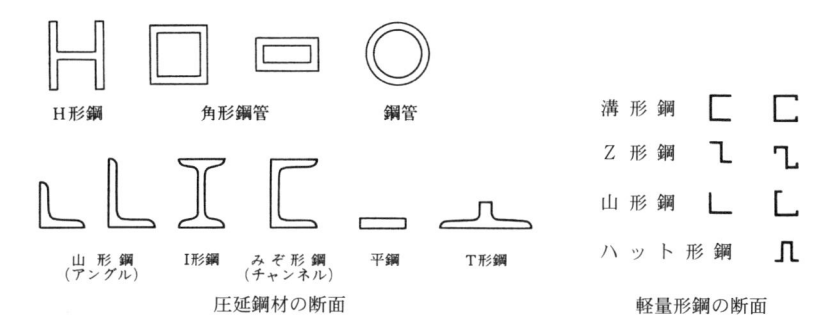

圧延鋼材の断面：H形鋼，角形鋼管，鋼管，山形鋼(アングル)，I形鋼，みぞ形鋼(チャンネル)，平鋼，T形鋼

軽量形鋼の断面：溝形鋼，Z形鋼，山形鋼，ハット形鋼

（2）　鉄骨構造に主として用いられる鋼材は，SN材である．

SN鋼材 JIS G 3136

（1）　性　質　　構造用鋼材は，つぎのような性質が要求される．

① 塑性変形能力(降伏後の余力と伸び)が大きいこと．
すなわち，ねばりがあること．
② 溶接性がよいこと．
③ 板厚方向の強度が大きい(開裂が生じにくい)こと．

（2）　種　類
強度は 400・490 N/mm², 性質は A・B・C の種類がある．
下表の5種類がある．Bが，最も普通に用いられる．

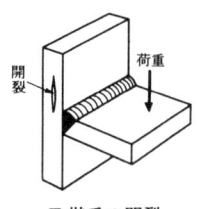

T継手の開裂

SN材の種類	ねばり	溶接性	開裂	性　質
SN 400 A	△	△	△	ねばりがない．溶接には適さない．
SN 400 B　SN 490 B	○	○	△	溶接性もよいし，ねばりもある．
SN 400 C　SN 490 C	○	○	○	上質である．特に開裂に対して強い．

品質・規格

（1）　使　用

基礎・主要構造部その他重要な部分に使用する鋼材は，JIS(日本工業規格)に適合するものでなければならない(法37条)．

（2）　確　認　　メーカーが発行する規格証明書(ミルシート)などによって，JIS規格に適合していることを確認する．

SN鋼材については，単品ごとに，種類を示す表示記号がある．

2. 鉄骨の接合

接合の重要性

鉄骨構造の最大の目的は，構造耐力の確保である．鋼材は信頼性が高いが，接合部は構造の弱点となりうる．したがって，鉄骨構造の耐力は接合部の良否によって決るといってよい．接合の設計・施工は非常に重要である．

（1）接合部の安全のために，
① 接合個所を，できるだけ少なくする．
② 接合部の形状を，単純明快な施工しやすいものとする．

このために部材数の減少，部材の大形化(柱・梁材のラチス・トラスからH形鋼など単材への移行など)の傾向がある．これによる鋼材量の増大の不利と，接合個所の減少・単純化の利と，いずれをとるかの判断である．

（2）施工精度　　良好な接合が行われるためには，形状・寸法の精度が必要である．接合の欠陥は，精度不良によるものが多い．とくに溶接においてそうである．

接合の種類

令第67条は，炭素鋼(構造用鋼材は炭素鋼である)の接合は，高力ボルト接合・溶接接合・リベット接合・ボルト接合(ただし，条件付き)によることを定めている．

（1）リベット接合　　リベットを800℃程度に加熱しリベットハンマーで打つ．リベット孔に充填するので堅固な接合である．

かつて接合の主力であったが，騒音が大きいので，現在，現場ではまったく用いられていない．JASS 6 鉄骨工事も採用していない．

（2）ボルト接合

構造耐力上の弱点があって，大規模構造に用いることはできない(132頁参照)．

（3）高力ボルト接合・溶接接合

結局，高力ボルト接合と溶接接合が接合の主力となる．

高力ボルト接合の施工は，比較的容易である．溶接接合の施工は，高度の技術を必要とし，かつ，接合部材・接合部に高度の精度が必要である．

① 工場接合　　主として溶接が用いられる．
② 現場接合
　小規模工事の場合……………高力ボルトが主力である．溶接は，補助的に用いられる．
　大規模・高層建築の場合……高力ボルト溶接との混用・併用である．
　　　　　　　　　　大規模になるほど，溶接の比率が高くなる．

3. 工場製作

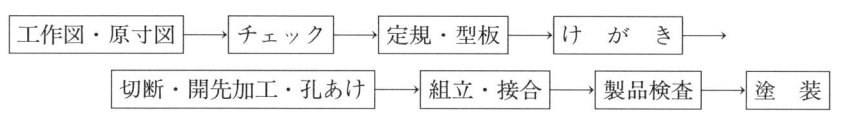

```
┌─────────────┐   ┌──────┐   ┌─────────┐   ┌──────┐
│工作図・原寸図│→│チェック│→│定規・型板│→│けがき│→
└─────────────┘   └──────┘   └─────────┘   └──────┘

┌─────────────────────┐   ┌─────────┐   ┌────────┐   ┌────┐
│切断・開先加工・孔あけ│→│組立・接合│→│製品検査│→│塗装│
└─────────────────────┘   └─────────┘   └────────┘   └────┘
```

（1） 工作図

鉄骨製作業者が，設計図をもとにして工作図を作成する．

① 工作図には，鉄骨の寸法・形状・品質・数量など鉄骨製作・施工に必要なすべての情報を記載する．

② 最も重要なものである．施工者・工事監理者が，必ずこれをチェックする（現場搬入後に不具合が発見されれば，非常に困るので）．

（2） 原寸図　　鋼板張りの床に原寸図を描く．

工作図から定規・型板をつくりうる場合は，原寸図は省略してよい．

（3） テープ合せ　　工場のテープと工事現場のテープとを合せ，誤差を確認する．

テープは，張力と温度によって伸縮する．テープ合せの張力は 5 kgf とする．また直射日光の下では用いない．

（4） 定規・型板・けがき

① 工作図・現寸図をもとにして，鋼帯で定規（長い部材用）を，薄鉄板・合成樹脂フィルムで型板（小部材用）をつくる．

② 定規・型板を用いて，鋼材に切断個所・穴あけ位置などを記入（けがき）する．

（5） 切断・開先加工

自動ガス切断・機械切断（せん断切断・のこ切断）・プラズマ切断（電気アーク切断）・レーザー切断を用いる．

自動ガス切断が，精度・能率よく普通に用いられる．

① 開先加工は，切断加工の一種である．

② 材質をいためるので，13 mm より厚い鋼材はせん断切断してはならない．

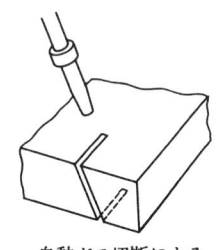

自動ガス切断による開先加工

（6） 孔あけ　　原則として，ドリルあけとする．

① 高力ボルト孔は，すべてドリルあけとする．

② その他の孔は，板厚 13 mm 以下はせん断あけ punching してもよい．

（7） 高力ボルトの摩擦面の処理

すべり係数が 0.45 以上になるように接合面を粗面にする．

(8) 矯正・組立
① 加工中に生じたひずみを，常温加圧(プレス・ローラ)または加熱で矯正する．
② 部材を組立て仮締め・仮付けして精度の悪いものは，矯正する．
(9) 接　合　　半自動溶接で接合する．
(10) 製品検査　　寸法と溶接を検査する．
① 寸法の検査
柱・梁・仕口の長さ・せい，および階高は，全数検査する．
柱長さ・梁長さ・階高の許容差は，±3mm 以下を標準，±5mm を限度とする．
(現場建方のさい，誤差が相殺されるように，部材を組立てる)．
② 溶接の検査
目視検査と超音波検査(または X 線検査)を行う．
(11) 塗　装
よごれ・油・錆を落とし，つぎの部分を除き，錆止め塗料を1回塗る．
　　　① コンクリートに打込まれる部分　② 組立時にはだ合せになる面
　　　③ 高力ボルトの摩擦接合の摩擦面　④ 現場溶接をする部分

4．ボルト接合

せん断抵抗によって力を伝える接合である．クリヤランス clearance(ボルトとボルト孔とのすき間)の分だけプレートがすべるので，変形の大きな接合である．
　したがって，大規模な構造に用いることはできない．
(1) 令67条の規定
ボルト接合は，軒高 9m 以下・スパン 13m 以下，かつ，延べ面積 3 000 m² 以下の建築物にのみ用いることができる．
ボルト接合のボルトは，① コンクリートに埋め込む，② ナットを溶接する，③ 二重ナットを用いる，などで戻り止めをしなければならない．
(2) 高力ボルト・溶接との併用
ボルトを，高力ボルト・溶接と併用して用いる場合は，ボルト耐力は溶接耐力に加算してはならない．変形量が異なるからである．

工　法

(1) ボルトのピッチ……$2.5d$ 以上とする．標準は $3～4d$．
　　　　　　　　　　材端との距離は，約 $2d$ 以上とする．
(2) ボルト長さ　　余長(ナットから出た部分)を，ねじ3山以上とする．

9章　鉄骨工事

（3）　ボルトのクリヤランス　　1mm以下とする．
ただし，ボルト径20mm以上で，構造耐力上支障のない場合は，1.5mm以下でもよい．
（4）　ボルト孔のずれ
部材組立のときの0.5mm以上のボルト孔のずれは，リーマで修正しない．スプライスプレートを交換する（リーマで孔を大きくすれば変形の大きな継手となる）．
（5）　ボルトの締付け
ボルト頭とナットに座金を1枚ずつ用い，ハンドレンチ・インパクトレンチなどで，ボルトを締付ける．締め過ぎは悪い．
（6）　戻り止め　　ボルトはゆるむので，戻り止めが必要である．
令67条に定めるもののほか，ばね座金・ロックナットもある．

5．高力ボルト接合

ボルトの締付けによって生ずる部材間の摩擦力によって応力を伝える接合である．必要な摩擦力を得るため，所定のボルト張力で，ボルトを締付ける．

摩擦力

$$摩擦力 = すべり係数 \times ボルト張力$$

すべり係数（摩擦係数のこと）は，0.45とする．すなわち，部材間の摩擦力は，ボルト張力の0.45倍である．

摩擦面の処理

すべり係数0.45を得るため，摩擦面の粗面処理・清掃・密着を行う．
（1）　摩擦面の粗面処理
工場において，つぎのいずれかの方法で摩擦面を粗面にする．
① 　ブラスト処理……ショットブラスト・グリッドブラスト等で表面を粗くする．
② 　自然発錆…………グラインダーなどで黒皮 mill scale（圧縮鋼材の表面の酸化被膜）
　　　　　　　　　　　などを除去し，自然放置し赤錆を発生させる．
（2）　摩擦面の清掃
摩擦面と座金に接する面は，浮き錆・ごみ・油・塗料などを除去する．これらは摩擦力を弱める．
（3）　摩擦面の密着
① 　部材のひずみ・曲りを矯正する．
② 　1mm以上のはだすきには，フィラー板（両面とも粗面の処理）を挿入する．

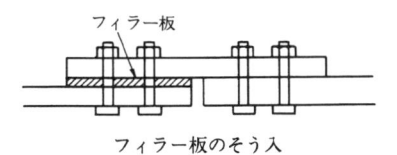

フィラー板

フィラー板のそう入

高力ボルト high tension bolt

高力6角ボルトとトルシア形高力ボルトとがある．施工が簡単であるので，トルシア形が多く用いられる．

ボルト1個・ナット1個・座金2個(トルシア形は1個)がセットになっている．

(1) ボルトの強度

ボルトは，F 10 T を用いる．

その引張強度は，一般鋼材の約2倍である．

高力ボルト F 10 T	
耐　　力	9tf/cm² 以上
引張り強さ	10～12 tf/cm² 以上
伸　　び	14% 以上

(2) ボルトの径

M 12・M 16・M 20・M 22・M 24・M 27・M 30 がある．Mは，呼び寸法(ねじの外形寸法)である．

(3) ボルトの長さ　　余長(ナット面より出た部分)は，ねじ1～6山とする．

(4) ボルトのピッチ　　$2.5d$ 以上とする．

(5) ボルト孔のクリヤランス

2mm 以下とする．ただし，ボルト径が 27mm 以上で，かつ構造耐力上支障のない場合は，3mm 以下でもよい．

(6) ボルト孔

部材組立のとき，2mm 以内のボルト孔のずれは，リーマ reamer (孔の内面を削る道具)で，修正してよい．2mm 以上のずれは，処置を検討する．

(7) ボルトの締付け

① 六角ボルトは両面に，トルシア形はナットの下のみに座金を用いる．

② ボルトの締付けは，ナットを回転させて行う．ボルト頭を回転させてはならない．

ボルト張力

設計ボルト張力を得るために，標準ボルト張力でボルトを締付ける．

　　　　設計ボルト張力＝ボルト耐力の75%

　　　　標準ボルト張力＝設計ボルト張力の110%

ボルトは後でゆるむことがあるので，10% 大きな力で締付ける．

ボルトの標準ボルト張力(tf)

呼び径	有効断面積(cm²)	設計ボルト張力	標準ボルト張力
M 16	1.57	10.6	11.7
M 20	2.45	16.5	18.2
M 24	3.53	23.8	26.2

ボルトの締付け

仮締め ⟶ 1次締め ⟶ マーキング ⟶ 本締め ⟶ 検査

（1）仮締め　建方・建入直しを行った後，全ボルト数の1/3程度の仮締ボルト（平ボルト）で仮締めする．接合部材の密着を確認する．

（2）1次締め
仮締ボルト以外の個所について，高力ボルトを右表のトルク値で締付ける．これで標準ボルト張力の約30％が入力される．

1次締付けトルク値(kgf·m)

ボルト呼び径	トルク値
M 16	約 10
M 24	〃 20
M 30	〃 40

その後，仮締ボルトも高力ボルトに取替えて締付ける．

（3）ボルトの締付け順序
部材が密着するよう，接合部の中央のボルトから外側に向かって順次締付けてゆく．

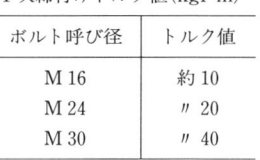

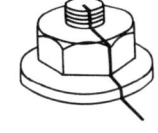

マーキング

（4）マーキング　1次締付け後，ボルト・ナット・座金・鋼材にわたるマークを付ける．

（5）本締め　標準ボルト張力で締付ける．

① トルシア形高力ボルト
専用の締付け機で，ピンテールが破断するまでボルトを締付ける．

② 高力六角ボルト　つぎのいずれかによる．

(i) トルクコントロール法
標準ボルト張力が得られるように調整（調整は毎日行う）された締付機器（手動のトルクレンチまたは電動の締付機）で締付ける．

(ii) ナット回転法
1次締付け位置（マークの位置）から，ナットを120°回転させる．これで標準ボルト張力を得ることが実証されている（ボルト長さが$5d$以上の場合はこれでは不十分な場合もある）．

検査
締付け終了後，すべてのボルトについて，マークからの回転量を目視で検査する．
① 締めすぎのボルトは除去する．締め足りないものは追い締めをする．
② ナット・ボルト・座金が共回りをした高力ボルトは，空回りしてこれ以上張力を導入することができないので取替える．
③ 一度使用または除去したボルトは，不良となるので再使用してはならない．

6. 溶接接合

溶接は，接合部の強度・剛性が大で，接合部の鋼材量が少なく形が単純明快であるので，すぐれた接合である．

しかし現場接合は，
① 溶接作業に高度の技術が必要である，
② 鉄骨の寸法精度の不良，溶接姿勢・気象条件の影響を受ける，
③ 熱ひずみ・残留応力を生じる，などの欠点がある．

施工不良の危険なことは高力ボルトの比でない．十分な施工管理が必要である．

(1) 溶接接合部

主な接合は，柱と柱，柱と梁，梁と梁の接合である．

① 鋼板が厚く軸力の大きい場合は，高力ボルトでは本数が多くなるので，主として溶接が用いられる．

② 梁と梁，梁と柱の接合　軸力の大きいフランジは溶接とし，せん断を負担するウェブを高力ボルト(建方の利便もある)とする混用継手が多い．

この場合，ウェブの高力ボルトを締付けてから，フランジの溶接をする．

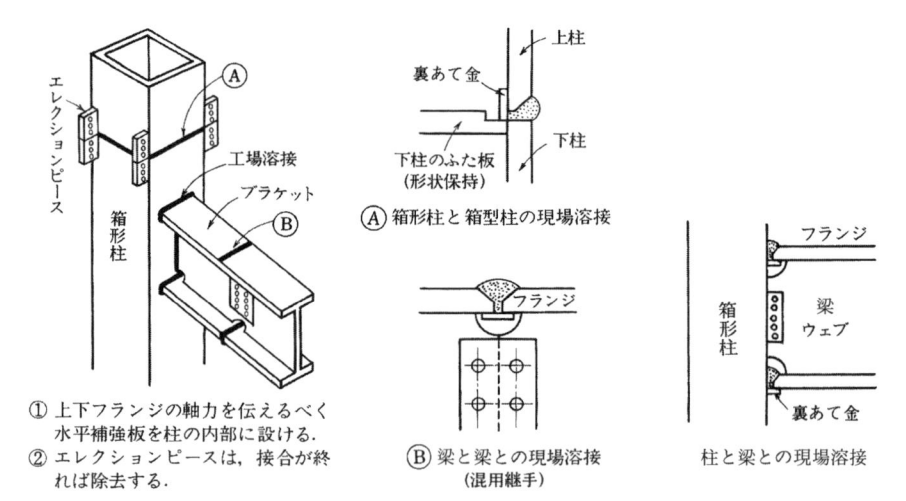

① 上下フランジの軸力を伝えるべく水平補強板を柱の内部に設ける．
② エレクションピースは，接合が終れば除去する．

Ⓐ 箱形柱と箱型柱の現場溶接

Ⓑ 梁と梁との現場溶接（混用継手）

柱と梁との現場溶接

(2) 高力ボルトと溶接の混用・併用

原則として，高力ボルトを締め終ってから，溶接を行う．

アーク溶接 arc welding

母材と溶接棒を電極として放電させると，高温(約4 000℃程度)のアークを発生し，溶接棒と母材の一部が溶融して接合する．

溶接部は，高温加熱のあと急冷するので，種々の欠陥を生じる．

母材に熱変形・内部応力が残る．

現場溶接工法

溶接工法の種類は多いが，現場で用いられるのは主としてつぎの溶接である．

（1） アーク手溶接

溶接棒(被覆アーク溶接棒)を用いた手溶接である．能率は悪いが，取扱いが簡便で小まわりがきき，溶接の品質も良好であるので，最も多く用いられる．

（2） ガスシールドアーク半自動溶接

溶接のスピードは，アーク手溶接の2～3倍で，溶接性もよい．ただし，防風対策(シールドガスは風に弱い)，専用の直流溶接電源，ガス供給装置・広い作業面積が必要である．

（3） セルフシールドアーク溶接

取扱いの便利さ・溶接スピードは，上の両者の中間である．

溶接材料

被覆アーク溶接棒(心線に被覆剤を塗布したもの)・ワイヤ・フラックス(被覆剤)などである．

母材以上の強度・降伏点を有する溶着金属を得るような溶接材料を用いなければならない．すなわち，良好な設計・施工をすれば溶接金属は母材よりも強力となる．

① 溶接材料は，原則としてJIS規格品を用いる．
使用鋼材・断手形式・開先形状・溶接方法に合ったものを選定する．
② 湿気を吸収しないように保管する．溶接棒は乾燥したものを用いる．

溶接機

溶接の熱源を供給する機器である．

① 直流式と交流式(この方が構造が簡単で安価)がある．
② 大きくて重い．電圧降下を防ぐために溶接個所近くに設置する．
高層建築では架台を設け，溶接につれ高所に揚重する．

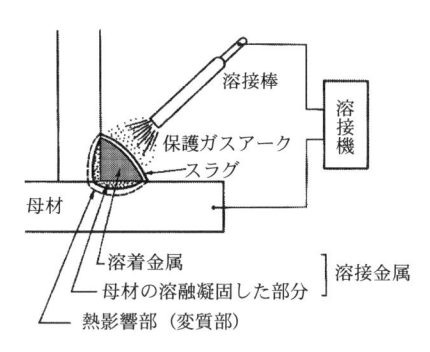

アーク溶接（すみ肉溶接）

アーク溶接の種類

突合せ溶接…………代表的な溶接である．最も耐力がある．
隅肉溶接……………突合わせ溶接に次いで，一般的な溶接．耐力はやや劣る．
部分溶込み溶接……不完全な開先を有する溶接である．
その他の溶接………プラグ溶接・フレア溶接など，特殊な場合に用いる．

突合せ溶接

溶接部の強度が母材と同等以上になるよう，部材の全断面について完全な溶接をしなければならない．開先を有する溶接である．

（1） 開　先(グルーブともいう)

開先は，角度とルート間隔が適正でなければならない．

（2） 溶接方式　　裏あて金方式(片面溶接)と裏はつり方式(両面溶接)がある．

① 裏あて金

裏あて金(厚 9mm 以下とする)は，あらかじめ片方の母材に溶接で取付けておく．
良好なルート部の溶込みが得られるよう，十分なルート間隔をとる．

② 裏はつり

表面から溶接して後，裏はつりして裏面を溶接する．
初層のビードは，欠陥(溶込み不足・収縮割れなど)が生じやすいので健全な溶接金属が現れるまで裏はつり(動力たがねではつり取る，ガス炎・アークで焼き取る)する．

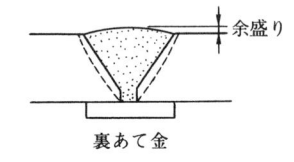

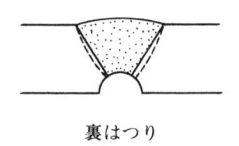

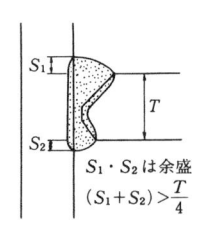

裏あて金　　　　裏はつり　　　　$S_1 \cdot S_2$ は余盛
$(S_1+S_2) > \dfrac{T}{4}$

T継手の余盛り

（3） 余盛り

余盛りは必要であるが，過大にならないようにする．
① 突合わせ継手の余盛り……できるだけ小さくする．
② T継手の余盛り……………突付け材の材厚の 1/4 以上(10mm 以下でよい)とする．

（4） 板厚が異なる継手

① 板厚差が 10mm 以下の場合は，勾配なりに溶接する．
② 板厚差が 10mm をこえる場合は，板を 1：25 以下の勾配に削る．

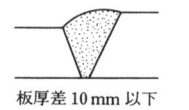

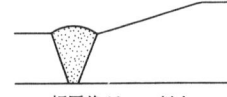

板厚差 10mm 以下　　板厚差 10mm 以上

板厚の異なる場合の溶接方法

(5) エンドタブ end tab

溶接の端部は，完全な溶接が得にくい．
対策として，開先の端部にエンドタブを取付ける．
① エンドタブは，裏金に取付ける．母材に取付けない．
② 溶接後，エンドタブは除去しなくてよい．

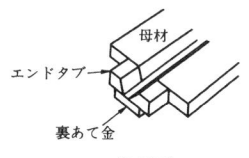

エンドタブ

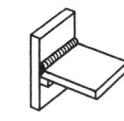

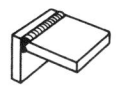

突合せ継手　　T継手　　かど継手
突合せ溶接の継手形式

突合せ溶接の開先（角度とルート間隔）

グループ		裏はつり式		裏あて金式	
I 形	突		$T \leq 6$ $G = \dfrac{T}{2}$		$T \leq 6$ $G = T$
	か				
V 形	突		$T \geq 6$ $\begin{pmatrix} G = 0 \\ \alpha = 60° \end{pmatrix}$		$T \geq 6$ $\begin{pmatrix} G = 6 \\ \alpha = 45° \end{pmatrix}$ $T \geq 12$ $\begin{pmatrix} G = 9 \\ \alpha = 35° \end{pmatrix}$
	か				
レ 形	突		$T = 6 \sim 20$ $\begin{pmatrix} G = 0 \\ \alpha = 45° \end{pmatrix}$		$T \geq 6$ $\begin{pmatrix} G = 6 \\ \alpha = 45° \end{pmatrix}$ $T \geq 12$ $\begin{pmatrix} G = 9 \\ \alpha = 35° \end{pmatrix}$
	か				
X 形	突		$T \geq 16$ $\begin{pmatrix} G = 0 \\ \alpha = 60° \end{pmatrix}$		

（注）突：突合せ継手
　　　か：かど継手
　　　T：板厚（mm）
　　　G：ルート間隔または部材間隔（mm）

隅肉溶接

隅肉溶接は，開先を有しない溶接である．

（1）サイズ size　脚の長さをサイズ S という．

① 原則として等脚である．不等脚は，特別の場合である．

② 施工のサイズは，設計で示すサイズより $1～3\,mm$ 大きくする．

大きすぎるのは，熱影響が大で，不経済でもある．

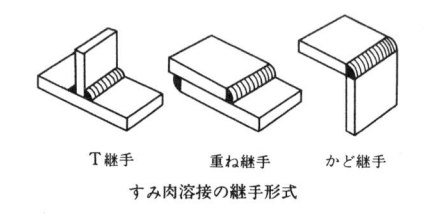

すみ肉溶接の継手形式

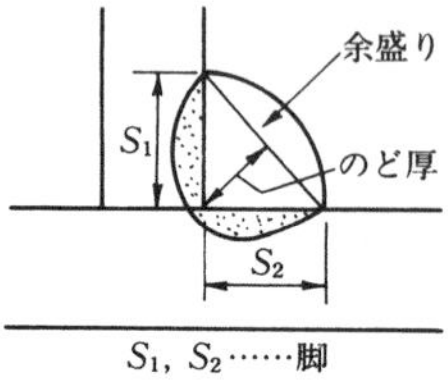

T継手　重ね継手　かど継手

すみ肉溶接のサイズ

S_1, S_2 ……脚

（2）密　着　溶接部材を，十分に密着させる．

① T継手・重ね継手の隙間は，$2\,mm$ 以下とする．

密着不十分のときは，隙間の分だけサイズを大きくする．

② T継手で，隙間が大きいときは，開先をとって突合せ溶接とする．

（3）溶接長さ

溶接長さは，有効溶接長さ（設計で指示する長さ）に $2S$ を加えたものとする．

（4）余盛り　あまり盛り上げない．なるべく小さくする．

部分溶込み溶接

不完全な開先を有する溶接．耐力が不完全であるので，耐力上支障のない箇所に用いる．

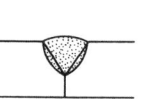

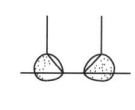

部分溶込み溶接

その他の溶接

（1）隅肉穴溶接・隅肉みぞ溶接

穴・みぞを隅肉溶接する．穴・みぞの幅は，板厚の 1.5 倍以上，かつ，のど厚の 3 倍以上とする．

すみ肉穴・みぞ溶接

（2）プラグ溶接・スロット溶接

小さな穴・みぞを充填溶接して 2 材を接合する．

溶接熱が大きいので，穴・みぞを小さくする．

（3）フレア溶接

軽量形鋼・鉄筋などの曲線部を溶接する．

欠陥を生じやすいので，よい溶接条件で溶接する．

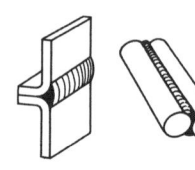

フレア溶接

7. 溶接施工

（1） 溶接技能者　　有資格者（溶接技術試験に合格したなど）とする．

（2） 溶接技術者　　軽微な工事は別として，溶接の計画・管理・技術指導を行うため，専任の有資格者を置く．

（3） 溶接姿勢
① なるべく下向・横向溶接とする．
② ついで立向溶接である．
③ 上向溶接は原則として用いない．

（4） 母材の清掃　　溶接前に母材の水分スラグ・油・錆・塗料などを取り除く．

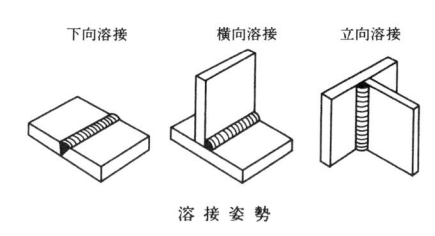

溶　接　姿　勢

（5） 溶接順序
溶接時の急激な加熱・冷却により，母材は変形する．部材の組立・溶接順序は，溶接変形が最小となるように施工する．

（6） 高力ボルトとの混用・併用　　溶接によって，ボルト接合面に熱変形を与えないよう，また，高力ボルトに熱が加わらないように注意する．

（7） 予　熱
寒冷（5℃以下）のとき，板厚の厚い（ほぼ32mm以上）とき，拘束のあるときなどに，ガスバーナなどで，母材を50～100℃に温める．
予熱によって，冷却速度が遅くなり，溶接割れ（溶接部の硬化）が防止できる．

（8） ビード bead
溶接棒は溶接幅の狭いときは直線に運行するが，ウィービング weaving によって溶接棒径の3倍程度まで広いビードをつくりうる．
① 多層盛溶接の場合，各層ごとにスラグ slag を除去し，欠陥のないことを確認する．
② 溶接後，スラグ・スパッタ spatter（アークの飛散したもの）を除去する．

（9） 天　候
① 強風時は，風を遮へいして溶接する．
② 降雨・高湿の場合は，母材の表面・裏面に水分（割れ・ブローホールの原因となる）がないことを確かめてから溶接する．

（10） 寒　気　　寒冷時は冷却速度が速く，割れを生ずる．
① 気温が5℃以下の場合は，溶接部の周辺10cm程度を加熱する．
② 気温が－5℃以下の場合は，溶接を中止する．

溶接の欠陥・精度（令67条・平成12告示1464号）
溶接は，精度よく，かつ，割れ・内部欠陥など構造耐力上支障のある欠陥がないこと．
（1） ダイヤフラムとフランジのずれ（柱と梁の仕口）
$t_1 > t_2$ の場合……t_2 の25％以下，かつ5mm以下
$t_1 \leqq t_2$ の場合……t_2 の20％以下，かつ4mm以下とする．
　　　　　　　ここに，t_1 は中間材の厚，t_2 はフランジ厚
ただし，所定の耐力を得る補強を行えば，この限りでない．

突合せ継手の食い違い 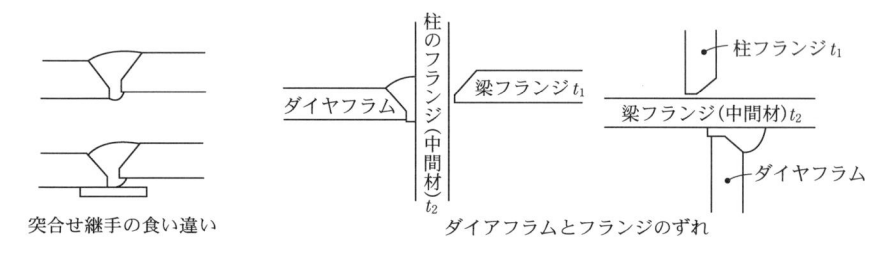　　　　ダイアフラムとフランジのずれ

（2） 突合せ継手の食い違い
板厚が15mm以下の場合………1.5mm以下
板厚が15mmを超える場合……3.0mm以下，かつ，板厚の10％以下とする．
この場合，通しダイアフラム（柱の断面を横断するダイヤフラム）と梁のフランジの接合において，梁フランジは通しダイアフラムの厚みの内部で接合しなければならない．
ただし，所定の耐力を得る補強を行えば，この限りでない．
（3） アンダーカットの深さは，0.3mm以下とする．
ただし，総長が溶接長さの10％以下で，断面が鋭角でない場合は，深さは1mm以下でもよい．

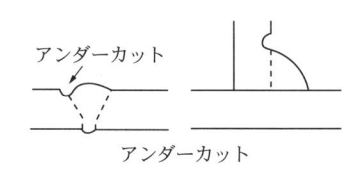

溶接部の受入検査（JASS 6による検査方法）
つぎの検査を行う．不合格となった溶接部は，すべて補修する．
（1） 表面欠陥・精度　　目視により，抜取り検査をする．
① 検査項目　　余盛りの高さ・隅肉溶接のサイズ・アンダーカット・突合せ断手の食い違い・ピット（気泡穴）・ビードの表面を検査する．
② 抜取り検査　　ロット（部位・種別の適量）ごとに，その10％を抜取検査する．合格率10％とする．不合格の多い場合は，追加検査，または全数検査する．
③ もし，割れ（最悪の欠陥）が見つかれば，対策について別途協議する．

（2）突合せ溶接の内部欠陥　超音波探傷検査により，抜取検査をする．
1ロット（100〜300箇所程度）につき，30箇所を検査する．
不良が2箇所以上の場合は追加検査し，5箇所以上の場合は全数検査をする．

8. 柱脚と基礎の緊結

鉄骨造の柱の脚部は，つぎのいずれかの方法により基礎に緊結しなければならない．
ただし，法定の構造計算による場合は，この限りでない（令66条・平12告示1456号）

露出形式の柱脚
柱脚をアンカーボルトで基礎に緊結する．
（1）アンカーボルト　柱の中心に対して均等に配置する．
① アンカーボルトの全断面積は，柱の最下部の断面積の20%以上とする．
② 基礎に対する定着長さは，$20d$ 以上とする．
先端は，フックまたは定着金物をつける．その頭部は，座金を用い，ナットを溶接するか二重ナットを用いて戻り止めをする．
（2）ベースプレート　① 厚はボルト径の1.3倍以上とする．
② ボルト孔のクリヤランスは，5mm以下とする．

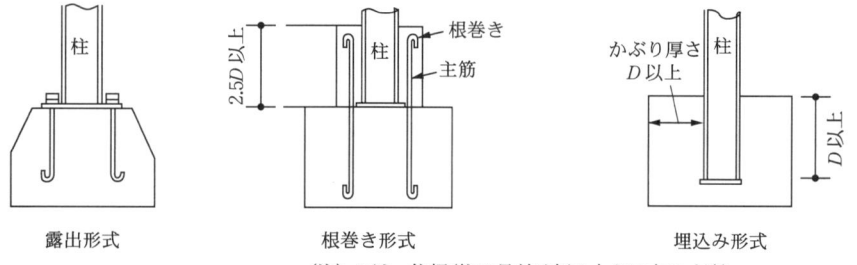

露出形式　　　根巻き形式　　　埋込み形式
（注）Dは，柱幅（柱の見付け幅の大きい方の寸法）

根巻き形式の柱脚
柱脚を鉄筋コンクリートで根巻きし，これを基礎に緊結する．
（1）根巻きの高さは，$2.5D$ 以上とする．
（2）主筋は4本以上．定着長さは，基礎に $40d$，根巻きに $25d$ 以上とする．

埋込み形式の柱脚
柱脚を，ふかさ $2D$ 以上，基礎に埋込む．
（1）柱脚の鉄骨のかぶり厚さは，D 以上とする．
（2）隅柱・側柱の柱脚は，9mm以上U字形の補強筋で補強する．

9. 現場施工

建方機械

① 機械は，吊り荷重容量・行動範囲が十分でなければならない．

② クレーンは，危険なものであるので災害防止に努める．走行クレーンは，転倒事故が多いので，走行地盤を強化する．

（1） トラッククレーン　　手軽であるので，最も普通に用いられる．

（2） クローラクレーン crawler crane

大規模工事に用いられる．クラムシェルによる掘削・鉄骨建方・重量物の荷揚げなど多目的・長期に用いられる．

クレーンの走行場所と作業場所が必要である．

（3） タワークレーン tower crane

高層建築に用いる．転倒の危険も少なく，敷地の狭い工事に適し，理想的なクレーンである．

① タワーは，施工中，作業高さに応じて高くしてゆく．

② 建方能率は，1日約40ピース35t程度である．

クレーンは荷揚げ等にも用いられるので，建方に当てうる時間は60%程度とされている．

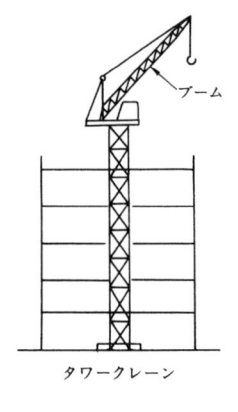

タワークレーン

建　方

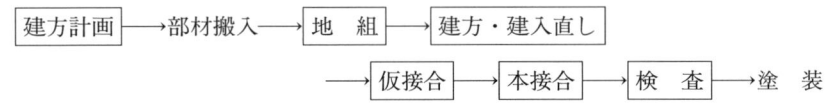

建方計画 → 部材搬入 → 地組 → 建方・建入直し → 仮接合 → 本接合 → 検査 → 塗装

（1） 部材搬入　　現場搬入した鉄骨部材は，仕分けして受け台の上に集積する．敷地に余裕のないときは，トラックから直にクレーンで建込む．

（2） 地　組

運搬する鉄骨部材の大きさには限度がある．これを搬入後，クレーンで吊り上げうる大きさに，地上で接合する．地上で接合する方が，能率・安全・構造耐力上（溶接は良好な姿勢で行える）はるかにすぐれている．

（3） 建方・建入直し

建方順序に従ってクレーンで鉄骨部材を吊り上げ，組立てる．この際，仮ボルト（仮締ボルトの半数程度を用いる）で，仮締めする．

組立がある程度完了したところで，建入直しをし，とら綱・筋かいなどで補強する．

（4）仮接合　　建入直し後，ただちに仮締ボルトを締付ける．
1箇所の仮締ボルト数は，
　　　高力ボルト継手……2本以上，かつ本締ボルトの1/3程度
　　　混用・併用継手……2本以上，かつ1/2程度とする．
（5）本接合
仮接合後，なるべく早い時期に本接合する．
（6）足　場　　高力ボルト・溶接の作業足場および足場に至る通路を設ける．
（7）検　査　　接合部は検査をし，不良のものは必要な措置をする．
（8）塗　装　　露出部材は工場で錆止め塗装をしているが，検査後，ボルト・溶接個所などに錆止め塗料を塗る．

10．耐火被覆

純鉄骨造は耐火構造でない．耐火被覆をして耐火構造となる．
（1）耐火時間　　耐火被覆の必要厚さは，耐火時間による．
耐火時間は，部位・階数によって相違するが，1～3時間である(建築基準法)．
（2）耐火被覆の種類
成形板被覆と吹付け被覆が，普通に用いられる．
　① 成形板被覆
繊維混入けい酸カルシウム板(これが多く用いられる)・ALC板・軽量PC板・せっこうボードなどを張る．目地から熱が入らないように取付ける．
　② 吹付け被覆
ロックウール・軽量セメントモルタル・ひる石・せっこうなど，断熱材を吹付ける．
　このうち，ロックウールrockwoolが最も普通に用いられる(天然材で耐火性能があり600℃の加熱に耐えうる)．
　吹付け厚さは，耐火時間に応じて3～6cm程度，被覆厚さを確保するため，ピン等で厚さを確認しながら吹付け，吹付け後コアを採取して厚さ・かさ比重を調べる．
　③ ラスモルタル被覆
左官工事である．ラス下地に，モルタル・軽量モルタルを塗る．
　④ 巻付け被覆
セラミックファイバー系・ガラス繊維マット系の積層材を鉄骨に巻付ける．
　⑤ 組積被覆
軽量コンクリートブロック・石・れんがを組んで被覆する．

10章　壁式PC工事

　建築のプレファブprefabricationは，同一形状の部品を工場生産し，これを現場で組立てる工法である．受注の継続または建築の商品化が必要である．
　稼動の悪い場合は，工場に固定した労務経費・償却費などの損失が大である．
（1）　住宅のプレファブには，木質系・金属系・RC系がある．
（2）　壁式プレキャスト鉄筋コンクリート（壁式PC）．
低中層RC住宅のプレファブに用いられる．
壁・床などのPC板を工場製作し，これを現場で組立てる工法である．
①　設計において，PC板・接合部の形状を簡単明快なものとする．
②　工場において，品質のよい，寸法精度の高いPC板を製作する．
③　現場において，耐震性と防水性のよい接合を行う．

PC板の製造方法

つぎの種類があるが，平打ち固定式が普通である．
（1）　平打ち固定式
水平の固定ベッドの上で，1枚ずつPC板を製作する．
（2）　積層式
現場で行われる原始的な工法である．地上にコンクリートで仮設ベッドを打ち，その上面に剝離シートを敷き，型枠を組んでPC板を打つ．打上がったPC板をベッドにして，つぎのPC板を打ってゆく．
積層は5〜10層程度である．ローコストであるが品質・精度が劣る．
（3）　そのほか，移動式（ベッドが移動する流れ作業）・たて打式（両面型枠）があるが，経営的にもコスト的にもそこまで高度化する状態でない．

PC工場

工場は，日産2〜4戸程度の規模のものが多い．
（1）　工場の設備
コンクリートプラント・資材倉庫・加工場・製造ライン・養生設備・走行クレーンなどの運搬設備・ストックヤードなどである．
（2）　製造ライン
底面型枠・コンクリート打設機・振動機・表面仕上用器具などを設置する．

10章　壁式PC工事

1. PC板の製造

　　型枠・配筋──→接合金物など取付け──→コンクリート打設・表面仕上げ
　　　　　　　　　　　　　──→加熱養生──→脱型──→ストック・養生──→検査

（1）接合金物など取付け

型枠に剥離剤を塗布し配筋する．ついで接合金物・吊り上げ金物・木れんが・インサート・サッシなどを取付ける．

（2）コンクリート打設

スランプ5cm以下の硬練りを，走行クレーン・バケットで運搬し，テーブルバイブレータ・棒状バイブレータで振動打ちする．
水引き具合を見計らって表面仕上げを行う．

（3）蒸気養生

コンクリートを打設して，翌日脱型する場合，または，冬期などに用いる．
① 断熱シートで包み，ボイラーから配管で蒸気を送り込むなどの方法がある．
② コンクリート打設後，3～5時間経過して加熱する．
コンクリート温度は約80℃以下とし，徐々に上昇させ，徐々に下げる．

（4）脱　型

クレーンでPC板を吊り上げて脱型し，ストックヤードに運搬する．
コンクリート強度が，100～130 kgf/cm^{2}程度に達していなければならない．

（5）ストック

保管中にねじれ・曲げが生じないようにする．
　　　　壁　板……たて置きとする．曲げに弱いので平置きとしない．
　　　　床　板……普通は平置きして積み重ねる．
② 十分散水する．強度を得るため3～7日間湿潤養生する．

（6）検　査

出荷の前に，必ずPC板の寸法と欠陥の検査を行う．
① その許容誤差　　辺の長さ・ねじれ・曲り……±5mm
　　　　　　　　　　板厚・接合金物の位置………±3mm
② 欠　陥　　クラックは，最も悪い．約0.3mm以上は有害である．

（7）運　搬

① PC板はトラックで，鉄骨の架台にたて積みにして運搬する．
② 運搬費・運搬距離・運搬時間の点からPC工場の立地は重要である．

2. 現場組立

基礎 ─→ 建方・組立 ─→ 接合・溶接 ─→ 防水 ─→ 仕上げ

（1） 基礎　現場打ちRC造とし，上面は水平に仕上げる．接合金物を正確に取付ける．

（2） 建方　普通はトラッククレーンで行う．転倒防止のため，
① 走行地盤を補強する．② 部材を吊ったまま，クレーンを走行させない．

（3） 組立・接合の工程

　　墨出し ─→ 鋼板などのライナーで高さを決める
　　　　　 ─→ 敷モルタル・防水処理 ─→ 壁板建込・控え・通り修正・溶接
　　　　　　　　　　 ─→ 床板建込・溶接 ─→ コンクリート・モルタル充填

（4） PC板の接合

PC板の接合は，強度・雨仕舞の面から非常に重要である．

① PC板にアンカーされた接合用金物・鉄筋を相互にアーク溶接する．

これが最も普通の方法である．このとき精度が要求される．

② 接合部に，コンクリートまたはモルタルを充填する．

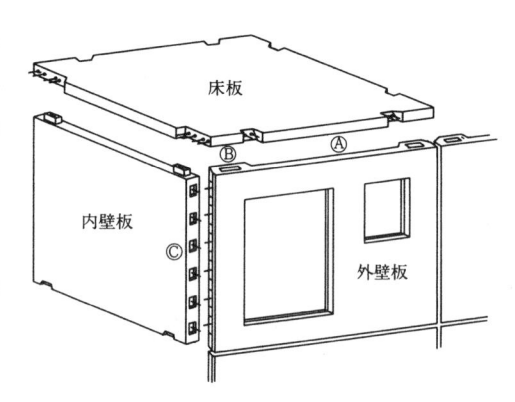

PC部材の組立

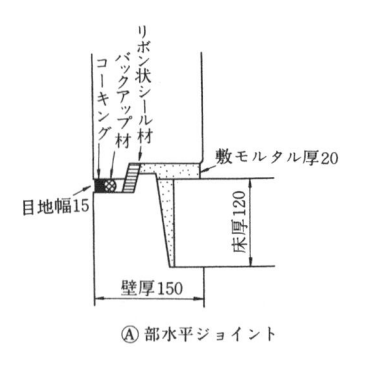

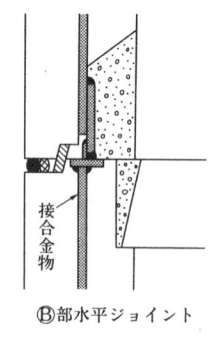

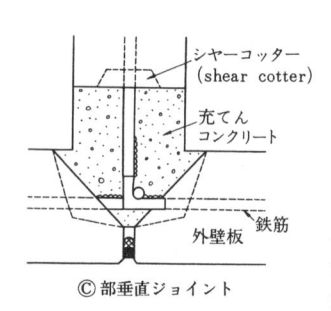

Ⓐ部水平ジョイント　Ⓑ部水平ジョイント　Ⓒ部垂直ジョイント

組立・接合の精度

接合は，接合金物・鉄筋を溶接することによって行われる．溶接接合の強度を保証するものは精度である．

部材の精度──→組立の精度──→溶接接合の精度──→溶接接合の強度

（1）組　立

鉄骨の組立と比べて PC 板は，精度が劣る，ねじれ変形もある，エレクションピース・仮締めボルトのような利便がない．したがって，PC 組立の精度を確保するためには，相当な監理と努力が必要である．

施工プロセスのすべてが，接合の精度のために管理されなければならない．

（2）検　査

充てんコンクリートを打込めば，溶接部分はかくれるので，その前に検査と補修を行う．

外壁の接合部

外壁の接合部 joint は，壁厚の外側半分が防水機能を有し，内側半分が耐力機能を有する構造となっている．

欧米の外壁は，歴史的背景・耐寒のためもあって壁厚が 20〜30 cm のものもあるが，日本では壁厚が 15 cm 程度であるので，ジョイントの施工が困難である．

（1）垂直ジョイント

構造耐力・防水・防錆の急所である．密実なコンクリートを打ち，目地にはシーリング材を充てんする．

（2）水平ジョイント

水返しと防水材で防水する．

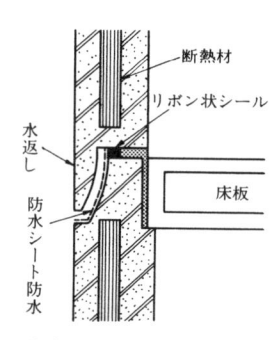

外壁の防水処理（北欧の例）

11章　コンクリートブロック工事

空洞コンクリートブロック JIS A 5496
基本ブロックは，39×39（目地とも 40×20）cm，厚 10・12・15・19cm である．

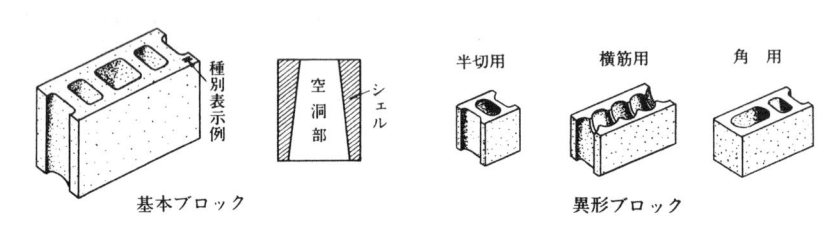

（1）防水性
空洞ブロックの外壁は，壁面・目地から雨水が侵入しうるので，何らかの防水処理が必要である．

空洞ブロックの品質

種類	強度(kgf/cm²)	吸水率(%)	正味比重
A種	40 以上	40 以下	1.7 未満
B種	60 〃	30 〃	1.9 〃
C種	80 〃	20 〃	—

（注）強度＝破壊荷重/空洞部を含む面積

（2）しゃ音
音が通過するので，しゃ音性は悪い．

化粧ブロック JIS A 5407
空洞ブロックの一種で，洗い出し・たたきなど化粧仕上げをしたブロックである．吸水率は，10% 以下（防水性がある）・20% 以下がある．

補強コンクリートブロック造
（1）耐力壁構造（令62条）
① 耐力壁に囲まれた面積は，60m² 以下とする．
② 壁量は，床面積 1m² につき 15cm 以上とする．
③ 壁厚は，15cm 以上，かつスパンの 2% 以上とする．
④ 壁頂に，幅が 20cm 以上，かつスパンの 5% 以上の RC がりょうを設ける．
⑤ 鉄筋　壁は縦横間隔 80cm 以内に径 9mm 以上の鉄筋を，端部・隅角部は径 12mm 以上の縦筋を，配置する．壁の縦筋は，途中で継いではならない．

（2）耐力壁の補強
耐力壁は，左右の端部・隅角部と上下のがりょう・基礎によって，その四周を RC 構造によって補強された構造となっている．

耐力壁構造の施工

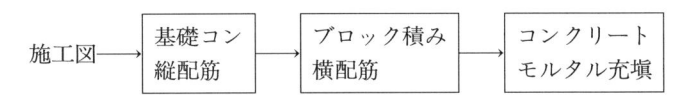

施工図 → 基礎コン 縦配筋 → ブロック積み 横配筋 → コンクリート モルタル充塡

(1) 施工図

ブロック割図に，鉄筋の径・位置，コンクリートを充てんする空洞部の位置などを記入する．

(2) 壁配筋

設計による．縦はブロック1個・2個ごとに，横は3段ごとに，D10・D13が普通である．

(3) ブロック積み

やりかたに水糸を張り，隅から積む．

① シェルの厚い方を上にして積む．

1日の積み高さは，1.6m以下．

② 全目地に，目地モルタルを塗る．

目地幅は1cm．

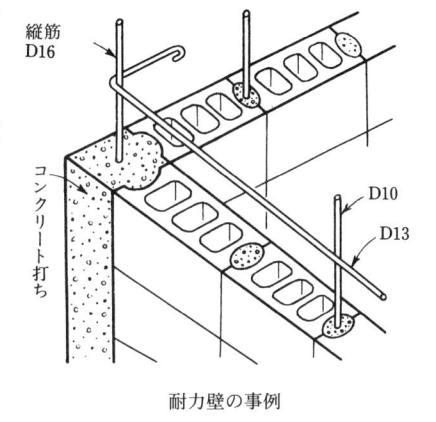

(4) コンクリート・モルタル充てん

縦目地と鉄筋をそう入する横目地には，コンクリートまたはモルタルを突き棒で突きながら充てんする．

(5) 耐力壁の補強

耐力壁の端部・隅角部は，コンクリート打ちとする．

(6) 開口部の補強　D13以上の鉄筋を用い，コンクリート打ちとする．

耐力壁の事例

コンクリートブロックべい

倒壊事故が多い．地盤と基礎が大切である．

(1) 組積造のへい(令61条)

① 高さは1.2mm以下，　② 壁厚は高さの1/10以上，

③ 4m以内ごとに控壁を設置，　④ 基礎の根入れは20cm以上，とする．

(2) 補強コンクリートブロック造のへい(令61条)

高さ2.2m以下のへいである．令62条の8に，壁厚・基礎・配筋・控壁の構造について定めている．

12章　れんが工事

れんがは，味のある色調とあたたかい材質感が好まれる．その使用目的は意匠にある．構造体に用いられる場合であっても，意匠が主な目的である．もし，構造が主目的であるなら，ブロック造・RC造の方が耐力もあり，経済的でもある．

したがって，れんがは化粧積みとし，モルタル等で塗るようなことはしない．

建築用れんが JIS A 5213

基本れんが(標準形・ようかん・大形)と異形れんががある．
穴の形状はメーカーにより異なる．空洞れんがは，配筋用である．

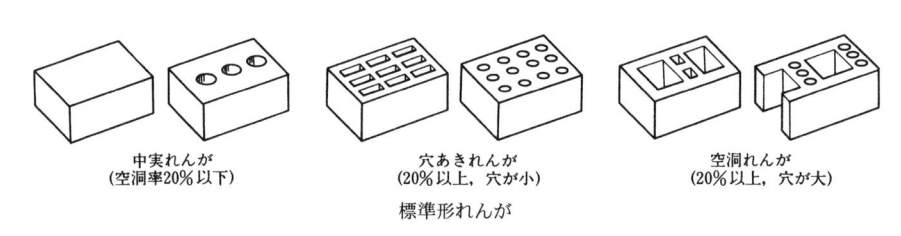

中実れんが
(空洞率20%以下)

穴あきれんが
(20%以上，穴が小)
標準形れんが

空洞れんが
(20%以上，穴が大)

（1）　標準形の寸法
長手4本で90cmに仕上がるようになっている．
呼び寸法(目地幅1cmを加えた寸法)は，225×112.5×75mm(3：1.5：1)である．

（2）　圧縮強さ　　200・300・500・700 kgf/m^2

（3）　吸水率　　8・12・16%

普通れんが JIS R 1250

古来のれんがである．むくが普通である．
やや小形で，寸法は21×10×6cm．

れんが工法の種類

つぎの(1)(2)は仕上工法であり，(3)(4)は構造体工法である．
れんが張りが最も多く用いられ，その他の使用は少ない．

（1）　れんが張り　　タイルと同じように薄形れんがを張る．
薄形れんがは，厚20mm程度で裏足が付いている．

（2）　れんが積張り　　石張りの湿式工法と同じ工法である．
ところどころ引き金物で構造体と緊結し，裏込モルタルを充填する．

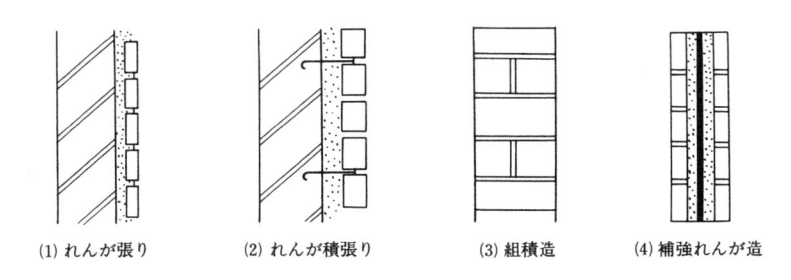

(1) れんが張り　　(2) れんが積張り　　(3) 組積造　　(4) 補強れんが造

（3）組積造　　地震に弱く，危険な構造である．
へいも，高さ1.2m以上は組積造としてはならない．
（4）補強れんが造
空洞れんがを用い，鉄筋で補強し，コンクリート・モルタルを打込む工法は補強ブロック造と同じである．耐力壁・帳壁・へいがある．

れんが積み
（1）れんがを適度に水湿し，目地モルタルを塗って積む．
1日の積み高さは，1.2m（空洞れんが1.6m）以下とする．
（2）化粧目地
① 一本目地　　硬化前に目地モルタルを目地ごてで押えて仕上げる．このとき目地モルタルを加えてもよい．
② 化粧一本目地　　硬化前に目地を軽く仕上げ，硬化後に目地用塗料を塗る．釉薬れんがに用いる．

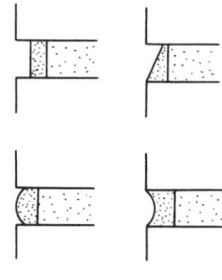

化粧一本目地

れんが床
床れんがは，厚3cm以上を用いる．
（1）ウェット工法　　コンクリート下地に敷きモルタルし，れんがを叩き込む．
（2）ドライ工法
ごく硬練り（または空練り）のコンクリートを敷き，これに張付けモルタルを塗り，れんがを軽く叩いて張る．
（3）サンドクッション工法
砂利敷きし，十分に締固めた上に，荒目砂を敷き，れんがを並べる．屋外用．水はけよく，熱変形に耐えるが，不陸を生じる．

13章　ALCパネル工事

　ALCパネルほど，長所と短所を併せ持った材料も珍しい．S構造との相性がよく，住宅・工場・倉庫・店舗・事務所などの3(2～4)階構造のS造に多く用いられる．

ALCパネル autoclaved lightweight concrete JIS A 5416
　ALCは，石灰質原料・ケイ酸質原料・水・気泡剤・混和材料を混合し，オートクレーブ養生(高温高圧の蒸気養生)した軽量気泡コンクリートである．

（1）　形状・大きさ　　平パネルと意匠パネル(表面にしま・格子など意匠加工した壁用パネル)がある．コーナーパネル(外壁出隅・入隅に用いる)もある．

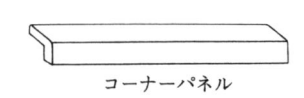

コーナーパネル

① パネル厚は，10cmが最も多い．ついで12, 15cmである．
② パネル幅は，60cmである．
③ 長さ・幅は注文にも応じる．

常用されるパネル厚(mm)

外壁用平パネル	100・120・150
外壁養意匠パネル	120・150
間仕切用パネル	75・100・120・150
屋根用パネル	75・100・120・150
床用パネル	100・120・150

（注）75は80，120は125もある．

（2）　表示　　パネルには，製造業者名・種類・許容荷重・面の上下・内外の区分などが表示してある．

ALCパネルの性質
　特長は軽量・耐火・安価・施工性であり，欠点は表面の弱さ・吸水・しゃ音である．
（1）　重　さ　　比重は0.45～0.55で，非常に軽量である．
（2）　強　度　　圧縮強度は$3N/mm^2$以上と定められている．$4~5N/mm^2$程度．5ϕ以上の鉄筋で補強されているので耐力はある．しかし表面強度は弱い．
（3）　耐火性
　　壁　用……2時間耐火(カバープレート構法は金属露出があるので1時間)．
　　床　用……2時間耐火(厚12cm以上)・1時間耐火(厚10cm以上)．
　　屋根用……30分耐火である．
（4）　断熱性　　非常によい．熱伝導率は普通コンクリートの1/10である．
（5）　しゃ音性　　しゃ音性(質量で決る)は悪い．
（6）　吸水性　　多孔質であるので吸水が大である．凍結のおそれもある．
（7）　施工性　　軽量，現場加工が容易，狭い敷地で取付けうる，工期も短い．

パネル使用上の注意事項

（1） パネルは原則として，両端支持の単純梁として用いる．
（2） パネルの厚・長さ
　　帳壁・屋根パネル……厚は 7.5cm 以上，長さは厚の 35 倍以内とする．
　　床用パネル…………厚は 10cm 以上，長さは厚の 25 倍以内とする．
（3） 表面保護
表面強度が弱いので，床は相当の仕上げをし，過大な集中荷重・衝撃を避ける．
（4） 吸水性　　パネルは吸水が大きいので，
① 常時，水・土に接する部分には用いない．
② 外壁・浴室などに用いる場合は，防水・防湿をする．
（5） パネルの切断・穴あけ
パネルには，耐力上有害な切断・みぞ掘り，穴あけを行ってはならない．
　　切　断………原則として切断しない．適寸パネルを注文する．
　　みぞ掘り……床・屋根用は不可．外壁用は 1 本（深さ 1cm 幅 3cm 以内）まで．
　　穴あけ………1 枚につき 1 箇所程度とする．

1. 外壁の施工

壁パネルは，カーテンウォールとして用いるので，変位追従性が要求される．

（1） 構　法

外壁パネル取付け構法

構法の種類		継手形式	層間変位に対する追従性（実験値）
たて壁	ロッキング構法	B	1/60　きれつなし
	スライド構法	A	1/125　きれつなし，1/90　微小きれつ
	挿入筋構法	A	1/300　微小きれつ，1/150　きれつ
横　壁	カバープレート構法	B・C	1/120　きれつなし，1/100　微小きれつ
	ボルト止め構法	B・C	1/120　微小きれつ，1/100　きれつ

　　（注）　実験では，この程度の変位でもきれつはあるが，脱落はほとんど見られない．

（2） パネル長辺の継手
① Aは，目地鉄筋・目地モルタルを用いる．
壁体は剛になるが，変位追従性は劣る．
② B・Cは，空積みである．
当然，変位追従性はよい．

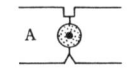

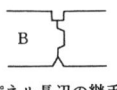

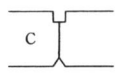

パネル長辺の継手

（3） 変位追従性　たてパネルは，層間変位に対し下図のように追従する．

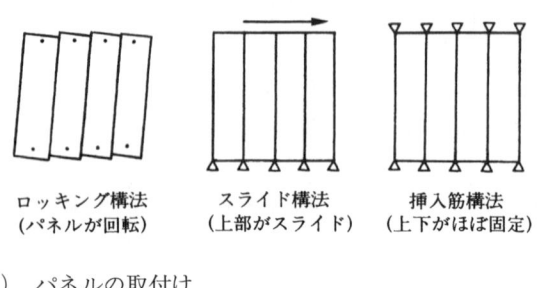

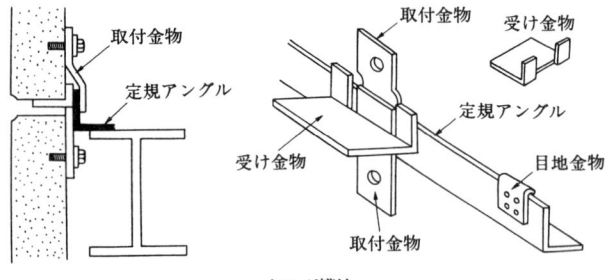

　　　ロッキング構法　　　スライド構法　　　挿入筋構法
　　　（パネルが回転）　　（上部がスライド）　（上下がほぼ固定）

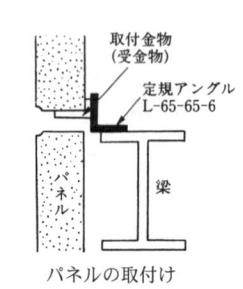

パネルの取付け
取付金物（受金物）
定規アングル L-65-65-6
パネル／梁

（4） パネルの取付け

鉄骨梁 → 定規アングル → 取付金物 → パネル

① 鉄骨梁に，定規アングルを溶接して取付ける．
② 定規アングルに，取付金物・受金物(パネル重量を支える)を溶接して取付ける．
③ 取付金物に，パネルを取付ける．

ロッキング構法（たて壁）

専用のパネル(ボルト受けの金物が埋設)を用いる．
（1）　取付け　　パネルは，取付金物にボルト締めして取付ける．
パネル上部の取付金物は，受け金物のなかで可動する．
（2）　構　造　　パネルは，上下2点で点接合され，変位によって回転（ロッキング）する．変位追従性は非常によい．

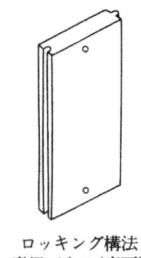

ロッキング構法　専用パネル(裏面)

ロッキング構法
取付金物／定規アングル／受け金物／取付金物／目地金物

スライド構法（たて壁）

（1）　取付け　　下部は，目地鉄筋(長さ50cm)を取付金物に溶接し，上部はスライド金物の目地鉄筋(長さ50cm)を取付け，目地にモルタルを注入する．

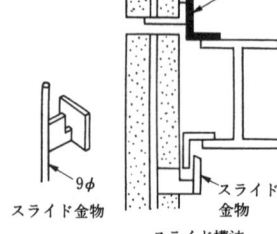

スライド構法
9φ／定規アングル／スライド金物／9φ／スライド金物

（2）構　造　　下部は鉄筋で点接合である．上部は梁方向にスライドするので，壁体は梁の変位の影響を受けない．

挿入筋構法（たて壁）

（1）目地位置に取付金物を取付け，これにパネルを取付け，目地鉄筋を挿入，目地モルタルを注入する．

（2）変位追従性が劣る．

剛な構造に適している．目地変形がないので，表面仕上げにはよい．

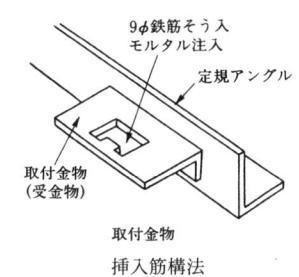

横壁パネル

（1）支持金物　　パネル重量を支持するため，パネル3～5段ごとに支持金物（鉄骨柱または定規アングルに溶接する）を設置する．

（2）パネルの取付け

① カバープレート構法……金属性のカバープレートで押えて取付ける．

② ボルト止め構法…………鉄骨柱に溶接したボルトに取付ける．

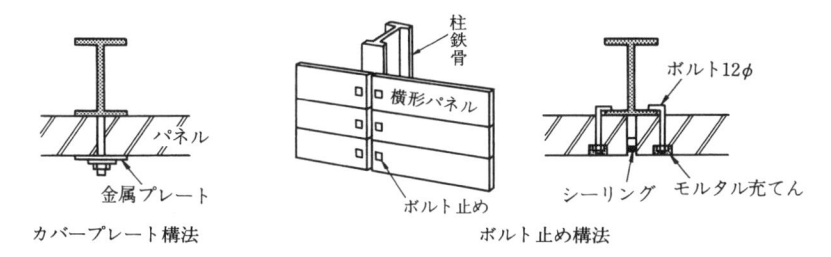

（上図は鉄骨柱に直接取付ける方法である．定規アングルを用いる方法もある．）

（3）伸縮目地

パネルのたて目地および支持金物を設けた横目地に，幅1～2cmの伸縮目地を設ける．

（4）横目地は本ざねか突付け継ぎであるので，変位追従性は非常によい．

伸縮（エキスパンション）目地

外壁パネル壁面の四周（主として，梁・柱の位置）には，幅1～2cmの伸縮目地を設ける．

これによって地震時のパネルの破損を防ぐ．

① 雨がかりの伸縮目地は，シーリングする．

② 伸縮目地には，耐火上必要な場合はロックウールなど耐火目地材を充塡する．

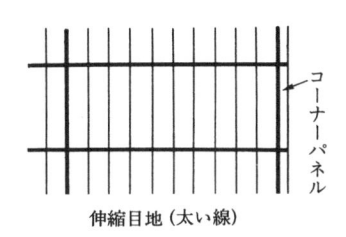

2. 間仕切の施工

パネルは，フレキシブルに取り付ける．
（1） 上部の取付け
① チャンネル・L形金物に取り付ける．
② または，定規アングルにボルト止めする．
（2） 下部の取付け
① アンカー筋構法
アンカー筋に，目地モルタルで固定する．
鉄筋で床に点接合したことになる．
② フットプレート構法
フットプレートをパネル幅の中央あたりに設置する．乾式工法である．

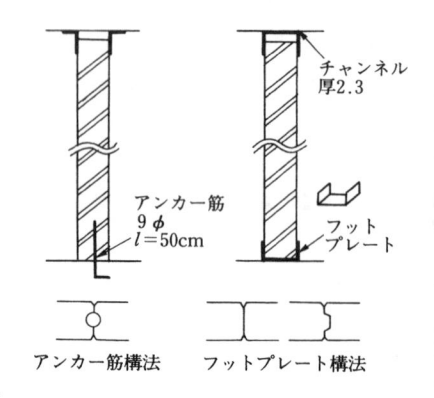

3. 屋根・床の施工

（1） パネル敷込み　　鉄骨梁またはかさ上げ鋼材に，ALCパネルを敷込む．
パネル両端のかかりは，スパンの1/75以上，かつ4cm以上とする．
（2） 目地鉄筋
目地鉄筋を取付金物(梁・かさ上げ鋼材に溶接)に取付け，目地モルタルを充てんする．

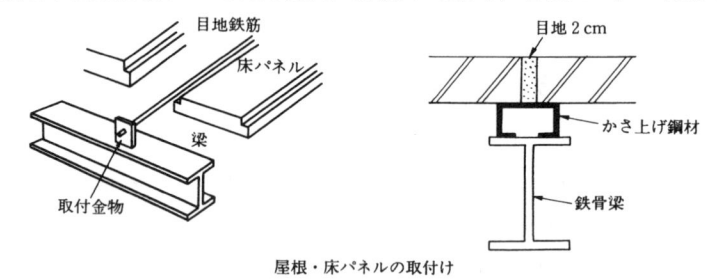

（3） 伸縮目地
パネル短辺の目地は，1〜2cm幅としモルタルを充てんする．

4. ALCパネルの仕上げ

ALCパネルは，吸水しやすい，表面強度が弱いので，必ず表面仕上げをする．
（しゃ音が必要な場合は，そのための仕上げが必要である）．

（1） 剥離防止
① 表面強度が弱いので，壁には大形タイル・厚いモルタルなど重い仕上材は用いない．
② 塗膜の強い塗り材は，剥離するので用いない．
（2） 通気性　　通気性のため，両面仕上げでパネルを密封しない．両面仕上げの場合は，片面は疎に仕上げる．
（3） 床仕上げ　　衝撃・集中荷重・吸水を緩和するため，モルタルなどで下地をつくってから仕上げる．

ALC パネルの主な仕上材

外　壁	仕上塗材・成形板・タイル
内　壁	仕上塗材・ペイント・モルタル・プラスター・ボード・タイル
天　井	仕上塗材・ボード・ペイント
床下地	根太組・モルタル・SL 材
屋　根	メンブレン防水・置屋根

主な仕上げ

（1） 仕上塗材（内外壁・天井）
壁・天井の仕上げとしては，仕上塗材が，最も普通に最も多く用いられる．
ただし，複層塗材 RE・RS，厚塗材 C は，塗膜が強く剥離するので用いない．
（2） 成形板（外壁）
軽い成形板のみ，胴縁（パネルにボルト止め）に取付けうる．
（3） ボード（内壁・天井）
内　壁……胴縁に張るか，接着張りか，緩衝材をはさんで張る．
天　井……金物で構造体から吊る（パネルから直接吊らない）．
（4） プラスター（内壁）
ALC 用骨材入りプラスター厚 5～10 mm・樹脂プラスター厚 3～5 mm に塗る．
（5） モルタル（内壁・床）
既調合の ALC 用モルタル（低強度・低収縮）を塗る．
（6） 塗装（内壁・天井）
EP はよいが，エポキシ系は塗膜が強いので用いない．
（7） タイル（内外壁）　　軽量の小型タイルのみ用いる．
（8） メンブレン防水（屋根）
シート防水・トーチ工法・アスファルト防水（いずれも絶縁工法とする）を用いる．
原則として，露出防水とし，歩行屋根としない．

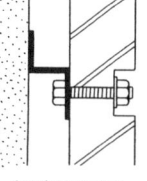

成型板の取付け

14章　張り石工事

　石は，重厚・優美で耐久性にすぐれ，仕上げとしては最高のものである．近年，石仕上げが急増した．日本経済の伸長と建築の高級化を象徴するものといえよう．
　石は重い．絶対に脱落事故があってはならない．

石材
　普通，花崗岩・大理石を用いる．少数ながら砂岩も用いられる．現在，使用されている石材の大部分は外国産である．石材は世界各地に産する．
　（1）花崗岩　　俗に御影石という．重厚・豪華で，最高の石材である．最も広く用いられる．すべての個所に用いうる．
　（2）大理石　　石灰岩と同じ化学成分であるが，大理石は結晶質である．
優美．内装用．風化しやすいので，雨がかりに用いない．
　（3）砂岩　　色調・面肌に素朴さがある．汚れがつきやすいほど粗面のものもある．材質・組成にむらがある．

石材の適用（◎ 頻度の高いもの）

石材	外壁	外床	内壁	内床
花崗岩	◎	◎	○	◎
大理石	×	×	◎	○
砂岩	○	×	○	○

石材の表面仕上げ
　（1）原石を機械鋸で，厚3～5cm程度に切断加工したものを，表面仕上げする．
　① 粗面仕上げ　　ジェットバーナー・ブラスト・ウォータージェットなど機械仕上げが普通である．びしゃん・小たたきなど手仕上げは減少した．
　　　特殊なものに，割り肌（石を割ったままの状態）もある．
　② 磨き仕上げ　　粗磨き・水磨き・本磨きの順に程度がよい．
　（2）花崗岩は，粗面仕上げが普通で，重厚の質感をうる．磨き仕上げもある．大理石は磨き仕上げ，砂岩は粗面仕上げが普通である．

テラゾ・擬石
　種石（砕石）・白色セメント・顔料を混合硬練りにし，鉄筋を入れ振動加圧して作る．工場製品である．人造石で，石材と同様に張り石に用いる．
　（1）テラゾ　　種石に主として大理石を用いる．内装材で，磨き仕上げである．
　（2）擬石　　花崗岩・安山岩を種石とする．外装材で，粗面仕上げである．

14章　張り石工事

張り石の取付金物
（1）取付金物のファスナー・引き金物・だぼ・かすがい・シアコネクター・アンカー（乾式工法）は，原則として，ステンレス SUS 304 製とする．
（2）鉄製の緊結用鉄筋・受け金物は，防錆処理したものを用いる．

床張り石工法
　　清掃・水湿し──→敷きモルタル──→仮据え──→本据え──→目地──→養生・清掃
（1）敷きモルタル　　敷きモルタルを定規で均しながら，約 4cm 厚に敷く．
（2）仮据え　　敷きモルタルの上に，石を正確に仮据えする．
（3）本据え　　仮据えした石を 1 枚ずつ取りはずし，敷きモルタルの上にセメントペーストを塗布し，再び石を据える．木づちで叩きながら圧着する．

壁石張り工法

外壁 ─┬─ 乾式工法
　　　├─ 石先付け PC 工法
　　　└─ （湿式工法）

内壁 ─┬─ 空積工法
　　　└─ 乾式工法

（1）外　壁
乾式工法または石先付け PC 工法とする．
（湿式工法は，原則として用いない．わずかに根石・低層建築に用いる）．
① 乾式工法は，外足場が必要であるので，施工高さは 45m までである．
② 石先付け PC 工法は，クレーンで吊り込むので，超高層も可能である．
（2）内　壁　空積工法とする．
ただし，4m 以上の高い壁，または重要な建物は乾式工法とする．

壁石張り工法の力学
つぎの 2 種類の工法は，その構造をまったく異にする．
乾式工法のほうが，力学的に明解かつ安全である．
（1）乾式工法
石 1 枚 1 枚を，RC 構造体に直接支持する．各石は独立・自立している．
各石の地震力・風圧・熱変形は，他の石に及ばない．
（2）空積工法・湿式工法
石を構造体に緊結しながら，下石の上に積み上げる．
石の荷重は，下へ下へと伝達・加重される．各石は相互に関連している．

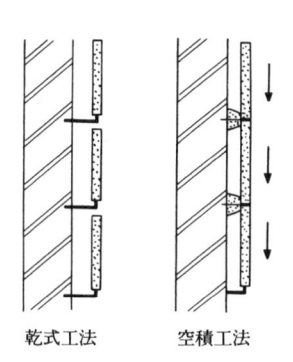

乾式工法　　空積工法

1. 外壁湿式工法

古くからある伝統的工法である．石を構造体に金物で緊結して取付け，石裏に裏込めモルタルを充てんする工法である．

裏込めモルタルによって，石と構造体の一体化をはかることができるが，この一体化がかえって地震・熱変形による石の割れ・剝落を生じる．

ゆえに本工法は，原則として用いない．ただし低層建築はこの限りでない．

（1）石材は，厚 2.5 mm 以上，0.8 m² 以下とする．
（2）石の緊結方法は，内壁空積工法と同じである．取付け代は，約 4 cm とする．
（3）石の重量を支えるため，高さ 3 m 以下ごとに受け金物を設ける．
（4）裏込めモルタルは石 1 段ごとに行い，硬化をまって次段を積む．

2. 外壁乾式工法

1枚の石を，2個のファスナーで支持する．ファスナーが非常に重要である．

（1）材料の安全の確認　石材・アンカー・ファスナーは，地震・風圧・熱変形に対して安全であることを，計算で確認する．

（2）石　材　普通は，花崗岩を用いる．

大きさは，厚 3 cm 以上，幅 1.2 m 以下，高さ 0.8 m 以下，面積 1 m² 以下とする．

（3）ファスナー

原則として，ダブルファスナーを用いる．つぎの性能を有するものとする．

① 石重量・地震力・風圧を支持する耐力を有する．
② 地震時の層間変位，石の熱変形を吸収する．
③ 石材の加工誤差・軀体誤差・施工誤差を吸収する．

（4）施工法

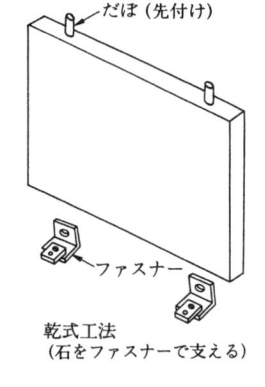

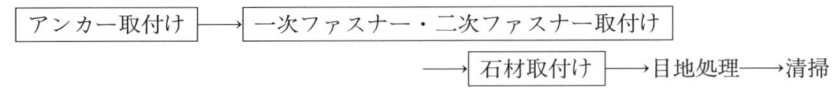

アンカー取付け　→　一次ファスナー・二次ファスナー取付け　→　石材取付け　→　目地処理　→　清掃

① 取付け代は，8.5 cm 以上 (9～10 cm) とする．
② アンカーは，軀体に先付けするか，あと施工 (軀体を穿孔) して取付ける．
③ ファスナーは，堅固かつ精度よく取付ける．

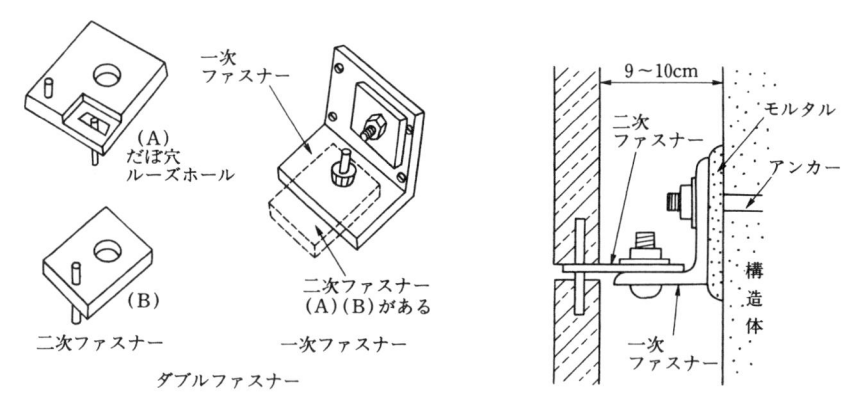

(5) 目　地　　地震時の変位(一般に熱変形より大)で,石がぶつかり合わないように,目地幅は,8〜10mm程度とする.

(6) 防　水　　目地は普通シーリングするが,シーリングのみでは完全とはいえない.別に構造軀体の防水をはかる必要がある.

3. 石先付けプレキャストコンクリート工法

工場製作の石先付けPC板を,カーテンウォール・構造部材として用いる工法である.現場において,PC板をクレーンで吊り込み,取付金物を用いて建物に取付ける.

信頼性の高い工法で,高層建築・柔構造の外壁に広く用いる.

(1) 石　材　　原則として,花崗岩を用いる.

厚25mm以上(25〜40mm程度),面積0.8m²以下とする.

(2) PC板の工場製作

① 定着金物　　石裏にシアコネクター(引抜耐力約250kgf)を,10個程度取付ける.

合端にかすがい(耐力2本で約500kgf)を取付ける.

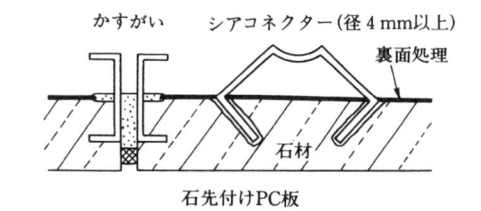

② 裏面処理　　背面よりの水分の侵入を防ぐため,樹脂系接着剤等を塗布する.

③ 石の敷込み　　石材を型枠にはめ込み,石裏より目地材を充てんする.

④ コンクリート打設　　コンクリート(主として1種軽量コンクリート)を打設し,脱型後,目地処理,PC周辺の防水処理をする.

4. 内壁空積工法

空積(からづみ)工法は，石を引き金物で構造体に緊結しながら積む工法である．
① 壁高4m以下の内壁に用いる(4m以上は乾式工法とする)．
② 壁高3mをこえる場合は，途中に受け金物(山形鋼)を設け，石荷重を支える．
（1）石材は，厚2cm以上，0.8m²以下を用いる．取付け代は，4cmが標準．
（2）取付金物　　引き金物・だぼ・かすがいは，ステンレスSUS 304の径3.2mm(石厚4cm以上は径4.0mm)とする．だぼ穴の深さは，2cm以上とする．
（3）引き金物の緊結　　あと施工アンカー，またはこれに溶接した流し鉄筋(防せい処理したD 10)に，引き金物を緊結する．

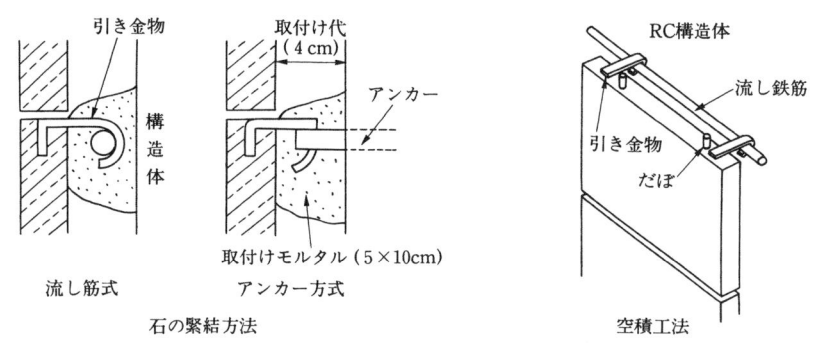

石の緊結方法　　　　　　　　　空積工法

（4）最下段石の据付け　　根石・幅木を，くさび・モルタルをかい正確に据付け，上端を引き金物で緊結する．下部20cm程度までモルタルを裏込めして固める．
（5）石の取付け　　下段石のだぼに合わせ，目地にスペーサーをかい据付ける．
上端を引き金物で緊結し，取付けモルタルで固める．だぼ・引き金物は2箇所である．
（6）大きい石は，床上約1.8mまで目地中央付辺に当てモルタルをして，補強する．
（7）目地幅　1～6mmとする．眠り目地は，地震で破損するので用いない．

内壁乾式工法

内壁の石張りは空積工法が普通であるが，壁高4m以上の場合，または重要な建物の場合は，乾式工法を用いる．

工法は，外壁乾式工法と同じである．内壁の場合は，外壁よりも外力(地震力・風圧)が小さく，気象条件(熱変化・雨水)がよい．

15章　タイル工事

　外壁仕上げを望見すれば，塗り・タイル・石とそびゆる連山のうち，ひときわ高いのがタイル仕上げであるといっても過言でない．品質・色調とも多彩な仕上げが可能である．
　外壁タイル工法は，つぎの3つに大別できる．

（1）　後張り工法
　モルタルでタイルを張る（本章では，後張り工法を対象とする）．

外壁タイル ─┬─ 後張り工法
　　　　　　├─ 先付け工法
　　　　　　└─ 先付けPC工法

　剥離の問題がある．剥離はタイルのみならず，塗りもの・張りものに共通の課題である．タイルが最も剥落事故が多い．

（2）　先付け工法
　タイルを型枠に固定して，コンクリートに打込む．剥離防止を目的として行われることがあるが，非常に難しい工法である．
　壁面の単純化が必要である．複雑な窓まわりなどの先付けは無理である．

（3）　先付けPC工法
　工場においてタイルをPC板に先付けする．建物の高層化・鉄骨化につれて台頭してきた．石先付けPC工法とともにPC外壁の双璧である．

タイル

　内装タイル・外装タイル・床タイル・モザイクタイル（磁器質）がある．

（1）　素地による区分・吸水率
　　　磁器質タイル………1%以下，吸水しない．
　　　せっ器質タイル……5%以下，やや吸水する．
　　　陶器質タイル………22%以下，かなり吸水する．

（2）　施釉タイルと無釉タイルがある．
① 陶器質タイルは，内装のみに用いる．
② 床は，原則として無釉タイルを用いる．
③ 外装は，凍害を受けないもの（吸水率2〜3%以下）を用いる．

（3）　一般に大形のものが高価で，モザイクは安い．

タイルの実寸法(mm)	
100角	92×92
150角	142×142
小口平	60×108
二丁掛	60×227
三丁掛	91×227
四丁掛	120×227

① 100角は，目地とも100×100．
② 小口平は普通れんがの小口の大きさである．
③ 二丁掛は，小口平の2倍大．

1. 壁タイル張り

下地 ── 目地割り ── 基準タイル張り ── タイル張り ── 目地詰め ── 検査

まず，基準タイル張りを行う．基準となるコーナー部・開口部・壁最上段などのタイルを正確に張る．これを定規・基準としてタイルを張ってゆく．

タイル張り工法

工法はつぎの6通りである．モルタルは，張付けモルタルである．
（かっこ内は張付けモルタルの塗付け面を示す）．

（1） 改良圧着張り（下地面とタイル裏面）

下地にモルタルを3～6mm厚に塗り，定規ずりし，生乾きのうちに，タイル裏面にモルタルを約3mm厚に塗って張る．周辺からモルタルがはみ出すまで木づち等で叩く．

内外壁用．主として小口平・二丁掛け程度の広い面積の外壁に用いる．

（2） 改良積上げ張り（タイル裏面のみ）

タイル裏面にモルタルを7～10mm厚に塗り，壁面に圧着する．団子張りともいう（モルタル層が連続しない．剥離防止の工夫である）．

内外壁用．主としてやや大形のタイル（小口平から四丁掛け程度）の外壁に用いる．

（3） 密着張り（下地面のみ）

下地にモルタルを面積2m²以内に5～8mm厚に塗る．これにタイルを，モルタルが目地から盛り上るまで振動工具で加圧・加振して張る．

上部より下部に1段おきに張り，あとで間を張る．内外壁用．小口平以上に用いる．

（4） マスク張り（タイル裏面のみ）

マスクを用いて，タイル裏面にモルタルを塗る．これを壁面に圧着する．

50角以上のユニットタイルに用いる．内壁用．

（5） モザイクタイル張り（下地面のみ）

モルタルを厚3mm以下に塗り，定規ずりする．これにタイルを叩きながら張る．

時期をみて，水湿しして表紙をはがす．内壁用．

（6） 接着剤張り　下地を十分に乾燥させ，これに接着剤（1液形と2液形がある）を2～3mm厚に塗り，タイルを圧着する．

耐候性がないので，外壁には用いない．施工が簡単であるので，多く用いられる．

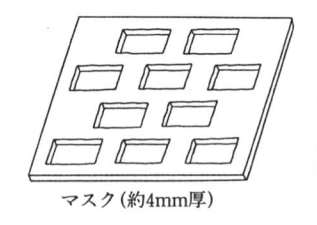

マスク（約4mm厚）

張付けモルタル

タイルは，張付けモルタルの接着力によって支持される．張付けモルタルは，粘性・保水性・作業性が必要である．

合成樹脂エマルジョン・合成ゴムラテックス(接着力がよい)・メチルセルローズ(保水性がよい)などの混和剤を用いる．入れすぎはよくない．既調合品がある．

目　地

目地には，雨水の浸入を防ぎ，タイルを相互に連結して強固にする役目がある．

（1）目地の深さ　　タイル厚の1/2以内とする．

深目地は，雨水の浸入もあり，剝離の原因ともなるので，用いない．

（2）目地幅　　2～10mmとする．突付け目地(眠り目地)は，剝落するので悪い．

一般に目地は，外壁・大形タイルは太目，内壁・小形タイルは細目である．

（3）目地モルタル　　調合1：0.5～2に，混和剤・顔料を加える．

目地幅の小さいほど，富調合を用いる．既調合品がある．

（4）目地詰め　　1日以上経過してから行う．

目地ごてで目地詰め，またはゴムごてで塗り込み，こてで押える．

検　査

（1）外壁タイルは剝落防止のため，施工後，表面をテストハンマーで叩いて検査する．その音で浮きを判定する．

（2）必要に応じて(200m²につき1か所程度)引張試験をする．

引張接着強度は，4kgf/cm²以上なければならない．

2．床タイル張り

（1）モルタル張り

　　　目地割り──→基準タイル張り──→敷モルタル──→タイル張り──→目地処理

縦・横3～4mm間隔に基準タイルを張る．これを定規にして水糸を張る．

① 敷モルタル　　下地コンクリートに硬練りモルタル(大形タイルの場合は空練りモルタルもある)を，3～5cm厚に敷き，平坦にならす．

② タイル張り　　敷モルタルが生乾きのときセメントペーストを塗布し，タイルをハンマーの柄などで叩いて張る(敷モルタルが硬化したときは，この上にモルタルを用いて張ってよい．だだし，大形タイルの場合は不可である)．

（2）接着剤張り　　内部床のみに用いる．

下地・敷モルタルが十分に乾燥してから接着剤を塗って張る．

3. 外壁タイルの剥離防止 (参考)

施工で最も重要なことは剥離防止である．気象条件，下地の挙動，建物の振動などの要因もあって，タイルの剥離は不可避的なところもある．しかし結局，施工者が責任をとらされる(剥離のおそれのある場合は，タイル仕上げを採用しない)．

剥離防止に，この一手はない．施工は総合力である．

(1) 下地コンクリート
① 張付けモルタル厚の均一のため，下地を平坦にする．
② 下地を十分に乾燥させる．しかる後に十分に水湿する．理想は前日と施工前に行う．下地が吸水すれば，モルタルの付着力が著しく(30〜60%程度)低下する．

(2) ひび割れ・伸縮目地
下地・モルタルともに，ひび割れ(剥離の原因となる)を生じる．対策として，伸縮目地を設ける案がある．
① 下地に，目地を設けるのは非常に困難である．
② 団子張り・マスク張りは，張付けモルタルが不連続となるので，ひび割れを防止しうる．

(3) タイル
裏足のあるタイルを用いる．厚い大形タイルを用いない．
① 四丁掛け以上の大形タイルは，引き金物で下地に緊結する．
② まぐさに用いる大形役物タイルは，穴をあけて針金で構造体に緊結する．

(4) タイル張り　強い張付けモルタルを用いる．
① 張付けモルタル塗付後，なるべく早くタイルを張る．時間をおけば接着力は急激に低下する．
② 器具を用いて，圧力をかけて張る．

(5) 目地
突付け目地・深目地は用いない．

(6) 養生
強い直射日光・降雨・強風・振動は，モルタルの接着に悪い影響を与える．

(7) 剥離の面　A面かB面である．
A面のほうが，頻度が高く被害が大きい．

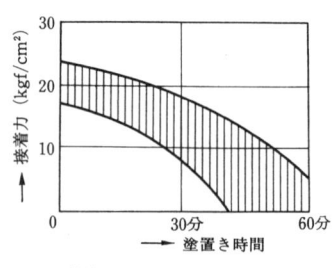

タイルの張付け

タイルの裏足

張付けモルタルの接着力の一例

4. 積む・張る・塗る工法の比較(参考)

仕上材荷重の行方を追跡して，仕上工法のタイプ・相違点を調べてみる．
工法(1)(2)は加重形で，(3)(4)は付着形である．

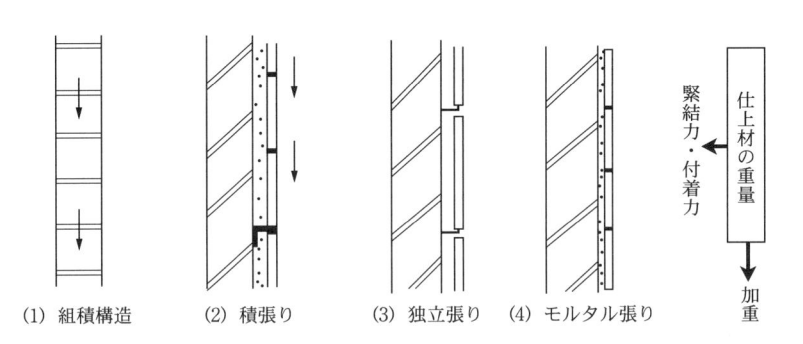

(1) 組積構造　　(2) 積張り　　(3) 独立張り　　(4) モルタル張り

緊結力・付着力　仕上材の重量　加重

（1）　組積構造　　ブロック等を目地モルタルで積む．全重量は下方に加重する．危険な構造で，高さ1.2m以下のへいにのみ用いうる．
構造体(張壁・耐力壁)は，鉄筋で補強して補強ブロック造・補強れんが造とする．
（2）　積張り工法　　仕上材を構造体に緊結しながら，下部の仕上材の上に積み上げる．裏込めを用いる場合と，用いない場合がある．
仕上材重量は下方へ加重され，荷重が大きくなれば座屈するので，3m以下ごとに受け金物を設け，荷重の伝達を断つ．
れんが積張り工法・張り石湿式工法・張り石空積工法・ALC横壁パネル工法がある．
（3）　独立張り工法
仕上材1枚1枚を，支持金物を用いて単独に取付ける(重量を下方へ伝えない)．構造的に明解で安全張り石乾式工法・ALC縦パネル工法がある．
（4）　モルタル張り工法　　タイル張り・薄形れんが張りである．
仕上材の重量が下方に伝わるかどうかが問題である．もし，仕上荷重が下方に伝達すれば，モルタルの接着力では支持できないであろう．
① 重量の下降を防ぐため(汚染防止のためにも)，上部から施工するのがよい．
② 硬化後は，モルタルの収縮(毛細ひび割れ)が荷重の伝達を軽減・切断する．
したがって，モルタルの接着力が十分であれば，剥離は生じにくい．
（5）　モルタル塗り工法
硬化収縮による毛細きれつが，剥離を防いでいると考えられる．

16章　木工事

　木造は，耐火・耐震などの制約がある．かつて，大規模な木造建築の行われた時代もあったが，現在では，住宅(90%以上が住宅である)を中心とした小規模のものが多い．
　しかし，木造は特有の味とあたたかさを有し，その施工面積は，建築全体の35～40%に達し，経済的・社会的に実に重要な位置を占めている．
　(1)　構　造
　木造住宅の構造は，軸組構造とパネル(枠組壁)構造に大別することができる．
　(2)　生産方式
　在来工法(主として軸組構造)とプレファブ工法(パネル構造と軸組構造がある)に大別できる．プレファブ工法はメーカ独自の仕様による．

1．材　料

　主要な材料は製材・集成材・合板である．これらには日本農林規格JASがある．
　製材
　(1)　種　類　　製材のJASには，つぎの種類がある．
　①　針葉樹の構造用製材　　構造耐力上主要な部分に用いる製材である．
　②　針葉樹の造作用製材　　造作類(敷居・鴨居など)と壁板類がある．等級には，無筋・上小節・小節がある．
　③　針葉樹の下地用製材　　屋根・床・壁等の下地(外部から見えない部分)に用いる製材である．板類と角類がある．等級には，1級・2級がある．
　④　広葉樹製材　　等級には，特等・1等・2等がある．
　別に，含水率の表示(10%以下・13%以下)のものもある．
　(2)　欠　点　　製材の等級ごとに，欠点の許容限度が定められている．
　欠点の主なものは，節・丸身・曲りである．そのほか，木口割れ・目まわり・繊維方向の傾斜・ねじれ・腐れ・あて・入皮である．
　針葉樹の構造用製材
　目視等級区分製材と機械等級区分製材がある．
　(1)　目視等級区分製材
　節・丸身などを目視で測定し，等級区分したものである．

① 種　類　　甲種構造材(曲げ材である)と乙種構造材(圧縮材)がある．
甲種構造材は，構造用Ⅰ(小断面材)と構造用Ⅱ(断面が 36×90 mm 以上)がある．
② 表　示　　樹種・構造材の種類・等級・寸法・製造または販売業者名を表示する．
必要に応じ，保存処理(防腐処理)・含水率・土台用の表示をする．
③ 等　級　　1級・2級・3級がある．
④ 含水率　　15%以下・20%以下・25%以下がある(表示のある場合)．
⑤ 強　度　　強度は，国交省告示(175頁)が定める．
（2） 機械等級区分製材
機械でのヤング係数を測定し，等級区分したものである．
① 等　級　　ヤング系数の大きさにより，E 70・E 90・E 110・E 130・E 150 がある．
② 強　度　　樹種・等級に応じて，国交省告示が定める．

集成材
ひき板・割材を工場で積層して加圧接着したもの．柱・なげし・内装材・手すりなどに用いられる．含水率が低く，くるいが少なく，無節のものが得られる．
（1） 種　類　　集成材には，化粧材と構造材(表面処理が行われていない)がある．
（2） 化粧材　　素地のものと薄板を張付けたものとがある．

合　板
（1） 普通合板
① 等　級　　面材の品質により1等・2等がある．
② 耐水性　　耐水性は接着剤の程度で決る．
1類(断続的に湿潤状態となる場所用)　　2類(ときどき湿潤となる場所用)
3類(比較的乾燥した場所用)がある．
③ 防虫処理した合板もある．
（2） 構造用合板
① 耐水性　　特類(屋外・常時湿潤状態の場所に用いる)と1類(屋内用)がある．
② 強　度　　1級と2級がある．
1級は，厚さ(5〜24 mm)と面板の品質(a・b・c・d)に応じ，曲げ強度とヤング係数が表示されている．
③ 別に防虫処理した構造用合板もある．
（3） 化粧合板　　表面加工(オーバーレイ・プリント・塗装など)したもの，または表面に単板を張ったものである．
（4） 特殊用途の合板　　コンクリート型枠用合板・難燃合板・防災合板など．

2. 木材の防腐

腐食は，木材の大きな欠点である．木造は環境がよければ 50～100 年程度はもつが，土台・浴室などの材は短年月で腐食する事例がある．

腐食の早い事例	
松・杉	3～5 年
檜	4～8 年

（1）**木材の腐食** 主として腐食菌の侵食による．菌の繁殖には，適度の湿度・温度・空気・養分が必要で，これらを排除すればよい．

湿度が最も重要である．湿度 80% 前後，含水率 20～50% が菌の発生に適する．

（2）**令 37 条（構造部材の耐久）**

構造上必要な部で腐食のおそれのあるものは，腐食しにくい材，防腐措置したものを用いなければならない．

（3）**令 49 条（外壁の防腐措置等）**

① ラスモルタル塗など腐りやすい構造の下地には，防水紙等を用いなければならない．

② 柱・筋かい・土台は，地面から 1m 以内を防腐措置し，必要に応じて，しろありなどの虫害防止措置をとらなければならない．

防腐対策

まず防湿・乾燥である．ついで耐久性のある木材の使用と，薬剤処理である．

（1）**使用木材** 構造上主要な木材は，含水率 20% 以下を用いる．

木は，含水率 20% をこえると腐食する．乾燥材は腐食しない．

（2）**換気・防湿**

① 常時含水率が 20% 以下となるように換気・防湿の構造とする．

② 床を高くし，床下の通風と水はけをよくする．

（3）**土台** 耐久性のある樹種（ひのき・ひば・けやき・くり・こうやまき）の心材・心持材を用い，地面より 30cm 以上離す．

（4）**水まわり** 地面 1m 以内の外壁内，浴室・台所は，耐久性のある樹種の心持材を用いる．

（5）**薬剤処理** 現場で普通用いられるのは，防腐剤塗布である．

木材の全面にクレオソートなどを，はけで 2 回塗るか，吹付ける．

しろあり対策

虫害は，しろありの害が最も大きい．被害個所は，土台・水まわりなどである．

しろありは，湿潤材を好むので，対策は，防虫剤の塗布，乾燥材の使用，床下の通風などである．防腐対策と共通するところが多い．

3. 木材の乾燥・含水率

木材中の水分は，結合水(細胞中の水)と自由水(細胞の間げきにある水)がある．乾燥は，自由水が蒸発し，自由水がなくなってから結合水が蒸発する．気乾材の含水率は15%である．

```
      結合水      自由水
┠──────┼──────┨
0%    15%    30%    45%
絶乾   気乾   飽和点  生木   立木
```

木材は自由水の増減によっては変化しないが，結合水の増減によって収縮・膨張し，強度が変化する．

(1) 木材の収縮・膨脹率
　　板　目(年輪の方向)………………含水率1%につき約 0.25%(0.55%×比重)
　　まさ目(年輪に直角の方向)……板目の場合の約 1/2
　　長　手(繊維方向)…………………板目の場合の約 1/20

(2) 強度の変化

木材は水分を含むと著しく強度を減ずる．
圧縮強度・曲げ強度の変化は，含水率1%につき，約5%である．

(3) 木材の含水率

① 構造材は20%以下　② 造作材は15%以下　③ 堅木は13%以下，とする．
現実は，含水率の高い材が用いられ，割れ・変形を生じるケースは多い．

木材の乾燥法

(1) 自然乾燥　　建築用材は，ほとんど自然乾燥である．
気候・天候がよく，良好な通風状態におけば，3cm厚以下の杉板は1～2箇月，角材は6～12箇月で，ほぼ乾燥する．

(2) 人工乾燥　　工場において，蒸気でゆるやかに乾燥する．
生木を乾燥するのに杉厚板で約10日，堅木厚板で約30日を要する．

4. 木材の性質

(1) 赤身(樹心に近い濃色の部分)・白太(樹皮に近い淡色の部分)
赤身(あかみ)……白太より，材が密で強く，腐りにくく美しい．
白太(しらた)……広葉樹の白太は，材質が劣るので用いない．

(2) まさ目・板目
まさ目は収縮変形・割れが少なく，木目が密で光沢よく美しいので板目より上等である．板目は，木目のおもしろさはある．

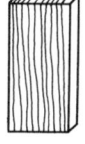

板目　　まさ目

乾燥収縮による変形

（1） 木材の変形

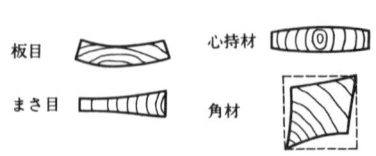

乾燥収縮は樹皮に近いほうが大きい．

年輪方向の収縮は，年輪に直角方向の収縮の約2倍である．

（2） 心持材・心去材

心持材は，干割れを生ずるので，造作材は原則として心去材を用いる．

心持材を用いた柱は，干割れを防ぐため背割りを行う．

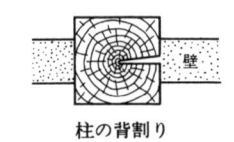

（3） 木表（きおもて）・木裏

幅も長手も，木表のほうに反る．

化粧材（とくに敷居・鴨居）は，一般に木表を表にして用いる．

5．木材の強度

木材の強度の特性は，つぎのとおりである．

（1） 強度のばらつき

天然材であるので，強度のばらつきは非常に大きい．

同じ樹種であっても生産地・環境・採取箇所によって著しく性質を異にする．

（2） クリープ creep 現象

荷重を長期間加えれば，変形が徐々に増大し破壊する．これをクリープという．

すなわち，長期荷重の場合は強度が低下したことになる．この長期荷重による強度の低下の比率を仮にクリープ係数とする．

（3） 含水による強度低下

常時湿潤状態にある部分（基礎杭・水槽・浴室など）に用いる木材の許容応力度は，通常の場合の 70％ とする（令 89 条）．

基準強度 F

基準強度は，木材の材料強度である．基準強度は，木材の強度実験による実験値（非常にばらつきが大きい）のうち，ごく安全な数値を採用している．

（1） 基準強度の種類

基準強度 F には，圧縮強度 F_c・引張強度 F_t・曲げ強度 F_b・せん断強度 F_s がある．

（2） 針葉樹の構造用製材の基準強度（平 12 告示 1452 号）

告示は，JAS の針葉樹の構造用製材の基準強度を定めている．このうち目視等級区分製材の強度の一部を次表（次頁）に示す．

16章 木工事

針葉樹の構造用製材(目視等級区分製材)の $F_c \cdot F_b$ (かっこ内は F_b) N/mm²

区　分	甲種構造材			乙種構造材		
等　級	1級	2級	3級	1級	2級	3級
あかまつ	27 (34)	17 (20)	11 (14)	27 (26)	17 (17)	11 (11)
べいまつ	27 (34)	18 (23)	14 (17)	27 (27)	18 (18)	14 (14)
からまつ	23 (29)	20 (26)	19 (23)	23 (23)	20 (20)	19 (17)
ひのき	31 (38)	27 (34)	23 (29)	31 (31)	27 (27)	23 (23)
すぎ	22 (27)	20 (26)	18 (22)	22 (21)	20 (20)	18 (18)

(注)　1. 数値は小数点以下1桁まであるが，本表では四捨五入した．
　　　2. 告示は，このほか，ダフリカからまつ・ひば・べいつが・えぞまつ・とどまつについても定めている．

(3)　曲げ基準強度 F_b の割増し

個々の木材は基準強度より相当に強いので，荷重を数本で共同負担するときは，強度を割増しすることができる．たる木・根太などの並列材は，F_b を1.15倍(構造用合板などの面材を用いた場合は1.25倍)とすることができる．

許容応力度

許容応力度は，基準強度に安全係数(強度の安全を確保するため)とクリープ係数(長期荷重による強度低下に対応するため)を乗じたものである．

許容応力度＝基準強度 F ×安全係数(2/3とする)

$$\times クリープ係数(載荷期間に応じ 55～100\%)$$

(1)　短期許容応力度＝$2/3F$
(2)　長期許容応力度＝$1.1/3F$

クリープのため，長期(50年程度を想定)荷重の強度は短期荷重強度の0.55倍程度である．

(3)　積雪時の許容応力度
短期(3日程度)積雪……短期許容応力度の0.8倍
長期(3ヶ月程度)積雪…長期許容応力度の1.3倍
(それぞれ，クリープ係数80%・70%に相当する)

長期荷重と木材強度(クリープ係数 %)

載荷時間		クリープ係数(%)
5分	(短期)	○ 100
3日	(短期積雪)	○ 80
3ヶ月	(長期積雪)	○ 70
1年		60
50年	(長期)	○ 55
250年		50

(注)　長期荷重による強度の低下を示す．

構造部材の欠点

(1)　欠　点　　主要な構造部材は，節・腐れ・繊維の傾斜・丸身など，耐力上の欠点のないものを用いなければならない(令41条)．

(2)　欠込み　　梁などの横架材には，中央付近の下側に有害な欠込みをしてはならない(令44条)．節は，強度上は，断面欠損と見なしてよい．

6. 継手・仕口

継手・仕口の形式は古来非常に多いが，現在では複雑なものは用いられなくなった．木工の機械化による加工の簡易化，熟練技能者の不足などによる当然の帰結である．

主要構造材の接合部は，接合金物で補強する方向に進んでいる．

継　手

① 腰掛あり継ぎ　　相互の材は釘止めか，かすがい止めとする．土台の場合は上木をアンカーボルトで押える．

② 腰掛かま継ぎ　　使用箇所は腰掛あり継ぎと同様．かつては中程度の仕事であったが，この程度の継手ですら，用いられなくなった．腰掛ありで十分である．

③ 追掛け継ぎボルト締め　　胴差し・けたの継手に用いる．強い継手である．

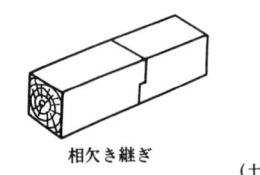

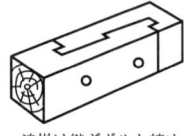

相欠き継ぎ

腰掛あり継ぎ
（土台・大引き・もや・けた）

腰掛かま継ぎ

追掛け継ぎボルト締め

仕　口

① わたりあご　　交差する材の仕口に用いる．今の根太はのせかけ釘打ちである．

② 大入れ　　梁の小梁と仕口，廻縁と棹縁との仕口などに用いる．

③ 傾大入（かたぎ大入れ）　　柱と桁・窓台などに用いる．

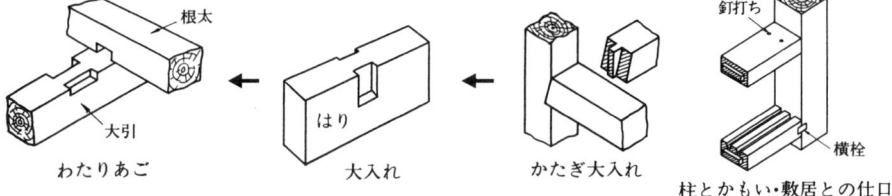

わたりあご　　　大入れ　　　かたぎ大入れ　　　柱とかもい・敷居との仕口

④ 敷居の仕口　　一方は短ほぞ入れ，他方は横栓打ち釘止めとする．

⑤ 鴨居の仕口　　一方は柱に短ほぞ入れ，他方は突付け2個所隠し釘打ちとする．

⑥ ほぞ　　長ほぞ（打抜きほぞ）と短ほぞがある．柱は，上下ほぞ差しとする．長ほぞは，割くさびか込み栓で止める．扇ほぞは，すみ柱の下部に用いる．小根ほぞは，土台の出隅などに用いる．

16章 木工事

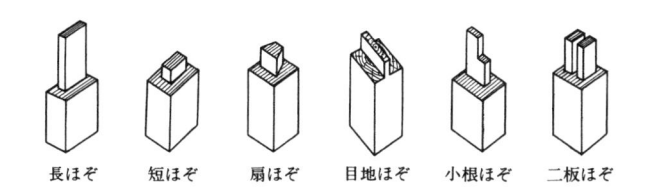

長ほぞ　短ほぞ　扇ほぞ　目地ほぞ　小根ほぞ　二板ほぞ

⑦　板の仕口　　板張りは突付け・合じゃくり・本ざねが普通である．

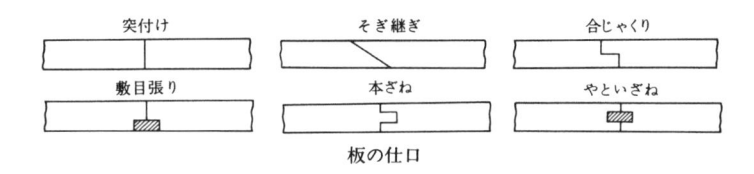

突付け　そぎ継ぎ　合じゃくり
敷目張り　本ざね　やといざね

板の仕口

7．接合金物

JIS規格に，くぎ・木構造用金物がある．また，軸組工法用金物規格(俗にZマーク表示物という，ホールダウン金物などがある)の構造用金物がある．

このほか，多くの形状の金物が開発されている．

釘 JIS A 5508

形状・材質・大きさなど種類は非常に多いが，鉄丸釘が普通である．N50は長さ50mmの鉄丸釘のことである．釘打ちは，

① 釘の長さは，原則として材厚の2.5倍以上とする．
② 木材が割れないよう，材の繊維に対して乱に打つ．
③ 隠し釘打ちが普通である．ほかに，釘頭現し・釘頭埋木・つぶし頭釘打ちがある．

木構造用金物 JIS A 5531

アンカーボルト・普通ボルト・羽子板ボルト・短ざく金物・かな折金物・箱金物・かすがい(手違いかすがいもある)がある．

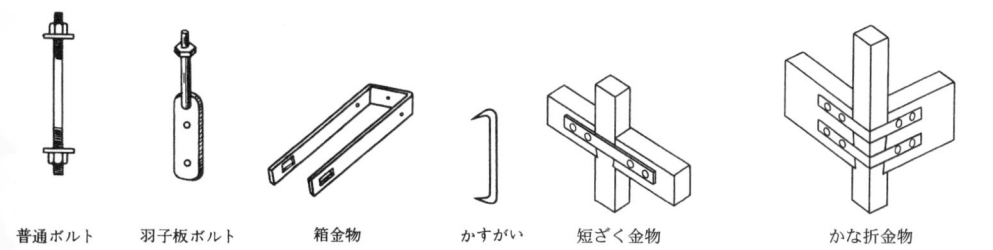

普通ボルト　羽子板ボルト　箱金物　かすがい　短ざく金物　かな折金物

ボルト bolt
① 余長(ナットの外に出る部分)は，2山(アンカーボルトは3山)以上とする．
② ボルト穴のクリヤランスは，3mm以内とする．
③ 工事中，乾燥によりゆるんだナットは，締め直す．

ホールダウン金物(引寄せ金物)
地震時に耐力壁の柱に生じる引張り・引抜きに対抗するため，柱頭・柱脚に用いる．12φボルト(2～5本用がある)で柱に固定し，16φのボルトで引寄せ緊結する．

ホールダウン金物の取付けボトル

ホールダウン金物	12φボルト
HD-B10	2本
HD-B15	3本
HD-B20	4本
HD-B25	5本

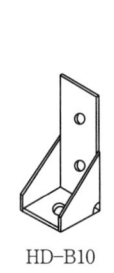

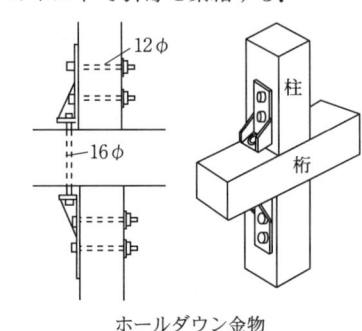

HD-B10　　　ホールダウン金物

8. 施工一般

(1) 断面寸法　① 構造材・下地材は，ひき立て寸法，
　　　　　　　② 造作材は，仕上り寸法，とする．

(2) 含水率
構造材は20%以下，造作材は15%以下，堅木は13%以下とする．

(3) 搬　入　　原則として，建方当日とする．
事前搬入の場合は，雨水・湿気に対して養生をする．

(4) 建方精度
垂直・水平とも1/1000以下とする(実際には2/1000～3/1000程度のものも多い)．

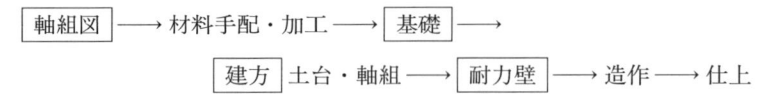

(5) 在来工法の工程
　　　軸組図 ⟶ 材料手配・加工 ⟶ 基礎 ⟶
　　　建方 土台・軸組 ⟶ 耐力壁 ⟶ 造作 ⟶ 仕上

(6) 仕様規定
以下に述べる基礎・耐力壁の構法は，法定の仕様規定によるものである．別に，これらの構法を法定の構造計算によって求めることもできる．

9. 木造建築の基礎

木造建築の構造にとって，地盤・基礎は，耐力壁とともに重要である．基礎は，杭・べた基礎・布基礎があるが，木造建築は布基礎が最も普通である．

布基礎(平12告示1347号)

（1） 地耐力　　地盤(または突固め・地盤改良などにより改良された地盤)の長期許容応力度は，$30 kN/m^2$ 以上でなければならない．

これ以下の場合は，べた基礎($20 kN/m^2$ が必要)・杭基礎とする．

（2） 構造　　一体のRC造とする．ただし，地耐力が $70 kN/m^2$ 以上で，かつ密実な砂利地盤で不同沈下の少ない地盤の場合は，無筋コンクリートでもよい．

① 底盤　　幅は下表，厚は15cm以上．

布基礎の底盤の幅(cm)

地耐力(kN/m^2)	平屋建	2階建	3階建
30〜50	30以上	45以上	60以上
50〜70	24以上	36以上	45以上
70以上	18以上	24以上	30以上

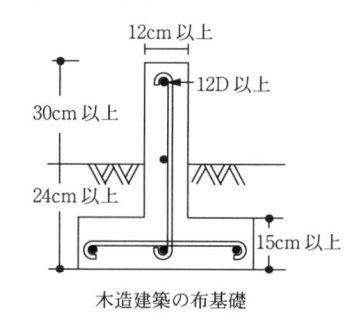

木造建築の布基礎

② 立上がり部分

地上30cm以上，厚12cm以上とする．

③ 根入れ深さ　　24cm以上，かつ，凍結深さより深くし，凍結防止措置をする．

④ 配筋　　底盤……9ϕ以上を縦横間隔30cm以下．

立上がり部分……主筋，上下に12D以上．縦筋は9ϕ以上を間隔30cm以下．

10. 耐力壁

すべての横力(地震・風圧)を耐力壁が負担することになっている(実際には耐力壁以外の構造が横力の30%程度を負担するといわれている)．

（1） 壁量　　壁量(耐力壁の量)は必要壁量(法定の壁量)以上とする．

（2） 耐力壁の配置　　耐力壁は，偏心のないように設ける．

（3） 倍率　　耐力壁は，軸組を筋かい・面材で補強したものである．その補強方法によって，耐力壁の強度が決る．耐力壁の強度を倍率という．

（4） 耐力壁の柱の柱頭・柱脚の補強　　耐力壁の柱には，地震時に非常に大きな引抜き・引張りが生じる．これに対抗して柱頭・柱脚を，金物で補強しなければならない．

壁量

設置する壁量(存在壁量という)は，梁間方向・桁行方向において，それぞれ必要壁量(令第46条で定められた壁量)以上でなければならない．

存在壁量 cm　　　　　　　　必要壁量 cm
耐力壁の長さ cm×倍率 ＞ その階の床面積 m²×必要壁量の数値 cm/m²

重い屋根（瓦葺など）
15　21　33　24　39　50

軽い屋根（鉄板葺など）
11　15　29　18　34　46

地震力による必要壁量の数値 cm/m²（これに床面を掛けたものが必要壁量である.）（令第46条）
(注) 壁面が大きい場合，風の強い地域の場合は，風圧の検討も必要である．

耐力壁の配置

バランスよく，偏心なく，配置する．外周・外壁とくに四隅に配置するのが有効である．桁行き方向・梁間方向それぞれについて，偏心率または簡便法によって，配置をチェックする(告示1352)．

（1） 偏心率（計算は令82条の3による），0.3以下であること．
（2） 簡便法
① 側端部分A・Bの壁量充足率が，ともに1以上であること．

　　　　壁量充足率＝存在壁量/必要壁量

（すなわち，A・Bの壁量がともに必要壁量以上あること）．

これを満足しない場合，つぎの条件でもよい．

② AとBの壁量充足率の比（壁率比という）が，2以下であること．

　　　A 側端部分
　　　B 側端部分

　　　A　　B
側端部分
(両端の1/4の部分)

耐力壁の算定例

木造瓦葺2階建の1階（床面積 60 m²）の必要壁量は，

　　必要壁量＝60 m²×数値 33 cm/m²＝2 000 cm

　　　　∴側端部の必要壁量≒500 cm

これに対し，側端部分の外壁に長さ 180 cm の耐力壁を配置すれば，存在壁量は，

　　長さ 180 cm×倍率 3.5（外大壁合板 2.5＋内真壁せっこうボード 1.0）＝630 cm

となり，十分である．もし，耐力壁長さ 270 cm×倍率 2.0＝存在壁量 540 cm を配置すれば，より応力は分散する．

筋かいによる耐力壁

(1) 9φ筋・1.5×9cmは、引張材である。その他は圧縮材であるが、接合金物で緊結すれば引張材にもなる。

(2) 接合方法

下表、または、同等以上の性能のある接合とする。

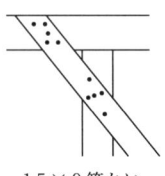

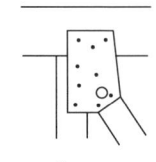

1.5×9筋かい（令46条）　3×9筋かい（平12告示1100号）

筋かいの倍率と接合方法

筋かい	倍率	端部の接合方法(同等以上とする)
9φ鉄筋	1.0	柱または横架材を貫通し、三角座金にナット締め。または、鉄筋装着の鋼板添え板を、柱・横架材にN90釘合計8本打ち。
1.5×9cm	1.0	柱・横架材を欠込み、それぞれにA釘5本打ち。
3×9cm	1.5	1.6mm厚の鋼板添え板を、筋かいに12φボルト締めとA釘3本打ち、柱にA釘3本打ち、横架材にA釘4本打ち。
4.5×9cm	2.0	2.3mm厚の鋼板添え板を、筋かいに12φボルト締めとB釘7本打ち、柱と横架材にそれぞれB釘5本打ち。
9×9cm	3.0	柱と横架材に12φボルトで一面せん断接合。

(注) A釘……長さ6.5cmの鉄丸釘　B釘……4.5mmのスクリュー釘

面材による耐力壁（平12告示1100号）

面材は、断熱・遮音・防火の性能をも有するので、面材構法は有力な工法である。

(1) 軸組

① 大　壁　　柱・間柱・横架材(梁・桁など)に、面材を張る。
② 真　壁　　貫下地は、間柱等下地より弱い(倍率が小)。

真壁等下地……間柱・受材(3×4cm以上)などに面材を張る。
貫下地…………貫1.5×9cm以上を間隔61cm以下間隔5本以上設け、これに面材を張る。

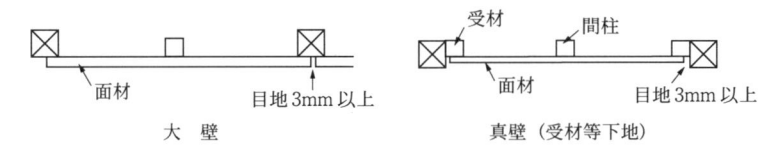

大壁　　　真壁（受材等下地）

(2) 面材の張付け

① 面材に当る接合金物は、木材に彫り込んで取付ける。
② 釘間隔は、原則として15cm以下とする。
③ 地震時の破損防止に、周辺に3mm(桁上は5mm)程度の目地をとる。

面材による耐力壁（大壁の場合）

面材	倍率	釘
構造用合板 厚5mm（外壁面は7.5mm） パーテクルボード 厚12mm・構造用パネル	2.5	N50
ハードボード 厚5mm・硬質木片セメント板 厚12mm	2.0	
フレキシブル板 厚6mm・炭酸マグネシウム板 厚12mm	2.0	GNF40 CNC40
パルプセメント板 厚8mm	1.5	
せっこうボード 厚12mm（外壁面には用いない）	1.0	
ラスシート（角波 厚0.4mm・メタルラス 厚0.6mm）	1.0	N38

面材による耐力壁（真壁の場合）

面材	倍率		釘
	間柱・胴縁	貫	
構造用合板 厚7.5mm パーテクルボード 厚12mm・構造用パネル	2.5	1.5	N50
ラスボード 厚9mm（プラスター 厚15mmを塗ったもの）	1.5	1.0	GNF・GNC32
せっこうボード 厚12mm	1.0	0.5	GNF・GNC40

倍率の加算

工法を併用（併用はつぎの方法がある）したときは，それらの倍率を加算してよい．ただし，倍率が5を超えることはできない．

① 筋かいのたすき掛け　　② 筋かいと面材
③ 面材の両面張り　　　　④ 筋かいと面材の両面張り

耐力壁の柱の柱脚・柱頭の仕口

耐力壁の柱の柱脚・柱頭は，引抜き・引張りに対して補強しなければならない．

（1）柱の引抜き　　仮定のはなしとして，耐力壁を完全な剛体とした場合，地震力 P によって耐力壁は図のように変位し，B点とC点に引抜きが生じる．P が逆方向の場合は，A点とD点に引抜きが生じる（実際は，筋かいの状態・上下左右の耐力壁の影響などによりこのように単純ではない）．

（2）引張力の大きさ

① 倍率の大きい耐力壁は，大きな地震力を負担するので，柱の引抜きは大きい．

② 上階の荷重（隅柱は荷重面積が小）を受ける場合は，柱の引張力は軽減される．

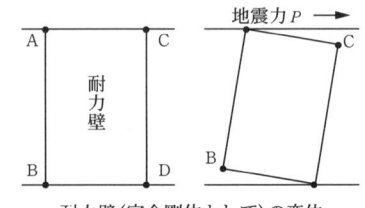

耐力壁（完全剛体として）の変位

16 章 木工事

耐力壁の柱の柱頭・柱脚の仕口（これと同等以上とする）（平 12 告示 1460 号）

倍　率 (参考)	耐力壁の種類	平屋・最上階		その他の階（下階）		
		出隅の柱	壁端部の柱	上階とも出隅の柱	上階のみ出隅の柱	その他の柱
0.5・1.0	木ずり・下地板を片面・両面張り	い	い	い	い	い
1.0	1.5×9・9φ筋	ろ	い	ろ	い	い
1.5	3×9(3cm×9cm 筋かい)	に(ろ)	ろ(い)	に	ろ	い
2.0	1.5×9・9φ筋をたすき掛け	に	ろ	と	は	ろ
2.0	4.5×9	ほ(は)	ろ	と	は	ろ
2.5	構造用合板(5mm 厚)など面材	は	ろ	ち	へ	は
3.0	3×9 をたすき掛け	と	は	り	と	に
4.0	4.5×9 をたすき掛け	と	に	ぬ	ち	と

（注）① 仕口の（ ）は，筋かいの下部が取り付く柱の場合．

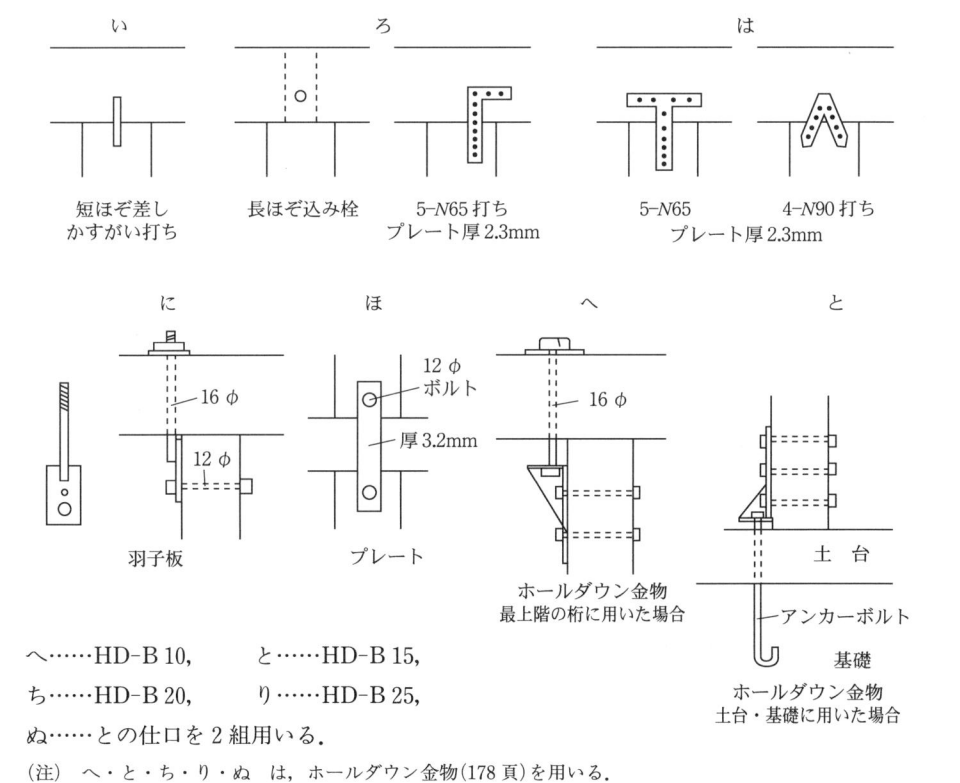

い　短ほぞ差し　かすがい打ち

ろ　長ほぞ込み栓

は　5-N65 打ち　プレート厚 2.3mm

は　5-N65　プレート厚 2.3mm

は　4-N90 打ち

に　16φ　12φ　羽子板

ほ　12φ ボルト　厚 3.2mm　プレート

へ　16φ　ホールダウン金物　最上階の桁に用いた場合

と　土台　アンカーボルト　基礎　ホールダウン金物　土台・基礎に用いた場合

へ……HD-B 10,　と……HD-B 15,
ち……HD-B 20,　り……HD-B 25,
ぬ……との仕口を 2 組用いる．

（注）へ・と・ち・り・ぬ は，ホールダウン金物(178 頁)を用いる．

17章　屋根工事

（1）　施工の重点
①　雨漏りしないこと．　②　屋根葺材が脱落しないこと．
（2）　屋根葺材の緊結(令39条・昭46告示109号)
屋根葺材は，つぎの方法によって風圧・地震・その他の振動・衝撃によって脱落しないようにしなければならない．
①　屋根葺材は，荷重・外力により脱落・浮き上がりが生じないように，たるき・梁・桁・野地板等に取付けること．
②　屋根葺材・緊結金物等は，さび止め・防腐処理をすること．
③　屋根瓦は，軒・けらばから2枚通りは1枚ごとに，むねは1枚おきに，銅線・鉄線・くぎ等で下地に緊結すること．

屋根の性能
性能は，雨仕舞・耐風・耐震・耐雪・防火・耐久・美観・経済性である．このうち，雨仕舞・耐風・耐震が重要である．
（1）　雨仕舞　　雨露をしのぐことは建築の目的である．
雨漏りは，最も原始的な瑕疵である．理由の如何を問わず弁明の余地はない．
（2）　耐　風
強風・暴風によって，屋内に内圧を，屋根表面に外圧を生じる．
①　外圧は，風上には正圧を生じ，風下には負圧を生じる．
負圧は，正圧より大きい(切妻屋根の場合，正圧の2倍以上である)．
②　軽い屋根は，台風時に負圧によって屋根ごと吹き飛ばされるおそれもある．

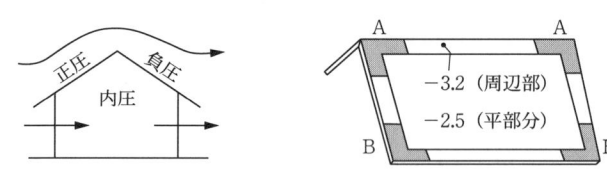

　　　　外圧と内圧　　　　　　切妻屋根の負圧のピーク風圧係数 C
(注)　1.　周辺部の幅は，屋根面の短辺長さの10%である．
　　　2.　A部分は勾配20°のとき $C=-54$，B部分は勾配10%以下のとき $C=-4.3$．
　　　　その他のとき，周辺部はすべて $C=-3.2$ である．

(3) 耐 震　瓦など重い葺材は，地震によって脱落する．
(4) 耐 雪　積雪・雪崩・雪下ろしによって，葺材・ひさし・軒・軒どいなどの破損を生じる．水漏れもある．
(5) 断 熱　屋根葺は，住環境の断熱性能としては，不十分である．野地板・天井に断熱材を用いることを検討する．

瓦葺と鉄板葺の比較

性 能	瓦 葺	鉄板葺
耐 風	暴風による被害は局部的である．	平葺・波板葺は被害が全面的である．
耐 震	地震による瓦の落下・破損がある．重いので，構造体は堅固にする．	耐震的，地震の被害はない．軽いので，構造体を軽減しうる．
耐 雪	瓦の落下・破損がある．雪国では不適．	多雪地域に最適．
勾 配	4/10 程度．	1/10〜3/10 程度．
耐 久	良質のものは長持ちする．	長期的には防錆の問題がある．
断 熱	断熱性は十分とはいえない．	夏暑く冬寒い，断熱性は非常に悪い．
経 済	高価である．	安価，瓦葺のほぼ半値である．

野地板

普通，厚 9mm の構造用合板を用いる．または，厚 1.5cm の松・杉板を張る．

下 葺

降雨量の大部分は屋根葺材の表面を流れるが，その一部は風圧または毛細管現象などによって屋根材の下に浸入するので，これを下葺によって止める．下葺なしで完全な雨仕舞を行うことはできない．下葺は重要な使命を有するものである．

ただし，じか葺(波板葺・折板葺)は，野地板と下葺を省略する．

① ルーフィング葺

アスファルトルーフィング(厚く丈夫で耐久性がある)・アスファルトフェルトを，継目を 15cm 程度重ねて張り，約 30cm 間隔，他はところどころ野地板に座金釘打ちとする．

② 合成高分子シート葺

シートの種類は多い．ルーフィングと同じ方法で葺く．

③ 木羽(こば)葺　　使用は，非常に減少した．

木羽は，杉・檜材を長さ約 25cm，厚 0.7〜1.8mm に割ったものである．

軒先・むねは 2, 3 枚重ね，平は葺き足を 5〜10cm 程度として，木羽釘で野地板に打ちつけながら軒先から葺く．

1. 瓦 葺

瓦葺きは代表的な屋根葺きで，住宅の屋根を瓦葺きとするのは，世界共通である．瓦は普通，日本瓦を用いる．ついで，厚形スレート(セメント瓦)である．

日本瓦

粘土瓦である．粘土を成形して乾燥させ，約 1 000℃ で焼成したものである．
① つぎの種類がある．
いぶし瓦……黒瓦，上物は銀色．吸水率 20% 以下．普通これを用いる．
釉薬瓦………釉薬を塗布して焼成した瓦．吸水率は 14% 以下．
無釉瓦………素焼き瓦．粘土の種類によって赤味，銀色などがある．

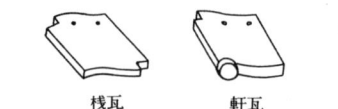

| 桟瓦 | 軒瓦 | 一文字瓦 | 袖瓦・けらば瓦 | むね瓦 | のし瓦 |

② 瓦の大きさはいろいろで，桟瓦 $1m^2$ 当りの葺枚数は，15～20枚である．
③ 瓦には，釘穴または針金穴が 2 か所程度設けてある．
④ 吸水率が大きい瓦は，凍害で破損する．ひずみも悪い．

洋 瓦

粘土瓦である．材料・製法は日本瓦と同じである．使用は少ない．
① 釉薬瓦である．色彩は華やかである．
② 形状は S 形瓦・スパニッシュ瓦・フレンチ瓦がある．

厚形スレート

セメント瓦ともいう．硬練モルタルをプレス成形して着色したものである．
① これに塗装したものもある．
② 形状は，和形・平形・S 形などがある．

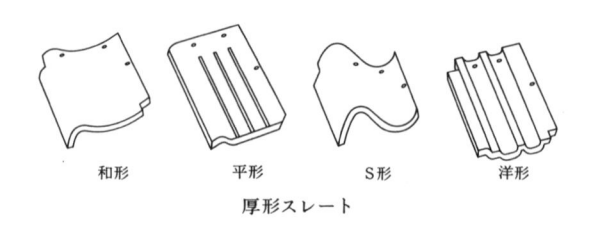

和形　平形　S形　洋形
厚形スレート

瓦の葺き方

（1）瓦割り　　瓦に半端が出ないように，瓦桟の位置を調整しておく．

（2）瓦葺き　　下葺の上，瓦を瓦桟に引っ掛けて，下から順に葺いてゆく．

（3）瓦の緊結

むね瓦・軒先の瓦・けらばから2枚通りの瓦はすべて，その他は登り3～5段ごとに，亜鉛釘・胴釘・銅線で瓦桟に緊結する．

（4）仕上げ　　軒先・むねの瓦の隙間には，モルタルか南蛮しっくい（しっくいに植物油を加えたもの）をつめる．

（5）勾配　　3.5/10～4/10程度である．

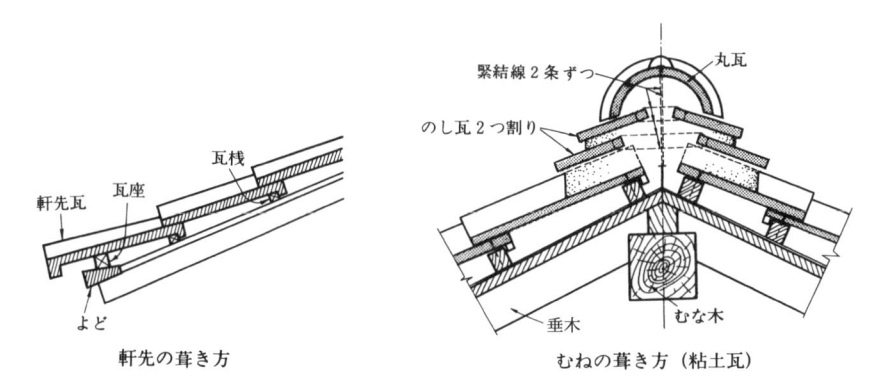

軒先の葺き方

むねの葺き方（粘土瓦）

2．住宅用屋根スレート葺

スレートは，モルタルに繊維質材料・顔料を加えプレス成形したものである．平形と波形（大形）がある．厚6mm程度と薄いので軽快な仕上げとなる．

（1）屋根勾配　　3/10程度．

屋根面が長い場合は，4/10～5/10とする．

（2）野地板

スレートを釘打ちするため，厚目の野地板（厚12mm以上の耐水合板）を用いる．

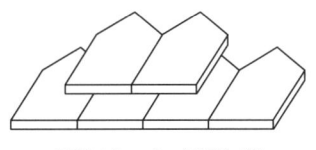

屋根スレート（平形）葺

（3）下葺

雨仕舞は悪く，多少の雨水の浸入は避けられないので，しっかり下葺する．

（4）葺き方

軽いので，風で吹き飛ばされないよう，1枚ごと野地板に専用釘打ちとする．

3. 金属板葺

（1） 工法　　平板葺と瓦棒葺がある．

平板葺……雨にも風にも弱い．屋根勾配は 3/10 程度．

瓦棒葺……雨仕舞・耐風ともにすぐれている．勾配 1/10～2/10．

（2） 葺き材

① 着色亜鉛鉄板　　亜鉛めっき鋼板に塗料を焼き付けたもの．最も普通である．厚は 0.4 mm が普通．定尺物 90×180 cm と長尺物がある．

② 亜鉛めっき鋼板　　防錆上，塗装する必要がある．

③ このほか，アルミ・塗装アルミ・ステンレス・銅もある．

平板葺

鉄板(大きさ 22×90 cm 程度)をはぜ掛けとし，吊り子(1 枚に 2 個以上)を野地板に釘打ちとする．

（1） 風下が負圧で吹き上げられるので，鉄板を小さく切って用いる．

はぜは，補強材でもある．

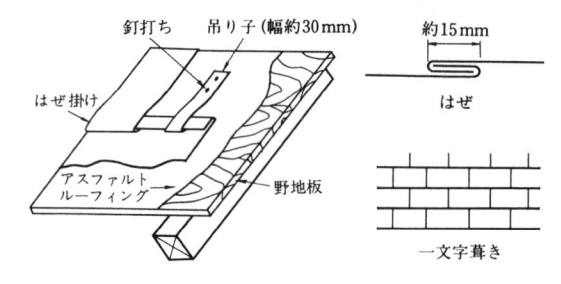

（2） 多少の雨水の浸入は避けられない．下葺が大切である．

心木あり瓦棒葺

木造下地にのみ用いる．取付順序は，つぎのとおりである．

① 野地板・下葺の上から，心木(瓦棒)を垂木に釘打ちする．

② 吊り子(幅 6 cm，間隔は 45 cm)を，心木の側面に釘 2 本で留付ける．

③ みぞ板(長尺)・吊り子・キャップをはぜ掛けにして，たたき締める．

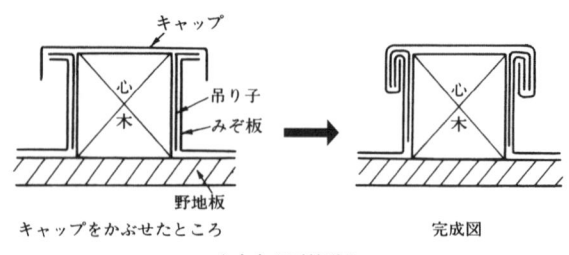

心木あり瓦棒葺き

心木なし瓦棒葺

通し吊り子(これが，この工法の骨格である)を下地に固定し，これにみぞ板とキャップをはぜに掛けて取付ける．

通し吊り子の取付け方は，つぎのとおりである．

(1) 木造下地の場合

野地板・下葺の上から，通し吊り子を，座金付き釘で垂木に打ち付ける．

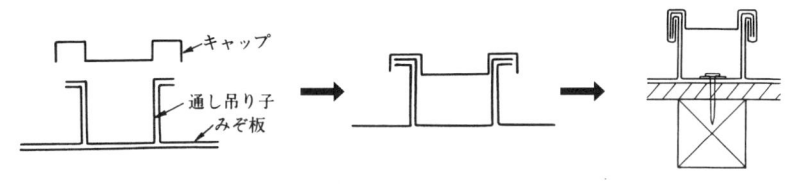

心木なし瓦棒葺き（木造下地）

(2) 鉄骨下地の場合

野地板(木毛セメント板など，そばジョイナー継ぎ)・下葺の上から，通し吊り子を鉄骨母屋にボルトで取付ける．

4. 波板葺(じか葺)

野地板を用いないで，波板(波形板)をじかに母屋にかけて葺く．小規模な倉庫・ガレージ・工場などに用いる簡易な屋根葺である．

(1) 波板の種類

① 波形鉄板　　大波(山高18mm)と小波(山高9mm)がある．

定尺物(90×180cm)と長尺物がある．着色亜鉛鉄板製が普通である．

② 波形合成樹脂板

不燃材料でないので屋根材として不適であるが，軽微な個所に用いる．採光性がよい．

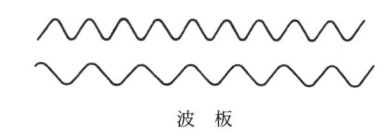

波板

(2) 屋根耐力

野地板を用いないので，波板は風・雪の荷重のほか，踏抜き(人間荷重)にも耐える強度を有すること．強風に負圧で飛ばされやすいので，留付けが大切である．

(3) 葺き方

① 母屋(60〜90cm間隔)の上で，15cm重ね，横は1〜2山重ねて継ぐ．

② 座金・パッキングを用い，留付け金物(木造母屋の場合は釘・スクリュー釘，鉄骨母屋の場合はボルト・フックボルト)で1枚当り2〜3箇所で留め付ける．

5．折板葺

強度・剛性が大きいので風・雪など大きな外力のかかる大規模屋根に用いうる．
雨仕舞はよい．勾配は 3/100 程度以上．

（1） 折　板

山の高さ 8～20 cm，ピッチ 20～50 cm，板厚は 0.6～1.6 mm である．
合ばは，重ね形（合ば 60 cm おきにボルト締めする）・はぜ形・はめ合い形がある．

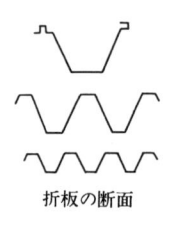

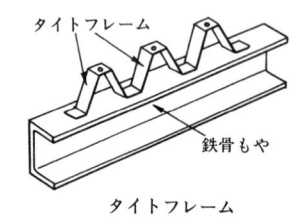

折板の断面　　　　　タイトフレーム

（2） 加　工　　折板は長尺物がある．
運搬できない長尺物は，成形機を用いて現場加工する．

（3） 葺き方
① まず，タイトフレームを鉄骨母屋に，溶接して取付ける．
② ついで，折板をタイトフレームにボルト止めする．

6．樋（とい）

（1） 材　料　　普通，硬質塩化ビニル製が用いられる．
① 硬質塩化ビニル製……樋・角ます・継手など既製品がある．接着剤で溶接する．
② 金属製……表面処理した鋼板・ステンレス・銅板など．防錆と電食に留意する．
（2） 木造住宅の軒樋・たて樋
① 軒　樋　　勾配は 1/100～1/200．
受け金物（約 1 m 間隔に垂木に取り付ける）に，鉄線・銅線でしばる．
② たて樋
径約 6 cm である．つかみ金物（約 2 m 間隔に設置）に取り付ける．

18章　建具工事

1．木製建具

（1）使用木材　　含水率15％以下の心去材を用いる．
重いドアの吊り元のかまちには，丁番のねじ材（堅木・ひのき）を用いる．
（2）合　板　　① フラッシュ戸の表板……厚4mm以上．
　　　　　　　② 腰板・鏡板…………厚5.5mm以上とする．
（3）ガラス厚　　ガラスが大きくなれば，厚は大きくなる．

ガラス厚の標準（ガラスの大きさが0.2m²程度の場合）(mm)

ガラス	フロート板ガラス	型板ガラス	網入板ガラス
引違い窓・戸	3	4	6・8
ドア	5	6	6・8

（4）製造・取付け

　　現場実測──→工作図──→製作──→現場搬入──→
　　　　　　現場取付け（建合わせ・吊込み・建付調整）──→検査──→引渡し

（5）建具の種類

標準品と特注品がある．木製建具の標準化・量産化が進んでいる．しかし，とくに和風建具は，材質・形状ともに多種多様で，その価格についても上等の特注品は，普及品の3～8倍もするほどである．

① フラッシュ戸　　骨組（框・桟・組子）の両面にベニアを張ったもの．
ドアと襖（化粧縁を付けて襖紙を張る）がある．

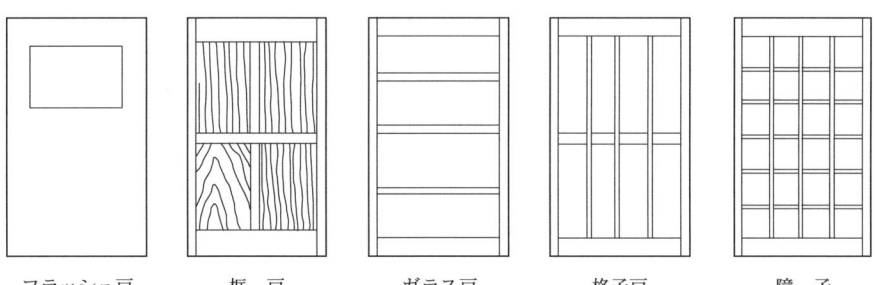

| フラッシュ戸 | 框戸 | ガラス戸 | 格子戸 | 障子 |

② 框(かまち)戸　　框・桟・鏡板よりなる板戸.
桟入り板戸(図示)と一枚板戸(桟木なし)がある.
③ ガラス戸　　腰付ガラス戸(腰板がある)・水腰ガラス戸(図示)がある.
④ 格子(こうし)戸　　ガラス入り格子戸・吹抜け格子戸がある.
⑤ 障　子　　かつては，腰付・たて繁・よこ繁・ガラス入(雪見)など複雑な形状のものがあったが，現在ではシンプルな荒組(図示)が多く用いられる.
⑥ 襖(ふすま)　　中骨に襖紙を張り，化粧縁を取付けたもの.
化粧縁は，素木(しらき)と塗縁(塗装したもの)がある．取り外しができる.

2. アルミサッシ・アルミドア

標準品(規格品ともいう)と注文品がある.
(1) 建具の製作
サッシバー等を主としてビス(かしめもある)を用いて組立ててつくる.
部材の断面形状は JIS 規格はなくメーカー独自のものである.
(2) 建具の寸法　　寸法は，枠の内法幅・内法高で表す.
ただし，沓摺のないドアの内法高さは，床仕上面からの寸法とする.
(3) 表面処理
防食のため，陽極酸化皮膜をする．普通は，その上に塗膜を加える.
(4) 工事現場防錆処理
① 電食を防ぐため，異種金属と接触させてはならない.
② アルカリ性材料(モルタル等)に接する個所は，耐アルカリ塗料を塗る.

建具の性能

性能区分は，下表のとおりである.

性能の区分(右のほうが高性能である)

性　能	区　　　　　　分						
耐風圧性	N	S1	S2	S3	S4	S5	S6	S7	U
気密性	N	A1		A2		A3		A4	U
水密性	N	W1	W2	W3	W4	W5	U
遮音性	N	T1	T2	T3	T4	U
断熱性	N	H1	H2	H3	H4	H5	U

(注)　N・U 以外は，JIS の定める性能である.
　　　N：性能を要求しないもの.
　　　U：JIS 規格以上の高性能のもの．主として超高層用.

（1） 耐風圧性(強さ；kgf/m²)
S1＝80　S2＝120　S3＝160　S4＝200
S5＝240　S6＝280　S7＝360

建物の高さと最大風圧

建物高さ(m)	最大風圧(kgf/m²)
10	3
30	4
200	6・8

の風圧のとき，最大たわみが内法高さの1/70以下で，かつ，残留変形が残らないこと．
① 建物高さによって耐風圧性を決定する．
② 住宅用はS2，ビル用はS4～S6が多く用いられる．
（2） 気密性　　強風(風圧)時の通気量を示す．
（3） 水密性　　強風時に漏水しないこと．
（4） 遮音性
遮音には，ガラスの厚みが非常に影響する．
T1＝25dB　T2＝30dB　T3＝35dB　T4＝40dBの遮音性能がある．

性能による建具の種類
（1） 普通建具
　　　　　普通サッシ……S1・A1・W1以上の性能のサッシ．
　　　　　普通ドア………S1以上の性能のドア．
（2） 防音サッシ・ドア……普通建具で，かつT1以上の性能のもの．
（3） 断熱サッシ・ドア……普通建具で，かつH1以上の性能のもの．
（4） 防火性能
① アルミサッシには防火の規定はない．
② アルミドアは，乙種防火戸(国交省の認定)はあるが，甲種防火戸はない．

建具の取付け
（1） 先付けは困難である(PC板の先付けはある)ので，後付けが普通である．
（2） 取付は，原則としてメーカーが行う．
（3） 取り付け
沓摺・皿板にモルタル充填──→仮止め──→取付け──→くさび除去──→モルタル充填
① あらかじめ沓摺・皿板などに，モルタルを充填する．
② 仮止め　　くさび飼いなどで，建具枠を構造体に仮止めする．
③ 取付け　　アンカー(建具の枠には，約50cm間隔に取り付けられている)を指し筋・鉄骨などに溶接する．
④ 仮止めくさびを除去して，枠まわりにモルタルを充填する．
アルミは塩分に弱いので，充填モルタルの塩分は0.02％以下とする．

3. スチールドア

スチールドアは，重いが，頑丈で防火性能がある．
(1) 形　状　　両面フラッシュ戸……心材(発泡材・ロックウール等)を用いる．
　　　　　　　片面フラッシュ戸……面板が片面のみである．
　　　　　　　框(かまち)戸…………框に鉄板・ガラス等をはめ込む．
(2) 性能区分　　アルミ建具と同じである．
(3) 防火戸

甲種防火戸……面板厚 0.5mm 以上の両面戸，または，厚 1.5mm 以上の片面戸
乙種防火戸……面板厚 0.8～1.5mm の片面戸，または網入ガラス戸．
(4) 取付け　　取付けは，原則としてメーカーが行う．
モルタル先行充填──仮止め──取付け──モルタル充填──養生──検査
① モルタル先行充填
下枠(沓摺・皿板)など，あとで充填できない個所に，あらかじめモルタルを充填する．
② 取付け
アンカーを差し筋・アンカー金物などに溶接する．
S造の場合は，溶接のほか，ビス止め・クリック止めもある．
③ 検　査　　枠・戸のねじれ・反り・はらみ・倒れの精度は，2mm 以下とする．

4. スチールシャッター

シャッターカーテン(スラット slat と下部の座板で構成)を，ガイドレールの中を上下させ，上部のシャフトに巻取る構造である．電動式・手動式その他がある．
(1) 重量シャッター
主として耐火構造に用いられる．
① 防火シャッター　　防火区画に用いる．
甲種防火シャッター……厚 1.5mm 以上のスラットを用いる．
乙種防火シャッター……厚 0.8～1.5mm のスラットを用いる．
② このほか，防煙シャッター(遮煙性能を要求される防火区画用)・耐風シャッター・遮音シャッター等がある．
その性能は，関係法規または特記による．
(2) 軽量シャッター　　木造建築の店舗・ガレージ等に用いる．
厚さ 0.5～1.0mm 程度の薄肉鉄板のスラットを用いる．

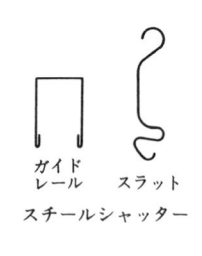

ガイドレール　スラット
スチールシャッター

5. 建具金物

開き戸・窓………丁番・フロアヒンジ・ドアクローザ・錠・戸当り・上げ落しなど．
引違い戸・窓……レール・戸車・引手金物・クレセントなど．

① 丁番 hinge　　ボールベアリング付のものもある．
　自由丁番(オートヒンジ)は，スプリングか油圧で自動的に閉まる丁番である．
② ピボットヒンジ・フロアヒンジ
　床付けで，軸吊り丁番である．普通丁番を取付けられないドアや，重いドアに用いる．床のおさまりに難点がある．

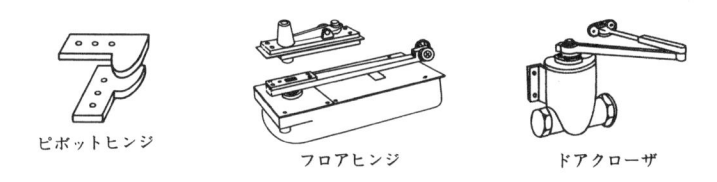

ピボットヒンジ　　フロアヒンジ　　ドアクローザ

③ ドアクローザ door closer　　ドアが，ゆるやかに開閉する．
　開閉の安全のため，ドアがあおられないため，必要である．
④ 箱　錠　　デッドボルト dead bolt によって施錠する．ラッチ latch bolt は握り玉またはレバーハンドによって動く．
⑤ シリンダー錠 cylinder lock　　かぎ部分がシリンダー状で，精巧である．
　握り玉にかぎ穴のあるものをモノロック monolock という．

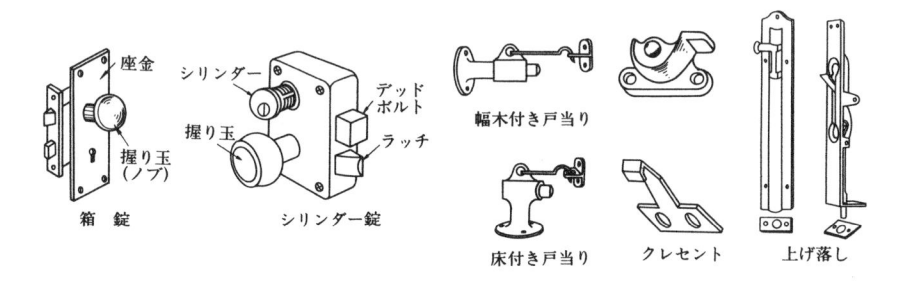

箱　錠　　シリンダー錠　　幅木付き戸当り　　床付き戸当り　　クレセント　　上げ落し

⑥ 戸当り　　床付き戸当りは，ドアの開閉によって破壊しやすい．
⑦ クレセント　　引違い戸・窓の戸締まりに用いる．
⑧ 上げ落し(フランス落し)　　開き戸・開閉窓の見込みか縦框に取付ける．

6. ガラス工事

ガラス

フロート板ガラス……最も普通のガラスである．
　　　① 厚さは 3～19mm．3，5，6，8mm が普通に用いられる．
　　　② 表面を荒めたものが，すり板ガラスである．
型板ガラス……表面に型模様がある．厚さ 2・4・6mm．
網入ガラス……金属網入りの板ガラス．厚さ 6.8mm と 10mm．
　　　① 防火ガラスである．火熱で割れてもガラスは飛散しない．
　　　② エッジクリアランスを 3mm 以上とし，緩衝材を設ける．
　　　③ 取付けの際，ガラス下部の切口の鋼材がさびないように水密加工する．
熱線吸収板ガラス……太陽光線を吸収する．
　　　室内が暑くならず，まぶしくない．ブルー・グレー・ブロンズ色がある．
合せガラス…………2 枚の板ガラスを有機物質で接着したもの．
　　　破損時に，破片が飛散しない．
強化ガラス…………ガラスの表面を，熱処理して強化したもの．
　　　強度があり，破損時に細片になる．
複層ガラス…………2 枚の板ガラスを 6～12mm 程度の間隔をあけ，周辺を金属・樹脂接着剤で密封したもの．断熱ガラスである．
　　　間げきには，結露しないよう乾燥した気体を入れる．

ガラスの取付け

（1）アルミサッシの場合

アルミサッシはビスで組立てられているので，サッシ部材を解体して，ガラスみぞにガラスを入れる．

ガスケット gasket（軟質塩化ビニル製）で押えるのが普通であるが，弾性シーリングで押さえる方法もある．

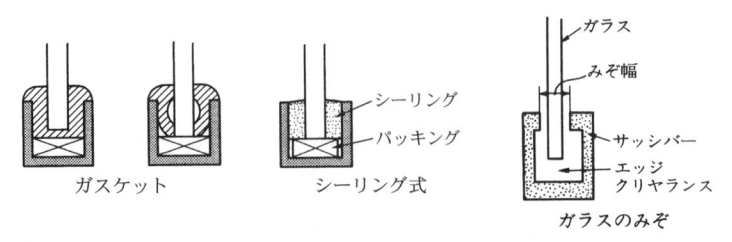

① ガラスみぞとの間に 2 mm 以上のクリアランスをとる．ガラスのかかりを十分（ガラス厚の 1.5 倍程度）とる．
② 大形のガラスは，衝撃に耐えるように，下部にクッション材を設けるなどして，ガラス周囲に弾力をもたせる．
③ ガラスは風圧に耐えなければならない．

サッシの耐風圧性の区分（風圧 kgf/m²）と板ガラスの許容面積（m²）

ガラス厚	S1(80)	S2(120)	S3(160)	S4(200)	S5(240)	S6(280)	S7(360)
3 mm	1.9	1.3	0.9	0.7	0.6	0.5	0.4
5 mm	2.2	2.2	2.0	1.6	1.4	1.2	0.9

（2） 木製建具の場合

押縁止めが普通である．外まわりはパテ止めもある．

① 押縁止め　敷きパテをし，ガラスを入れて押縁で押え，すき間にパテを詰める．

② パテ止め　敷きパテをしてガラスを入れ，三角釘で止め，パテをへらで引く．

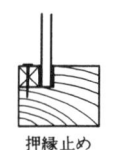

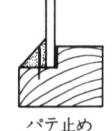

ガラス製品の取付け

（1） ガラスブロック

中空箱形のガラスで，内部の空気は結露しないように減圧・乾燥させてある．採光のために壁体に用いられる．

モルタルで積む．目地幅は 1 cm である．要所は 4～6φ の鉄筋で補強する．

（2） デッキガラス

地面からの地下室への採光，天井採光などに用いられる．角形と丸形があり，肉厚で丈夫である．RC 床スラブに直接打込んで取付ける．

19章　防水工事

　雨露をしのぐのが建築の目的であるので，雨仕舞は重要である．雨漏りは重大な瑕疵であるし，補修が困難である．
　防水の主力は，メンブレン防水 membrane（膜のこと）である．その他のステンレス防水・ケイ酸質系塗布防水・シーリングは，特殊な防水である．

1．メンブレン防水

メンブレン防水には，つぎの4つの防水工法がある．
　アスファルト系……① アスファルト防水　② 改質アスファルト防水
　　　　　　施工性は悪いが，強度・耐久性がある重厚な防水である．
　合成高分子系………③ 塗膜防水　④ シート防水
　　　　　　強度・耐久性はともかく，施工しやすい軽快な防水である．
（1）防水工法の評価　　強度・耐久性・施工性・経済性で決る．
（2）防水の水勾配　　完全防水であれば漏水はないので，屋根・床の勾配は0でもよい理屈であるが，排水の必要から適度の勾配（1/100以上）をとる．
（3）防水下地
① 下地コンクリートの平部は金ごて仕上げ，立上り部は打放しとする．出隅は面取りとする．入隅は，アスファルト防水では三角面取り，他の防水では直角とする．
② 下地は十分に乾燥させる．乾燥不十分では防水材の付着が悪く，剥離する．

防水の立上り・防水層の末端処理
（1）防水の立上り　　最も施工の困難な個所である．つぎの工法がある．

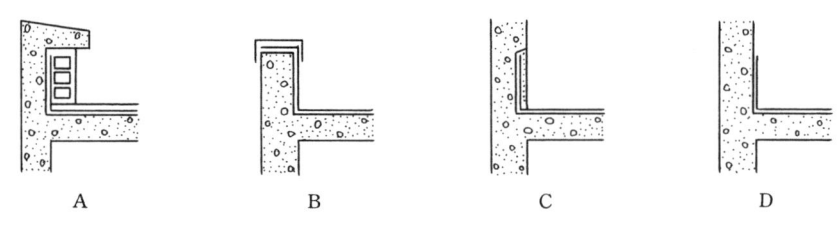

　　　A　　　　　B　　　　　C　　　　　D
防水の立上り部

（2） 防水層の末端処理
A……れんが・ブロック・平板等で防水層を押える．最も本格的な工法．
　　　防水層の末端は，押え金物で押えシール処理をする．
B……金属（またはコンクリートブロック）の笠木で押える．
　　　防水層の末端は，押え金物で押えシール処理をする．
C……壁を欠込んで水切りとする．軽い処理で廊下・室内などに用いる．
　　　防水層の末端は増張りしてシール処理し，その上をラスモルタル塗り等で押える．
D……塗膜防水のみに用いる．最も簡単な工法である．
　　　防水層の末端は，塗膜防水材の塗り放しである．または塗装仕上げをする．

防水層の保護・仕上げ
防水層の劣化・破損・伸縮を防止するため，防水層の保護・仕上げを行う．
　一般に，アスファルト系防水はコンクリートなど重厚な保護を，合成高分子系防水は塗装・露出など軽い仕上げをする．
（1） 現場打ちコンクリート
　溶接金物で補強して6～10cm厚の普通コン・軽量コンを防水層の上に打つ．このさいフェルト等を敷いて防水層と絶縁する．約3m間隔に伸縮目地を設ける．
（2） アスファルトコンクリート　　厚5cm以上のアスコンを，2層に分けて打ち振動固めし，ローラ等で転圧する．駐車場・運動場などに用いる．
（3） ブロック　　平板ブロック・断熱ブロックまたは足付きを防水層の上に置く．
（4） 砂利　　玉砂利を厚5cm程度に敷く．アスファルト系防水の非歩行屋根用．
（5） そのほか，モルタル・塗装・仕上げなし（露出防水）など多くの工法がある．

2．アスファルト防水

　下地——プライマー——→ アスファルト＋ルーフィング ——→保護

防水層
アスファルトとルーフィングが防水層を構成している．
（1） アスファルトは厚く塗ると変形するので，ルーフィングで補強をする．ルーフィングは防水材であり，補強材である．
（2） アスファルト＋ルーフィングの工程を1セットとして考え，この工程を2～4回施工する．この回数の多いほど防水層が厚くなり，上等である．
　JASS 8の標準工法（次頁）では，3回となっている．

標準工法

標準工法は，下表のとおりである．
しかし，仕様によっては工程の増減はありうる．

アスファルト防水(塗布量 kg/m²)（JASS 8）

工程	密着工法	密着(断熱)工法	絶縁工法	
1	プライマー (0.3)	プライマー (0.3)	プライマー (0.3)	プライマー (0.3)
2	ア (0.1) ア・ルーフ	ア (1.0) ア・ルーフ	砂付穴ルーフ	砂付穴ルーフ
3	ア (1.5) ス・ルーフ	ア (1.5) 断熱材	ア (1.5) ア・ルーフ	ア (1.5) ア・ルーフ
4	ア (1.0) ス・ルーフ	ア (1.2) ス・ルーフ	ア (1.0) ス・ルーフ	ア (1.0) ス・ルーフ
5	ア (1.0)	ア (1.0) ス・ルーフ	ア (1.0) ス・ルーフ	ア (1.2) 砂付ス・ルーフ
6	ア (1.0)	ア (1.2) 砂付ス・ルーフ	ア (1.0) ア (1.0)	
保護 仕上げ	現場コンクリート・ブロック等	露出 または塗装	砂利 アスコン	露出 または塗装

(注) ア：アスファルト　　　プライマー：アスファルトプライマー
　　 ア・ルーフ：アスファルトルーフィング
　　 砂付穴ルーフ：砂付穴あきアスファルトルーフィング
　　 ス・ルーフ：ストレッチルーフィング
　　 砂付ス・ルーフ：砂付ストレッチルーフィング

(1) 下地との密着

メンブレン防水は，すべて，原則として密着工法とする．
ただし，下地の変位によって防水層の破断のおそれがある場合は，絶縁工法とする．

(2) 絶縁工法

穴あきルーフィングの上からアスファルトを流して，下地に張り付ける．下地に点接合したことになる．
PC板・ALC板の継手個所は，絶縁工法とする．

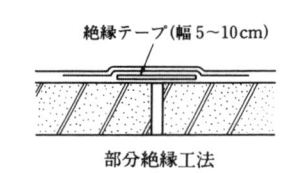

材　料

(1) アスファルトプライマー asphalt primer

アスファルトなどを溶剤で溶かしたものである．下地コンクリートとアスファルトとの付着をよくするために用いる．

（2） アスファルト asphalt
JIS K 2207 の防水工事用アスファルトの3種と4種を用いる．
　3種……温暖地用である．軟化点は，100℃以上．
　4種……耐寒性があり寒冷地用．軟化点は，95℃以上．
（3） アスファルトルーフィング
天然繊維の原紙にアスファルトを浸透・塗布し，さらに，鉱物細粉を付着させたもの．
（4） ストレッチルーフィング
合成繊維に上質のアスファルトを浸透させ，表裏にアスファルトを塗布，さらに鉱物質細砂を付着させたもの．丈夫で耐久性がある．
（5） 穴あきアスファルトルーフィング
全面に径2～3cmの穴のあいたアスファルトルーフィング．絶縁工法に用いる．
（6） 網状アスファルトルーフィング
綿・麻・合成繊維の粗布に，アスファルトを浸透させ，開目状態を残したもの．局部的な補強，増し張りに用いる．
（7） 砂付ストレッチルーフィング
ストレッチルーフィングの片面に砂を付着させたもの．露出防水に用いる．

工　法
（1） プライマー塗り
下地が十分乾燥してから清掃し，はけ・スプレーで塗る．
（2） アスファルトの溶融
軟化点に170℃を加えた温度以下に，加熱・溶融する．高温すぎると変質・引火する．
（3） ルーフィングの張付け
① ルーフィングを密着させて張付ける．原則として流し張りとする．
② 水勾配の下から上に向かって張る．
継目は10cm以上重ね．上下層の継目位置は乱に設ける．
（4） 増し張り
出隅・入隅，防水の立上がり部，ドレーン・パイプまわりなどは，ストレッチルーフィング・網状ルーフィングなどで増し張りをする．
増し張りは，原則としてルーフィングの張付け前に行う．
（5） 保護・仕上げ
現場コンクリート・アスコン・ブロック・モルタル砂利・塗装・露出がある．

屋根の断熱工法(参考)

断熱は主として冬期・寒冷地対策であるが，RC屋根の場合は，夏の暑さも耐えがたいので，夏期のための断熱もある．下図の断熱工法A・B・Cについて考える．

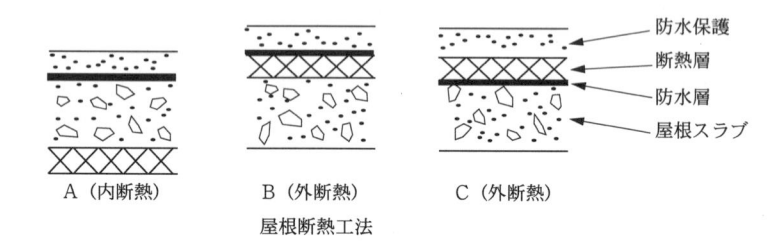

```
                            ←防水保護
                            ←断熱層
                            ←防水層
                            ←屋根スラブ

A（内断熱）   B（外断熱）   C（外断熱）
          屋根断熱工法
```

（1） A(内断熱)　最も普通に用いられる簡単な工法である．
① 工　法　天井面に断熱材を吹付けるか張付ける．
② 効　果　断熱効果は悪い．防水層・屋根スラブは外気温にさらされる．
（2） B(外断熱)　標準的な外断熱工法である．
① 工　法　屋根スラブ上に断熱材を接着し，その上に防水層を形成する．
② 断熱材　問題点は，断熱材の破損である．断熱材は硬質のもの(厚3〜5cm程度の硬質ウレタンフォーム保温材)を用いる．
（3） C(外断熱)　完全な外断熱である．断熱効果は最もよい．
① 工　法　屋根スラブを防水し，その上に断熱材をアスファルトで接着する．
② 問題点　断熱材の破損と吸水が問題である．吸水すれば断熱効果が低下し，凍結破損もある．強度のある吸水性の小さい断熱材を用いる．

3．改質アスファルトシート防水(トーチ工法)

改質アスファルトシート1枚または2枚を，トーチで加熱・接着する防水である．

プライマー塗布──→(断熱材)──→ シート張付け ──→保護

（1） 改質アスファルトシート JIS A 6013
略してシートと記す．改質アスファルトとポリエステル繊維などの不織布の心材とで成形したシートである．
（2） 適　用
やや簡易な工法である．屋根のほか，ひさし・地階・外壁・プール・貯水槽などに用いる．

シートの種類と厚さ (mm)	
非露出複層用	2.5以上
非露出単層用	3.5以上
露出　複層用	3.0以上
露出　単層用	4.0以上

工　法

防水工法には単層(シート1枚)・複層(シート2枚)・断熱複層の3種類がある.

改質アスファルトシート防水の種類・工程

工程	単層防水	複層防水	断熱複層防水
1	プライマー	プライマー	プライマー・断熱材
2	シート(露出単層用)	シート(非露出複層用)	粘着層付シート
3		シート(非露出複層用)	シート(露出単層用)
保護	露　出	保　護	露　出

(注)　複層で露出のときは,上層は露出複層用シートを用いる.

(1)　プライマー塗布　　はけなどで下地に均一に塗布する(塗布量 $0.3\,\mathrm{kg/m^2}$).

(2)　シートの張付け

①　トーチで下地とシートの裏面を均一にあぶり,アスファルトを溶融・密着させる.重ね目からアスファルトがはみ出すまで,十分に密着させる.

②　継目は,縦横とも 10 cm 以上重ねる.

複層の場合,上下層の接合部が重ならないようにする.

③　入隅・隅角;ドレーン・パイプまわりは,幅 20 cm 程度の増張り用シートを用い,あらかじめ増張りをする.

④　シートの立上がりの末端は,押え金物で固定し,シール材で処理する.

(3)　断熱工法

強度のある断熱材を接着剤で張り,その上に厚 2.0 mm 以上の粘着層付シート(非露出複層用シートの裏面に粘着層のついたもの)を張る.

(4)　保護　　アスファルト防水の場合とほとんど同じである.

4．シート防水

合成高分子ルーフィング(略してシート)1層を接着剤で張付ける防水である.
シートは弾力があるので,下地の挙動に追従しやすい.

プライマー($0.2\,\mathrm{kg/m^2}$) ⟶ 接着剤($0.5\,\mathrm{kg/m^2}$) ⟶ | シートの張付け | ⟶ 保護

(1)　シート JIS A 6008　　合成ゴム系シートと合成樹脂系シートの2種類がある.厚 1.2～2.0 mm 程度を用いる.

(2)　シートの張付け　　プライマーの乾燥後,接着剤を塗って,シートを張付け,ローラ転圧などして下地に密着させる.

① 継目を重ね合せ，勾配なりに張付ける．
② 立上がりなどのシートの末端は，押え金物で固定し，シールで処理する．
③ ドレーン・パイプまわり，出隅・入隅は，増張りをする．
④ ALC板の短辺接合部は，幅5cm程度の絶縁テープを用いて絶縁する．
（3）絶縁工法　シートを下地に固定金具で取付ける．
（4）断熱工法　下地に強度のある断熱材を接着張りする．
（5）保護　普通は露出であるが，合成ゴム系シートは塗装仕上げする．

5．塗膜防水

塗膜防水材 JIS A 6201 を塗って，防水塗膜をつくる工法．下表の3種類がある．

塗膜防水の種類

種　類	塗布量	塗回数	塗膜厚	適　用
ウレタンゴム防水	3.5kg/m²	2～3	3mm	屋根等
アクリルゴム防水	1.7kg/m²	1	1mm	外　壁
ゴムアスファルト防水	7.0kg/m²	2	4mm	地下外壁

（1）ウレタンゴム防水

屋根・バルコニー・開放廊下などに用いる．代表的な塗膜防水である．

（2）アクリルゴム防水

プライマー塗りの上，アクリルゴムエマルジョンに充填剤・着色剤などを加えた防水材 1.7kg/m² を1回塗る．外壁防水用．

（3）ゴムアスファルト防水

プライマー塗りし，ゴムアスファルトエマルジョンに凝固剤を加えた防水材 7.0kg/m² を2回に分けて塗る．地下外壁防水用．

ウレタンゴム防水

ウレタンゴム防水材(2成分型)3.5kg/m² を，2回塗りまたは3回塗りする．

（A工法）　補強布で塗膜を補強し，防水材を3回塗りする．

一般的工法で，屋根・ひさし・解放廊下・ベランダ等に用いられる．

　　プライマー(0.2)──→防水材(0.3)──→補強布──→防水材(1.5)──→防水材(1.7)

（B工法）　通気緩衝シートを接着剤で張ってから，防水材2回塗りとする．
屋根にのみ用いる．

　　接着剤(0.3)──→通気緩衝シート──→防水材(1.5)──→防水材(2.0)

（1） 防水材の塗布
① はけ・ゴムへら・吹付けで，気泡の生じないように，均一に塗る．
② 塗重ねの間隔は，夏5・春秋10・冬15時間以上，かつ，2～3日以内とする．
（2） 補強布　　ガラス繊維・合成繊維のシートを用いる．
補強布の役割は，アスファルト防水におけるアスファルトルーフィングと同じである．下地のひび割れによる塗膜の破断，立上がり部分の塗膜のたれ下がりを防止する．
（3） 通気緩衝シート
プラスチック発泡シート（厚2.5mm以上）・合成繊維不織布（1.0mm以上）を用いる．これによって，下地のひび割れを吸収し，通気性によって夏期のスラブより蒸発する水蒸気による塗膜の膨れを防ぐことができる．
（4） 保護・仕上げ
塗装，モルタル舗装（ウレタンゴム系舗装材を2～6m厚塗の上に，表面材を0.3～3mmに塗る）・ウレタン舗装のいずれかで仕上げる．

6．ケイ酸質系塗布防水

地下構造体・水槽・ピットなどに防水材（ケイ酸質粉末入りのモルタル）を塗布する．
　　　　　防水材（既調合品）＝セメント＋細骨材＋ケイ酸質微粉末
（1） 防水材の塗布
防水材と水（または，これにポリマーデスバージョンを加え）を混練し，はけ・こて・吹付け・ローラで，2回塗布する．塗厚は1mm程度．
（2） 防水効果
水分・湿度により防水材中のケイ酸イオンが溶出し，コンクリート中のカルシウムイオンと化学反応してケイ酸カルシウム水和物が生成する．これが毛細空げきを満たしコンクリートを水密にする．
水和物の生成は，コンクリート表面から深さ1mm程度で，生成には6か月を要する．
（3） 適　用
コンクリートがいかに水密であっても，打継ぎ・きれつから漏水するので，収縮きれつの発生しない構造物にのみ用い，かつ下地処理を行う．
（4） 下地処理　　打継ぎ部は，幅3cm，深さ3cmにVカットするか，目地棒を設置して目地をつくる．これに本防水材を塗る．
（5） 特　長
不完全防水であるが，無機質であるため耐久性がある．安価である．

7. ステンレスシート防水

ステンレスシート──→成形材──→吊り子留付け
　　　　　　　──→シーム溶接──→はぜ折り・キャップ──→保護

（1） ステンレスシート　　ステンレス鋼 SUS 304・SUS 316（耐食性が高い）のつや消し仕上げ，または塗装 SUS 304 を用いる．厚は 0.4 mm．
（2） 成形材　　成形機で加工してつくる．
ステンレス板（幅 91 または 100 cm）の 1/2 幅，強風地域では 1/3 幅を用いる．

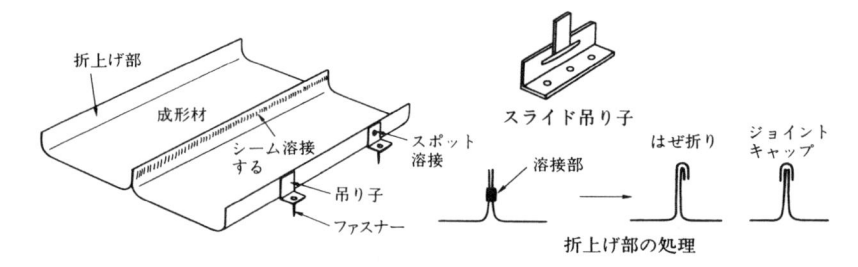

（3） 吊り子　　形成材を吊り子で下地に固定する．
① 吊り子　　ステンレス製である．間隔 60 cm 以内．
固定形とスライド形（温度伸縮に対応しうる）がある．
② 取付け　　ファスナーで下地に取付け，折上げ部にスポット溶接する．
（4） シーム溶接
自走式シーム溶接機（重い）を用い，電極で折上げ部の両側を加圧して連続溶接する．
（5） 溶接後，折上げ部をはぜ折りするか，キャップをかぶせる．
（6） 保　護
露出が普通であるが，歩行屋根などは表面保護する．
① コンクリート保護　　溶接金物を配筋し，コンクリートを打つ．
② ブロック保護　　砂利敷きの上に平板ブロック・断熱ブロックを置く．
③ 砂利保護　　砂利を厚 8 cm 程度に敷く．

8. シーリング

防水の目的で，部材接合部・目地にシーリング材を充てんする工法である．
① シーリング材は，弾力・耐久性があり，かつ下地に付着すること．
② 目地の形状・寸法が合理的なこと．

目　地

(1) ワーキングジョイント

ムーブメント（挙動）の大きい目地である．

① 温度変化・地震・振動などによる変位を予想して目地幅を決める．
② 2面接着とする．

目地底は，バックアップ材・ボンドブレーカー bond breaker で絶縁する．

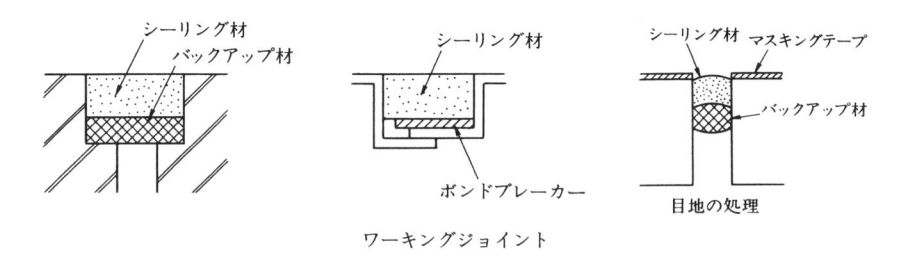

ワーキングジョイント

目地の処理

(2) ノンワーキングジョイント

ムーブメントのない，または非常に小さい目地．原則として，3面接着とする．

シーリング材 sealing compound JIS A 5758

主成分は，シリコン系・ポリウレタン系・ポリサルファイド系・アクリル系・プチルゴム系など種類は非常に多い．

(1) 硬化機構による区分　　2成分形のほうが上等である．
　1成分形……既調合材で，そのまま用いる．
　2成分形……基剤と硬化剤を使用前に混合・機械練りし，可使時間内に用いる．
(2) 流動性による区分
　ノンサグタイプ………………目地に充てんしたときスランプが生じない．
　セルフレベリングタイプ……目地に注入したとき表面が自然に水平になる．
(3) ほかに耐久性による区分，施工時期による区分（夏用・冬用・通年用）がある．

施工法

(1) 下　地　十分に乾燥させ，付着をさまたげる油分・さびなどを清掃する．
(2) シーリング材の充填

ガンで加圧しながら充てんし，へらで押える．

(3) 養　生

汚れを防ぐため，目地周辺にマスキングテープを張る．

20章　左官工事

　小舞壁・しっくい塗りなど手間のかかる工法は衰退し，代って薄い塗仕上げおよび既調合品が登場した．さらに，仕上げは湿式工法から乾式工法へと移行している．
　左官仕上げを，つぎのように大別することができる．

　　　　セメント系………モルタル塗り・ラスモルタル塗り・人造石・テラゾ塗り
　　　　室内・和風系……プラスター塗り・ドロプラ塗り・しっくい塗り・土壁塗り
　　　　薄い仕上げ………スタッコ塗り・リシン塗り・樹脂プラスター塗りなど
　　　　床仕上げ…………床モルタル塗り・セルフレベリング材塗りなど

（1）　結合材の硬化
　塗層は結合材の硬化によってつくられる．
　水と結合して硬化する水硬性(セメント・せっこうプラスター)と，空気によって硬化する気硬性(ドロマイトプラスター・消石灰・土壁材)がある．
　（2）　施工の要点
　①　強い耐久性のある塗層をつくり，平滑に仕上げること．
　②　剥離・ひび割れを生じないこと．
　剥離・ひび割れは，下地(軟弱・変形・きれつ)に起因するものと，塗層(下地処理・下地との相性・塗材料の収縮・施工)に起因するものとがある．

剥離防止
　①　弱い下地(ALC板など)に，強い塗材(モルタルなど)を塗らない．
　②　付着をよくするため，下地を清掃・水湿し・吸水調整材塗りなどをする．
　③　下塗りほど，のりのきいた強いものを塗る．剥離防止の原則である．
　上塗りに強いものを塗ると，剥離する．
　④　1回の塗厚は薄くして，塗り重ねる．どか塗りは剥離する．
　⑤　天井は落下の危険があるので，薄く仕上げる．天井の塗仕上げは，できれば避ける．

ひび割れ防止
　①　ひび割れの生じやすい個所(開口部の隅，下地材の継目など)を補強(ラスの増張り，布伏せ，下げお張り)する．
　②　ドロプラ塗り・しっくい塗りなどには，補強材としてすさを加える．
　③　収縮の大きい材は，塗面を乾燥させてひび割れを出し切ってから，つぎを塗る．

20章　左官工事

1. モルタル塗り

セメントモルタル(略してモルタル)を，コンクリート系下地に塗る．

(1) コンクリート系下地
コンクリート・PC材・ブロック・れんが・木毛セメント板・木片セメント板である．

(2) 調合
原則として，1：3とする．
ただし，コンクリート・PC部材の下塗りは，1：2.5とする．

調合(セメント：砂の容積比)

下地	下塗り	むら直し・中塗り	上塗り
コンクリート・PC部材	1：2.5	1：3	1：3
ブロック・木毛セメント板・木片セメント板	1：3	1：3	1：3

① 内壁の中・上塗りは，保水性・施工性をよくするため，セメントの10～30％程度の消石灰・ドロプラ・ポゾランを混入してもよい．

② 平たんすぎるコンクリート・PC材の下塗りには，接着力強化のため合成樹脂混和剤を入れる．

(3) 塗厚
壁は25mm以下，天井は12mm以下とする．

3回塗りの塗厚(mm)

施工個所	下塗り	むら直し	中塗り	上塗り
内壁	6	0～6	6	3
天井・ひさし	4.5	—	4.5	3
外壁	6	0～9	6	6

① 1回の塗厚は，6mmを標準とする．
② 軽量モルタルの総厚は，10mm以下とする．
③ つけ送りにより総厚が35mmをこえる場合は，溶接金物・アンカーピン・ネットなどを取付けてから，つけ送る．

(4) 3回塗工法(標準工法)
3回で約2.0mm厚に塗る．

下地調整(乾燥・清掃・水湿し)──→吸水調整材(またはセメントペースト)塗り
──→下塗り(むら直し)2週間以上乾燥──→中塗り 生乾き──→上塗り

① 吸水調整材塗り　吸込み止めが必要な場合は，吸水調整材(合成樹脂エマルジョン)を，薄く1～2回塗る．

平滑すぎる下地，吸水の大きい下地の場合は，吸水調整材のかわりにセメントペースト（混和用ポリマーを加える）を，こすり塗りする．

② むら直し　　下塗りに不陸のあるときのみ行う．下塗りに追っかけて塗る．

③ 上塗り　　つぎの種類がある．

　　金ごて仕上げ……仕上面，または塗装・クロス張りなどの下地．

　　木ごて仕上げ……吹付け仕上げの下地など．

　　はけ引き仕上げ…はけ目を入れる．

(5) 薄塗工法

下地が平坦な場合は，1～2回塗りで薄く仕上げることもできる．

① 2回塗工法

吸水調整材塗りの上，下塗り・上塗りで，15cm厚程度に仕上げる．

② 1回塗工法

吸水調整材塗りの上，上塗りで10cm厚程度に仕上げる．

2. 既調合モルタル(下地調整塗材)塗り

プラスター塗り・塗装・タイル張り・吹付け・クロス張りなどの下地をつくるため，既調合モルタル(下地調整塗材)を，コンクリート系下地(これはALC板にも用いうる)に1～10mm厚に薄塗りする．

　　下地調整　──→　吸水調整材塗り　──→　｜既調合モルタル塗り｜
　　乾燥・清掃・水湿し　　薄く1～2回塗り　　　1～2回(厚1～10mm)塗り

これによって，平坦な仕上げ下地をうることができる．

(1) 既調合モルタル

骨材を調整し無機質粉体・混和剤などを添加して，薄塗用に調合した工場製品である．つぎの種類がある．

① 仕上塗材用下地調整塗材 JIS A 6916

下地調整塗材(塗厚1～3mm)と下地調整厚塗材(塗厚3～10mm)がある．

② 既調合モルタル　　JIS製品ではないが，薄塗用の市販品がある．

(2) 塗工法

1～2回塗りである．2回目は，24時間後に塗る．つぎの工法がある．

① 下地調整塗材を1～3mm厚に塗る．

② 下地調整厚塗材を3～10mm厚に塗る．

③ 既調合モルタルを1～10mm厚に塗る．

3. ラスモルタル塗り

ラス・ラスシート下地に，モルタル(ラスモルタルという)を塗る．
木造の外壁，S造の壁・天井に多く用いられる．また，耐火被覆として用いられる．

(1) 調　合　　1：3である．
ただし，天井・外壁の下塗りは，1：2.5である．

(2) モルタル塗り　　3回塗りが普通である．

　　下塗り(むら直し) → 2週間以上乾燥 → 中塗り → 生乾き → 上塗り

① 下塗り(ラス付けという)は，ラスの厚さより1mm程度厚く塗る．
② 下地に凹凸のない場合，中塗りを省略して2回塗りもある．

(3) 塗　厚　　壁は20mm以下，天井・ひさしは12mm以下とする．

ラス下地
ラス metal lath は塗厚に応じた厚みのものを用い，下地に堅固に取付ける．

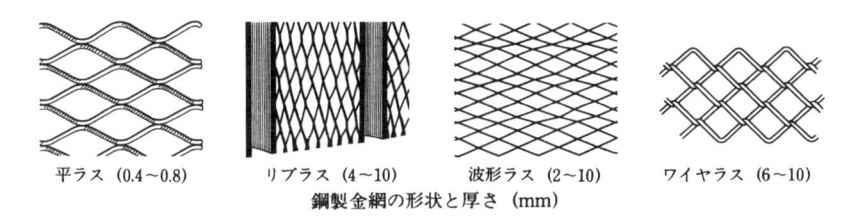

　　平ラス (0.4～0.8)　　リブラス (4～10)　　波形ラス (2～10)　　ワイヤラス (6～10)
　　　　　　　　　　鋼製金網の形状と厚さ (mm)

① 木造下地には防水紙(アスファルトフェルト・ルーフィング)を下張りする．
② 雨がかりに用いるラス・留付金物は，亜鉛めっきなど防食したものを用いる．
③ ラスの留付けには，ステープル・釘・タッカ針・力骨鉄線を用いる．
　　ラスの重ねは45cm以上とする．
④ 外壁および重要な部位に用いるラスは，700g/m² 以上の重さのものとする．

ラスシート下地
ラスシートは，角波形の亜鉛鉄板にメタルラス(平ラス)を溶接したものである．

　　　　　　　　　　　　　　　　　　　ラスシートの断面

(1) 厚さは4・7・15mmがある．防水紙を用いる必要はない．
(2) ラスシートの取付け
① 木造下地には，長さ28mm以上の釘と座金で取付ける．
② 鉄骨下地には，ビス締め(溶接は地震時の変形に追従できない)で取付ける．

4. 人造石塗り・テラゾ現場塗り

特長は，上塗りの骨材に種石(大理石などの砕石)を用いることである．
テラゾ塗りの方が高級で，種石の量が多く，粒が大である．塗厚も大きい．

　　上塗りの調合＝セメント＋種石＋着色剤＋水

人造石・テラゾ現場塗りの上塗りの調合・塗厚

	セメント：種石	種石の粒大 (mm)	塗厚 (mm)	使用個所
人造石塗り	1：1.5	1.7～5	7.5	床・壁
テラゾ現場塗り	1：3	2.5～15	15	床

(注)　セメントは，白色セメントか着色セメントを用いる．

人造石塗り

（1）　壁モルタル下地の場合　　モルタル中塗り面に，セメントペースト(水溶性樹脂を加え)，または厚3mm程度の富調合モルタルを塗った上に，上塗りをする．

（2）　床の場合　　コンクリート下地などに，セメントペーストをこすり塗りし，追っかけ1：3モルタルを15mm厚に塗った上に，上塗り(人造石塗り)をする．

（3）　仕上げ

　人造洗い出し………上塗り後，ブラシで2回以上表面をふきとり，水引き具合をみてポンプで水を吹付けて洗い出す．

　人造石とぎ出し……硬化程度をみて，荒とぎ・中とぎ・目つぶし・のろかけをし，最後に仕上げとぎを行う．

　擬石仕上げ…………やや厚く塗り，硬化後，びしゃん・小たたきなどで仕上げる．

テラゾ現場塗り

（1）　目　地　　約1.2m間隔に，足付き目地棒を，下地にすえつける．

（2）　下塗り　　セメントペースト塗りし，1：3モルタルを厚20mmに塗る．

（3）　上塗り　　硬練りをたたいて塗り込め，バイブレータ・ローラがけをする．

（4）　仕上げ　　上塗り後，手とぎ1日以上，機械とぎは7日以上おいてから，種石が均等に現れるまでとぐ．のろかけ・目つぶしを繰返し，最後につや出しを行う．

（5）　絶縁工法

① 下　地　　下地に砂(絶縁層)を厚5mmほど敷く．これにルーフィングなどを敷く．
② 下塗りは，1：4モルタル45mm厚を2回塗り，中間に金網を敷き込む．
③ 上塗り・仕上げは，普通に行う．

(実際には，テラゾブロックの敷込みの方が簡便であり，品質もよい．)

5. せっこうプラスター塗り

せっこうプラスター(略してプラスターという)塗りは，乾燥ひび割れが少ない．
　　　　調合＝プラスター＋砂＋(すさ)＋水
ひび割れが少ないので，すさを用いる必要はない．しかし，施工性のためプラスターの1％(重量)程度の白毛すさを用いてもよい．

（1）　下　地　　PC板・ALC・モルタルなど，ほとんどすべての下地に適応する．

（2）　プラスター
水硬性で，硬化は非常に早い．

① 混合プラスター(せっこうに消石灰・ドロマイトプラスターを混合したもの)を用いる．

壁塗りの調合(プラスター：砂)・塗厚

塗　層	調合	塗厚
下塗り	1：1.5	6mm
むら直し・中塗り	1：2	6mm
上塗り	1：0	1.5mm

② ただし，ラスボード下地の下塗りは，ボード用プラスターを用いる．

（3）　既調合プラスター　　現場で水を加えて用いる．
普通調合のプラスターのほか，ALC用・ラスボード用・塗装下地用などもある．

（4）　塗り方　　下地処理 ─→ 下塗り ─→ むら直し・中塗り ─→ 上塗り

① 下地処理　　付着力強化が必要なときは，吸水調整材を塗る．
② 下塗り・ラス付けは，モルタル塗りとしてもよい．
③ 乾燥は早い．下塗りから上塗りまで水引きをみて追っかけて塗ってよい．

（5）　薄塗り工法　　下地が平坦な場合には，
① 2回塗りで厚10mm以下に仕上げる．または，
② 1回塗りで厚5mm程度に仕上げる，こともできる．

（6）　養　生　　作業中・作業後1日程度は通気を避ける．その後，乾燥が必要で，通風を図る．

（7）　寒　中　　室温3℃以下のときは工事を中止するか，暖房して3℃以上とする．(ドロプラ・しっくいの場合も同様の処置である)．

せっこうラスボード下地

難燃・安価であるので，非常に多く用いられる．ラスボードは厚9mm以上を用いる．
① せっこうは金物を錆びさせるので，釘は防錆処理したものを用いる．
② ラスボードは付着力が弱いので，ボード用プラスター(付着力が強い)を塗る．
ラスボードには，直にドロプラ・しっくいを塗らない．

6. ドロマイトプラスター塗り

粘性・保水性があるので施工しやすい．しかし，ひび割れが発生しやすく，強度・付着力も弱いので，プラスターより品質が劣る．

(1) 下　地　　ラスボード下地以外は，ほとんどの下地に適応しうる．

(2) 調　合　　既調合品が多く用いられる．

　　　　　　　調合＝ドロマイトプラスター＋セメント＋砂＋すさ＋水

強度補強のためセメントを用い，ひび割れ防止のためすさを用いる．

① ドロマイトプラスター　　俗にドロプラという．

気硬性で空気中で徐々に硬化する．硬化の速度は遅い．塗り作業中は，通気が必要である．

② す　さ　　ドロプラの重量の 2.5％（下塗り）〜1.5％（上塗り）程度を用いる．

ドロプラ塗りの調合(軽詰の容積比)・塗厚

塗層	ドロプラ：セメント：砂	塗厚
下塗り	1：0.2：2	6mm
むら直し・中塗り	1：0.1：2	7.5mm
上塗り	1	1.5mm

(注)　天井の塗厚は，12mm 以下とする．

(3) 塗り方

下塗処理 ──→ 下塗り・むら直し　7日以上乾燥 ──→ 水湿し　中塗り
　　　　　　 ──→ 半乾燥　上塗り　金ごて仕上げ後，はけで水引き仕上げ

① 下地処理　　吸水止め・付着力強化の必要なときは，吸水調整材を塗る．とくに，ALC板(吸水が多い)・PC板(付着が悪い)は，下地処理が必要である．

② 下塗り　　ラス下地はモルタル塗り，ラスボード下地はプラスター塗りとする．

③ むら直し　　下塗りに不陸のあるときのみ，下塗りに追っかけて塗る．

(4) 養　生　　ドロプラは徐々に硬化するので，作業中は極力通風を図る．その後，適度の換気により徐々に乾燥させる．

7. しっくい塗り

消石灰とのり(水溶性樹脂・海草など)を主成分とする．

古い工法で，ねばりのある仕上げであるが，乾燥(下塗りを十分に乾燥させる)に日数がかかるので，使用量は減少した．

(1) 調 合　普通は既調合品が用いられる．
　　　しっくい＝消石灰＋のり＋すさ＋水
① 強度補強のためのりを用い，ひび割れ防止のためすさを用いる．
② のりとすさの使用量
それぞれ消石灰の重量の 2～4％ で，下塗りほど多く用いる．

しっくい壁の調合・塗厚(12mm の場合)

塗　層	消石灰：砂	塗　厚
下塗り	1：0.3	3.0mm
鹿の子ずり	1：0.2	1.5mm
中塗り	1：0.1	6.0mm
上塗り	1　—	1.5mm

(2) 壁の塗厚は，12・14mm である．
(3) 塗り方

　下塗り　10日以上乾燥 ⟶ 　鹿の子ずり・中塗り　 ⟶ 半乾燥　上塗り　

作業中は，極力通風を避け，塗り終れば適当な通風を与えて徐々に乾燥させる．

8．小舞壁

土壁である．小舞(こまい，竹を編んでつくる)の両面に，わら入り粘土を塗る．わが国古来の工法であるが，現在はほとんど行われない．
(わら入り粘土の日干しれんがで壁を積んだり，わら入り粘土で壁を塗るのは，世界で広く行われている．原始の建築材料は，粘土・木・石である)．
(1) 壁　土　小舞壁の主材料である．粘性のある砂混じりの粘土．
(2) わらすさ　土の補強材である．
下塗りから上塗りにつれて，だんだん細かい・短い・柔らかいものを用いる．
(3) 中塗り・上塗り
施工性と収縮防止のため，粘土とほぼ同量の砂を用いる．

小舞壁の調合・塗厚(総厚約 5cm)

塗　層	調　合	塗厚(mm)
下塗り	土・わらすさ・水	25～30
むら直し・中塗り	土・砂・わらすさ・水	それぞれ10
上塗り	色土・砂・(すさ)・つのまた・水	2.5

(4) 上塗り
① じゅらく・いなり土などの色土を用いた土壁仕上げとする．色形と感触に，独特の数寄屋の味がある(現在では，薄塗材の吹付仕上げによって，類似の味が出せる)．
② このほか，砂壁・しっくい仕上げもある．

9. 仕上塗り

薄い塗り仕上げである．下記のリシン・スタッコは，同様のものが吹付工事にもある．両者の区別はむずかしい．左官仕上げは，吹付仕上げの伸長につれて，減少した．

つぎに述べるもののほか，ローラ模様仕上げ・繊維壁仕上げ・軽量骨材塗り・骨材あらわし仕上げ，がある．

色モルタル仕上げ

　　　　色モルタル＝白色セメント1＋砂(寒水石など)3＋顔料・混和剤

色モルタルを，モルタル中塗面に，1～2回塗る．塗厚は約5mm．
または，コンクリート系下地に(吸水調整材を塗ってから)塗る．

リシン(かき落し粗面)仕上げ

（1）　リシン材　　現場調合と既調合品がある．砂粒の大小で仕上げの味が変る．

　　　　調合＝セメント＋砂(寒水石など)＋混和剤(ドロプラ・消石灰)＋着色剤

（2）　工　法　　コンクリート系下地またはモルタル中塗り面に，1回で厚6～10mmに塗り付ける．

3～5時間後に金ぐし・ブラシなどの金具でかき落して粗面に仕上げる．

セメントスタッコ仕上げ

外壁コンクリートに用いる重厚味のある仕上げである．

（1）　セメントスタッコ　　厚塗材C(218頁)を用いる．

（2）　工　法　　セメントスタッコを厚5～15mmに1～2回で塗り付け，生乾きのとき，こて・ローラ・工具でひき起し凹凸を出す．

さらに，約1時間後に，こて・ローラで凸部を押える仕上げもある．

樹脂プラスター塗り

コンクリート・PC板・ブロック・ALCパネル・モルタルなどに，樹脂プラスターを0.5～3mm程度に塗り，吹付け・塗装・張物などの下地とする．

塗膜が弱いので，溶液系など強い仕上材の下地とすることはできない．耐水性がないので，水のかからない壁・天井などに用いる．

（1）　樹脂プラスター　　合成樹脂エマルジョンに充填材(炭酸カルシウムなど)・細骨材等を加えたもの．既調合品．厚付け用と薄付け用がある．

（2）　工　法

下地を乾燥，必要な場合は吸水調整材を塗り，樹脂プラを2回塗る．

厚付け用を0.2～2mm厚に，24時間おいて薄付け用を0.5～1mm厚に塗る．

10. 床塗り

床モルタル塗り

(1) 塗り方　普通3回塗りで，厚2～3cmに仕上げる．
① 下塗り　下地を水湿しかシーラー塗りし，セメントペースト約2mm厚を塗る．
② 中塗り　追っかけモルタル約8mm厚を塗り，定規ずり・木ごてでむらをとる．
③ 上塗り　中塗り乾燥後，モルタル約15mm厚を塗り，金ごてで押える．
(2) ひび割れ防止　2m²程度の区画ごとに目地を設ける．
しかし，下地コンクリートの割れを防ぐことのほうが大切である．

床コンクリートじか仕上げ

コンクリート打設後，コンクリートの硬化前に，こてで仕上げる工法．剝離・摩耗・強度・ひび割れの点で，モルタル塗りよりはるかにすぐれている．
舗装，倉庫・車庫の床に用いる．または張物・敷物の下地とする．
(1) コンクリート　やや富調合で硬練りにすれば，きれいに丈夫に仕上がる．
(2) 工法　コンクリート打設後，角材でタンピングし，定規ずりをする．
その後，約2時間ごとに木ごて1回，金ごて2回程度で仕上げる．

セルフレベリング床仕上げ

SL材(セルフレベリング材)と水を混ぜた流動体を，厚2～20mm程度に床に流し込むと，流動して自然に水平な床面ができる．張物・敷物等の下地に用いる．
モルタル塗りに比較して，水平精度がよく施工が容易で安価である．
(1) SL材
せっこう・セメントに少量の砂・流動化剤等を混合したもの．せっこうは，酸性で鉄を錆びさせ，湿気に弱い欠点がある．
(2) 工法　下地を吸込み止め(シーラー2回塗り)し，SL材を流し込む．

アスファルトモルタル塗り

工場・倉庫・通路に用いる．弾性・耐湿・耐化学薬品性にすぐれるが，高温で軟化する．
(1) 下地を乾燥，プライマーを塗布する．
(2) 砕石・砂・石粉を加熱し，これに溶融したアスファルトを加え混合する．
これを130℃以上で敷均し，ホットローラと焼ごてで加圧して平らに仕上げる．

アスモルの調合(重量比%)

材料	軽量床	重量床
アスファルト	15	10～15
砕石	—	25～30
川砂	65	45～50
石粉	20	10～15
塗厚 (cm)	2～3	3～4

21章　吹付工事

吹付けは，仕上塗材(吹付材とはいわない)を，吹付けかローラで塗る仕上げである．

塗仕上げには左官・吹付け・塗装があるが，吹付けは，層厚・材質からみて左官と塗装の中間的存在である．施工面積は，吹付けが最も多い．

塗仕上げの塗厚(mm)と道具

左官	5 ～30	こて
吹付	1 ～10	吹付・ローラ
塗装	0.1～ 1	はけ・吹付・ローラ

1. 仕上塗材

仕上塗材の主材＝結合材(セメント・合成樹脂など)
　　　　　　　　＋骨材(砂など)＋充填材＋着色剤＋添加剤

このうち，結合材が主成分であって，これによって硬化し，塗膜を形成する．結合材の性質によって塗膜の強度・耐久性・施工性などが決る．

すべて既調合品である．これに水(S・RSは溶液系のうすめ液)を加えて用いる．

仕上塗材(JASS 23)

主結合材	薄塗材	複層塗材	厚塗材
セメント系		複層塗材料CE 可とう形複層塗材CE 防水形複層塗材CE	外装厚塗材C 内装厚塗材C
けい酸系		複層塗材Si	
合成樹脂 エマルジョン系	外装薄塗材E 内装薄塗材E 可とう形外装薄塗材E 防水形外装薄塗材E	複層塗材E 防水形複層塗材E 複層塗材RE	外装厚塗材E
合成樹脂溶液系	外装薄塗材S	複層塗材RS 防水形複層塗材RS	
塗　厚	1～3mm	1～5mm	4～10mm

(注)　1. 建築用仕上塗材 JIS A 6909 は，32種類の仕上塗材を定めている．
　　　2. 呼び名(呼称のこと)を記載した．たとえば，複層塗材Eの正式名称は，合成樹脂エマルジョン系複層仕上塗材である．
　　　3. 薄塗材には，別に内装薄塗材W(水溶性樹脂系)がある．

結合材による仕上塗材の種類

① C　　セメントに少量のドロプラ・消石灰を加えたものである．天然材に近く，耐久性があり，安価である．

② CE　　Cと似た性質であるが，耐水・耐アルカリなどが改善されている．

③ Si　　主結合材は，シリカゾル・水溶性シリケートである．無機質である．耐候性・付着性はよい．防水性に劣り，ひび割れに追従できない．

④ E　　施工性・耐候性・付着性がよい．比較的安価であるので最も多く用いられる．

⑤ RE　　反応硬化形（2液系）である．Eより品質よく塗膜は丈夫である．

⑥ S　　耐候性・防水性・耐久性にすぐれている．

⑦ RS　　性能抜群であるが，塗膜が強いので下地も強くなければならない．

仕上塗材の略記号

C	セメント系
CE	ポリマーセメント系
Si	けい酸質系
E	合成樹脂エマルジョン系
RE	合成樹脂エマルジョン系（反応硬化形）
S	合成樹脂溶液系
RS	合成樹脂溶液系（反応硬化形）

左官↑結合材↓	薄	複層	厚
		CE・Si	C
	E	E・RE	E
	S	RS	
塗装	←　厚さ　→		左官

仕上材の対比

吹付けの性質 (参考)

左官は，主として天然の無機材料を厚く塗る．塗装は，主として人工の有機材料を薄く塗る．このことから両者には，多くの性質の相違が生じてくる．

この両者を両極として，吹付けはその中間に位置し，塗厚・使用材料（主として結合材）・性質からみて左官に近いものと塗装に近いものとに分散する．

（1）材料・性質

品質・価格はC＜CE＜Si＜E＜RE＜S＜RSである．

① C・Siは左官に近く，耐久性はあるが，塗膜が硬くひび割れしやすい．

② Sは塗装に近く，塗膜が密実で強くねばりもある．

③ Eは，CとSの中間にあり，吹付仕上げの中心的・代表的な存在である．

（2）塗　厚　　厚塗は左官に近く，薄塗は塗装に近い．

（3）連続性

左官工事にもリシン・スタッコ仕上げなどがある．近頃，塗装工事に薄塗材・複層塗仕上げの一部がある．

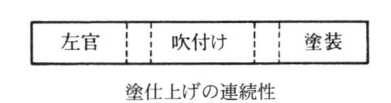

左官	吹付け	塗装

塗仕上げの連続性

すなわち，左官・吹付け・塗装の3者は連続したもので，境界でラップしている．

2. 下 地

吹付(仕上塗材)仕上げの下地は，つぎの条件を満足していなければならない．

① 不陸・目違いがない．　　　　② ごみ・油などが付着していない．
③ 仕上塗材以上の強度と剛性を有する．　④ ひび割れ・破損・浮きなどがない．
⑤ 乾燥している．　　　　　　　⑥ 金物は防錆処理をする．

下地に対する適応

仕上げ塗材に適応する下地（JASS 23）

仕上塗材仕上げ		コンクリート・PC板	モルタル	ALCパネル	コンクリートブロック	けい酸カルシウム板	せっこうボード	押出し成形セメント板・ガラス繊維ネットセメント板
薄塗材	E	◎	◎	◎	○	○	◎	◎
	S・可とう性E・防水形E	◎	◎	◎	×	×	◎	◎
	（水溶性樹脂系）W	○	○	×	○	○	○	○
複層塗材	CE・可とう形CE	◎	◎	◎	×	×	◎	◎
	Si・E	◎	◎	◎	×	×	◎	◎
	RE・RS	◎	×	◎	×	×	◎	◎
	防水形CE・E・RS	◎	◎	◎	×	×	×	◎
厚塗材	C	◎	×	×	◎	×	×	×
	E	◎	◎	◎	×	×	◎	◎

（注）◎は内外装に適応，○は内装にのみ適応，×は不可．

下地調整

下地調整は，清掃，不陸直し，吸込み止め，下地の乾燥，金物の防錆などである．

（1）ALCパネル

表面強度が弱く吸水が大きい．外壁は，合成樹脂エマルジョンシーラーを塗って吸込み止めしたうえ，セメント系下地調整材・ペースト等で地付けする．

（2）けい酸カルシウム板

主として鉄骨造の耐火被覆に用いられる．表面がもろく，吸込みが非常に大きい．吸込み止めと表面強化のため，合成樹脂エマルジョンシーラーを浸透させる．

（3）せっこうボード

継目の目違い・すき間・釘穴などを，合成樹脂エマルジョンパテなどで処理する．

下地調整材

これらを用いて，吹付けのための平坦な下地をつくる．

（1） 仕上塗材用下地調整塗材　コンクリート系（ALC 板を含む）下地に，JIS の下地調整材（塗厚 1～3 mm）・下地調整厚塗材（3～10 mm），または，既製品の既調合モルタル（厚 1～10 mm）を塗る（210 頁）．

（2） 合成樹脂パテ　きれつの補修・穴埋めなどに用いる．

（3） 合成樹脂シーラー seeler　下地にエマルジョン系（上質の溶液系もある）を塗って，下地の吸込み止めをし，付着力を高める．

ただし，下塗り（同じ目的で，同じ材料を用いる）を行う場合は，省略する．

3. 吹付工法

（1） 塗　り　吹付工事において塗りとは，吹付けおよびローラ塗りのことである．吹付けは，ガンノズルを塗面に直角に保って行う．

（2） 火　気　溶剤形塗材は，可燃・有毒である．火気・換気に留意する．

（3） 養　生　シート掛けなどで，雨・風・直射日光・汚染などを防ぐ．

寒冷期 5℃ 以下のときは，作業を中止する．

塗り方

下塗り──→ 主材塗り ──→表面仕上げ──→上塗り

主材塗りが不可欠の基本工程で，これによって塗膜が形成され塗厚・性質が決定する．薄塗材塗りの場合は，上塗りを行わない．

① 下塗り

吸込み止め・付着性向上のため，普通は合成樹脂エマルジョンシーラーを塗る．

これは下地調整，または左官工事の下地処理に相当するものである．

② 主材塗り

主材（仕上塗材のこと）を，1～2 回吹付けてからローラがけする．塗厚の厚いとき，または，凹凸状仕上げのときは，基層塗り・模様塗りの 2 回塗りとする．

仕上塗材は，水（S・RS は専用うすめ液）を加え，ミキサーで混合して用いる．

③ 表面仕上げ

厚塗材・複層塗材仕上げなどでは，ローラなどでゆず肌状・凹凸状仕上げとする．

④ 上塗り　汚染防止・耐久性・美観などの目的で，上塗材（合成樹脂のエマルジョンか溶液）を，厚 1 mm 強に塗る．

4. 薄付け仕上塗材(薄塗材)仕上げ

薄塗材を1～2回塗って，厚1～3mmに，じゅらく・砂壁などに仕上げる．俗にリシンという．つぎの仕上げがある．代表的なものはEである．

薄塗材E仕上げ
下地への適応が広い，施工性がよく安価であるので，内外装に非常に多く用いられる．
（1） 薄塗材E　結合材は合成樹脂エマルジョンである．
これに骨材・充填材・着色材・添加剤を加えたものである．
（2） 仕上げの種類　使用骨材によって，つぎの仕上げがある．
　　　　砂壁状(外装用)……………骨材に，寒水石・砂・けい砂など．
　　　　着色骨材砂壁状(外装用)……色砂・陶磁器砕粉など．
　　　　じゅらく砂壁状(内装用)……パーライト・ひる石・軽石などを用いる．
（3） 下　地　けい酸カルシウム板・せっこうボードにも用いる．

可とう形薄塗材E仕上げ
（1） 塗膜に弾性があり，下地の小さなひび割れに追従しうるので，防水効果がある．
（2） 塗　材　結合材にアクリルゴムなど弾性のあるものを用い，骨材には，寒水砂・けい砂などのほか，ソフトなプラスチックチップ・ゴムチップなどを用いる．

防水形外装薄塗材E仕上げ
下地の小さなひび割れに追従しうるので，簡易な防水性を有する．
（1） 塗　材　結合材にゴム状弾性を有するアクリルゴムなどを用いる．
（2） この仕上げは，防水形複層塗材E仕上げと比較して，
① 結合材はほぼ同じ，② 主材塗厚がやや薄い，③ 上塗りがない．

外装薄塗材S仕上げ
（1） 薄塗材S　結合材に，合成ゴム・ポリエステルなどの溶液を用いる．
（2） 特　性　溶液形であるので，塗膜は強く耐水性もよい．また耐寒性もあるので，冬期・寒冷地の施工に適している．E材よりは高価である．

内装薄塗材W仕上げ
じゅらく・京壁など数寄屋の味を出す仕上げで，木造住宅などに用いられる．
水溶性であるので外装に用いることはできない．
（1） 薄塗材W　水溶性樹脂系である．成分は多種である．
　　　成分＝結合材(水溶性樹脂など)＋骨材(寒水砂・けい砂・色砂など)
　　　　＋繊維材料(パルプ・綿など)＋充填材(色土など)・着色剤・添加剤

（2） 塗り方　薄塗材Wに添加材と水を加えて混練りし，1〜2回塗りとする．

工　法

　　　下塗り　(吸込み止め・付着力向上) ⟶ 主材塗り　(塗膜の形成)

（1）下塗り　　下地に合成樹脂エマルジョンシーラーを塗る．
（2）主材塗り　薄塗材を吹付けかローラ塗りで，ふつうは2回で仕上げる．

薄塗材仕上げ（かっこ内は所要量 kg/m²）

薄塗材		下塗り	主材塗り
薄塗材E	外装（砂壁状）	——	2回（1.0〜2.0）
	外装（着色骨材砂壁状）	——	2回（1.5〜3.0）
	内装（砂壁状でじゅらく）	1回（0.1〜0.25）	2回（0.6〜1.2）
可とう形外装薄塗材E		1回（0.15〜0.25）	2回（1.2〜1.8）
防水形外装薄塗材E		1回（0.1〜0.3）	2・3回（1.0〜2.7）
外装薄塗材S		1回（0.1〜0.2）	1回（1.0〜1.5）

5．厚付け仕上塗材（厚塗材）仕上げ

主材2回塗りで，C仕上げが5〜10mm，E仕上げは4〜6mm厚に塗る．
俗にスタッコ stucco と呼ばれ，重厚な凹凸模様をつくる．
（1）塗材　　CとYがある．
① 厚塗材C　　ひび割れがあるが，耐久性があり，安価である．
　　　　　　成分＝セメント＋骨材（寒水石等）＋混和材（ドロプラ・消石灰）・着色剤
② 外装厚塗材E　　ひび割れが少なく，作業性・着付性もよい．
（2）工法

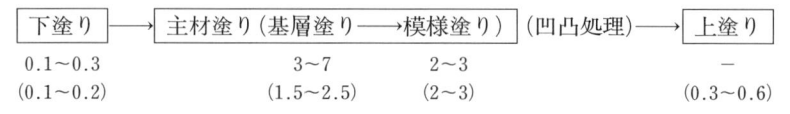

　　　下塗り ⟶ 主材塗り（基層塗り ⟶ 模様塗り）（凹凸処理） ⟶ 上塗り
　　　0.1〜0.3　　　　3〜7　　　　　2〜3　　　　　　　　　　　　—
　　　(0.1〜0.2)　　　(1.5〜2.5)　　(2〜3)　　　　　　　　　　(0.3〜0.6)

　　（注）数値は，上段はC，下段（　）はEの場合の所用量(kg/m²)．

① 下塗り　　合成樹脂エマルジョンシーラーを塗る．
② 主材塗り　厚塗材を吹付けかローラ塗りする．
凸部処理を行う場合は，模様塗り後30分以内に，こて・ローラで押える．
③ 上塗り　　外壁は耐久性・汚染防止のため，上塗材を2回塗りする．

6. 複層仕上塗材(複層塗材)仕上げ

外装用で，複層塗材を塗って厚2～5mm程度にゆず肌・凹凸状に仕上げる．
下塗り・主材塗り・上塗りの3層で仕上げる．
(1) 主材塗り　ゆず肌仕上げと凹凸仕上げがある．
凹凸仕上げは，主材塗りが基層塗りと模様塗りの2層となり，塗厚もやや厚い．
(2) 上塗り
上塗りのあるのが，この仕上げの特長である．上塗りは，汚染防止・つや出しなどのほか，塗膜を保護する目的がある．
主材塗り塗膜が構造体を保護し，その塗膜を上塗りが保護する形である．

複層塗材

塗材は6種類あり，複層塗状仕上げも6種類ある．
品質は，一長一短であるが，下段のものほど上等である．Eが代表的である．
CE　……………セメントを結合材としているので，弾性・付着性にやや欠け，ひび割れが出るが，最も安価である．
反応形CE　……CEの改良形．塗膜に弾性があり，小さなひび割れに対応しうる．
Si　……………CEとEの中間的性質である．
E　………………合成樹脂エマルジョンを結合材としている．付着性がよく，取扱いが容易で施工性もよく，複層塗材では最も多く用いられる．
RE　……………エポキシ樹脂など反応硬化形の結合材を用いた2液形である．水でうすめることができる．耐久性がある．
RS　……………結合材は2液形の合成樹脂溶液．性能は抜群であるが，高価である．

複層塗材E仕上げ

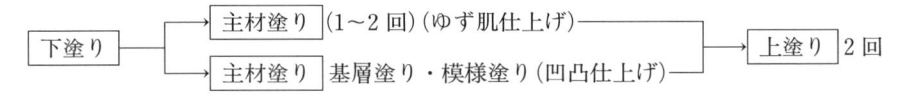

```
                  ┌→ 主材塗り (1～2回)(ゆず肌仕上げ) ────┐
下塗り ─┤                                                 ├→ 上塗り  2回
                  └→ 主材塗り  基層塗り・模様塗り(凹凸仕上げ) ─┘
```

(1) 下塗り　合成樹脂エマルジョンシーラーを塗る．
(2) 主材塗り　① ゆず肌状仕上げのときは，ローラ塗り1～2回とする．
　　　　　　　② 凹凸状仕上げのときは，基層塗りの上に模様塗りする．
(3) 上塗り
汚染防止・耐久性向上などの目的で，上塗材を2回塗る．
上塗材は，エマルジョン系または溶液系の合成樹脂である．

複層塗材Eの凹凸状仕上げ

工程	下塗り	基層塗り	模様塗り	上塗り
所要量(kg/m²)	0.1〜0.3	0.7〜1.2	0.8〜1.3	0.25〜0.35
塗回数	1	1	1	2
間隔時間(以上)	3	16	24	(5)

7. 防水形複層塗材仕上げ

下地のひび割れに追従しうるよう,弾性・伸長性のある塗膜をつくる.
(1) 仕上げの種類　CE・E・ESがある.
品質はCE＜E＜RSである.Eが代表的で,最も多く用いられる.
(2) 仕上げの特長(複層仕上げとの相違点)
① 弾性のある塗材を用いる.
② 増塗りをする.
③ 主材塗りは,基層塗りと模様塗りとし,基層塗りは(複層塗材仕上げの基層塗りの1.5倍程度に),厚く塗る.

防水形複層材E仕上げ

(1) 塗材
下塗材……合成樹脂エマルジョン,または,溶液.吸込み止め・付着性向上が目的.
主材………アクリルゴムなどの合成樹脂のエマルジョンの結合材に,細骨材・充填材・増粘剤を加えたもの.弾性のある塗膜を形成する.
上塗材……アクリル等のエマルジョンか溶液で,主材に対して追従性のあるものを用いる.耐久性・汚れ防止・つや出しなどが目的である.
(2) 工法

　下塗り ─→ 増塗り ─→ 主材塗り 基層塗り・模様塗り ─→ 上塗り

防水形複層塗材E仕上げ

	下塗り	増塗り	基層塗り	模様塗り	上塗り
所要量(kg/m²)	0.1〜0.3	0.6〜1.2	1.7	0.7〜1.3	0.25〜0.35
塗回数	1	1	2	1	2
間隔時間	3以上	3以上	16以上	24以上	5以上

① 防水形塗膜は水分・湿気を通しにくいので,下地の乾燥は十分に行う.
② 出入隅・目地・開口部まわりを,はけ,ローラで増塗りする.

防水形複層塗材 CE 仕上げ

この仕上げは，下地に生ずるひび割れに，ある程度追従することができる．
（1） 塗　材　　主材は，セメントと弾性のあるポリマーデスパージョンを用いる．
（2） 工　法　　防水形複層塗材 E 仕上げとほとんど同じである．

防水形複層塗材 RS 仕上げ

この仕上げは，弾性・防水性がとくに大である．
（1） 塗　材　　高性能，高品質のものを用いる．
　　　　　下塗材……耐水性・耐アルカリ性のよい溶液形か 2 液形を用いる．
　　　　　主　材……ポリウレタン樹脂などの 2 液形を用いる．伸長性が大である．
　　　　　上塗材……ポリウレタン樹脂系の 2 液形などを用いる．
（2） 工　法　　防水形複層塗材 E 仕上げとほとんど同じである．

8. ロックウール吹付材仕上げ

専用の吹付機で，吹付材と噴霧水を同時に内壁・天井に吹付ける．
性能(耐火・断熱・吸音)・強度のため，所定の塗厚が必要である．
（1） 吹付材
　　　　　調合（重量比）＝セメント 15～40：ロックウール 60～85
（2） 工　法
① 下地調整　　下地を水湿しする，または，合成樹脂エマルジョンシーラーを塗る．
② 吹付け　　1 回で，10～30 mm 厚に吹付ける．
所定の塗厚を得るよう確認しながら吹付ける．

9. 軽量骨材仕上塗材仕上げ

吸音・断熱・防露の目的で，軽量骨材仕上塗材(軽量塗材)を天井に吹付ける．塗面が弱いので壁に用いるのは問題である．
（1） 塗　材
　　　　　調合＝結合材＋軽量骨材（パーライトなど）＋着色剤・混和材
結合材は，セメント系(セメント・ドロプラなど)と有機系(水溶性かエマルジョンの合成樹脂)がある．結合材により下地への適応・接着力が異なる．
（1） 工　法
① 下地調製　　下地に合成樹脂エマルジョンシーラーを塗る．
② 軽量塗材に水を加えて練り，1 回で厚 3(2～5) mm 程度に吹付ける．

22章　塗装工事

　塗装の目的は，塗膜を形成して，腐食・老朽などから物体を保護し，かつ美化することである．したがって，強い，長持ちする，美しい塗膜をつくらなければならない．

塗装の性能と素地への適応性（順位は，◎○△×）

塗装の種類	性能						素地				上塗乾燥時間
	強さ	耐水性	耐酸性	耐アルカリ性	耐候性	経済性	木部	鉄部	亜鉛鉄板	モルタル・コンクリート	
合成樹脂調合ペイント	○	○	△	×	○	◎	◎	◎	○	—	20
EP　　（内部用）	○	△	×	○	×	◎	○	—	—	◎	2
ウレタンワニス　1液形	○	○	○	○	△	○	◎	—	—	—	16
ウレタンワニス　2液形	◎	◎	◎	◎	○	△	◎	—	—	—	16
クリヤラッカー	○	△	△	△	△	×	◎	—	—	—	1
ビニルエナメル	○	○	○	○	○	△	◎	—	—	◎	2

溶液形（1液形）塗料

$$\text{塗料} = \boxed{\text{塗膜成分}}\text{（主成分＋顔料）} + \boxed{\text{蒸発成分}}\text{（水・溶剤）}$$

　塗料に含まれている水・溶剤の蒸発によって，塗膜は乾燥・硬化する．蒸発によって，塗膜はやせて薄くなる．したがって，蒸発成分の多い塗料は，肉持ちが悪い．
　蒸発のあと，主成分と顔料が実質塗膜を形成する．
（1）　主成分　　これにより塗料の性質・品質が決る．
現在，90％以上が高分子材（合成樹脂・ゴム系）である．
（2）　顔　料　　着色のための不溶解性粉末である．
①　顔料を用いた塗料（調合ペイント・エナメル）は，不透明塗膜を形成する．
②　顔料を用いない塗料（ワニス・ラッカー）は透明塗膜を形成する．
（3）　塗料原液　　主成分・顔料を水・溶剤で溶かしたものである．
水で溶かした塗料をエマルジョン型塗料，溶剤で溶かした塗料を溶剤型塗料という．
（4）　うすめ液　　施工性向上のため，塗る前に，原液をうすめ液でうすめてよい．
エマルジョン形塗料は水で，溶剤形塗料は溶剤（シンナー thinner）でうすめる．

反応硬化形(2液形)塗料

主剤と硬化剤の2液を現場で混合して用いる．2液の化学反応で硬化する．
2液形は，強さ・耐候性・耐水性などにすぐれ，1液形よりはるかに上等である．
（1） 2液の混合は，メーカーの指定する割合に機械で行う．
（2） 2液混合してから，熟成時間(20〜30分)をおいて，可使時間内に用いる．
可使時間は，硬化が始まるまでの時間で，夏は短く冬は長く，4〜10時間である．

1. 素地調整

良好な塗装には，良好な素地が不可欠である．大切な工程である．
左官工事，吹付工事では下地というが，塗装工事では素地という．塗装で下地は塗面をさす．たとえば，上塗りの下地は，中塗りの塗面である．

（1） 木　部
木材の乾燥が最も大切で，気乾状態(含水率15％)が望ましい．
① 清　掃　　汚れ・付着物・油を除去する．油は揮発油でふき取る．
② 節止め・やに止め　　浸出したやにを小刀で削り取る．
③ 節まわり，松の赤身などは，やにが出やすいのでセラックワニスを1〜2回塗る．
④ ペーパーがけをして平らにする．

（2） コンクリート等
① 十分に乾燥させ，汚れ・付着物を除去する．
② 合成樹脂パテ等を用いて気泡・目違い・不陸を直し，平たんにする．必要に応じてペーパーがけをする．
③ 合成樹脂ワニスを塗って，吸込み止めをする．

（3） 鉄　部
① 清　掃　　汚れ・付着物をワイヤブラシ・スクレーパ等で除去する．油は溶剤ふき等によって除去する．
② 錆落し　　ワイヤブラシ・スクレーパ・サンドペーパなどの手工具，または，ディスクサンダー・ワイヤホイールなどの動力工具を用いて錆を落す．
③ 黒皮の除去　　サンドブラストによって錆・黒皮を除去する．
黒皮(ミルスケール)があれば塗膜の下で錆が進行する．

（4） 亜鉛鉄板
汚れ・油類(油類は剥離の原因となる)を除去し，金属との付着を目的のため，エッチングプライマーを1回塗る．

2. 工法一般

塗り工法は，はけ塗りが普通である．
① はけ塗り　　均一に塗るには技術を要する．
② ローラブラシ塗り　　平らな広い面積に適している．
隅や細部は塗ることができない．能率はよい．
③ 吹付塗り　　ガンノズルを塗面に直角にする．
作業能率ははけ塗りの約10倍で，平滑に仕上げることができる．しかし，塗料が飛散して材料ロス（約50％）が大きく，養生費もかかる．健康上もよくない．

塗回数・塗布量

強さ・耐久性・美観のためには，十分な塗膜厚が必要である．
（1）塗り回数
塗膜を厚くするためには，3回塗り程度とする．
ひび割れ・剥離を生ずるので，1回に厚く塗ってはならない．
（2）塗布量・所要量　　塗布量は付着量，所要量な使用量である．
ロスがあるので，所要量の方が大である．いずれも，原液の重量である．
（3）放置時間　　下地塗面が十分乾燥してから，次の塗料を塗る．
放置時間（乾燥時間）は，EPでは1～2時間，SOPでは20時間である．
（塗り間隔を，吹付工事では間隔時間といい，塗装工事では放置時間という）．

施工法

（1）鉄部の錆止め　　鉄部の下塗りは，錆止めペイント2回塗りとする．
鉄骨の1回目のさび止めは，鉄骨工事において行う．
（2）木材の着色
透明塗装（ワニス・クリヤラッカー）の木部は，染料で着色する．
着色剤をはけ塗りし，乾燥後，色むら直しをする．
（3）木材の目止め　　堅木は，目止め剤 wood filter を木目にすり込む，または，目止め剤で，着色と目止めを同時に行う．
（4）ペーパーがけ
必要に応じて，ペーパーがけをする．ペーパーは上塗りほど細かいものを用いる．
ペーパーがけは，塗面を平滑にし，塗面を粗めて付着をよくする効果がある．
（5）塗　料
塗料の品質は，重要である．JIS規格品を用いる．

(6) 環境・養生
① 塗料には引火性のもの,有毒なものがあるので,火気・換気に注意する.
② シート掛けなどで,塗膜を雨・風・直射日光などから保護する.
③ 気温が低いとき,湿度が高いとき,換気が不十分のときは,塗装しない.

3. 各種塗装

塗料は,設計図書において,SOP・EP というように略号で示されている場合が多い.略号は正式に統一されたものではない,本書では JASS の略号を用いる.

調合ペイント塗り ready mixed paint

油性塗料である.塗厚が厚く,付着性もよく,屋内外に広く用いられる.

　　　　油性調合ペイント OP＝ボイル油(天然植物油)＋顔料＋溶剤
　　　　合成樹脂調合ペイント SOP＝長油性フタル酸樹脂＋顔料＋溶剤

① OP は肉持ちがよいが,乾燥は遅い.あまり用いられない.
② SOP は OP より乾燥が早く,美観・耐久性にすぐれていて,使用は断然多い.

(1) 木部・鉄部の場合　　木部は,3回塗りが標準である.

SOP 塗り(木部・鉄部)

工程			塗料・塗回数		放置時間	塗布量(kg/m^2)
1	下塗り	木部	木部下塗用 SOP	1回	24 以上	0.1
		鉄部	さび止め塗料	2回	各 24〜48 以上	各 0.1
2	中塗り		SOP	1回	24 以上	0.08
3	上塗り		SOP	1回	24 以上	0.08

(注) 1. 木部は下塗り後,必要に応じて目止め(合成樹脂エマルジョンパテ)か,パテ(オイルパテ)かいする.
　　2. 各塗面は,乾燥後必要に応じてペーパーがけをする.

(2) 亜鉛鉄板の場合

素地調整後,錆止めペイントを1〜2回(各48時間以上放置),調合ペイント1〜2回塗りとする.

合成樹脂エマルジョンペイント塗り emultion paint

EP は,合成樹脂エマルジョンクリヤ(合成樹脂の粒子が水中に分散している液体)に顔料を加えたものである.屋内用と屋外用がある.

水性塗料である.水分の蒸発によって,硬化し塗膜を形成する.

　　　　合成樹脂エマルジョンペイント EP＝合成樹脂＋顔料＋水

塗膜は丈夫でないが安価であるので，広く用いられる．乾燥が速く，施工は非常に容易である．溶剤を用いないので引火・溶剤中毒の危険もない．

（1） EP 塗り

屋内は 2 回塗り，屋外は 3 回塗りが普通である．
① 素地調整のうえ，パテ付けで面を平らにする．水がかりではパテを用いない．
② 仕上塗りの前には，必要に応じてペーパーがけをする．
③ 各塗層は，3 時間以上放置する．塗布量は，各 0.1kg/m^2 である．

（2） つやあり EP 塗り

塗膜が密で，つやがある．汚れにくく，耐水性・耐候性がややすぐれている．
セメント系下地の外壁に用いる．塗り方は EP と同じである．

ワニス塗り varnish

ワニスは，樹脂（天然樹脂・油性合成樹脂）を溶剤で溶解したものである．透明塗膜で生地を出す仕上げであるので，下地を目止め・着色をする．

（1） 塗 料

木部には，スーパーワニス・フタル酸樹脂ワニス・ウレタンワニスを用いる．
ウレタンワニスは性能がよく，とくに 2 液形はすぐれている．

（2） ウレタンワニスの施工

はけ・吹付け塗りとする．

    素地調整──目止め・着色──下塗り 1 回──
          ペーパーがけ──（中塗り 1 回）──上塗り 1 回

① 乾燥は遅い．各層 24 時間以上放置する．
② 塗布量は，各層 0.05kg/m^2 と薄い．

オイルステイン塗り oil stain

木部に，油性着色剤（オイルステイン）を，はけで塗る．
木材の自然の味を出す素朴，安価な仕上げである．

   （吸込み止め）──着色剤を塗る──
        24 時間後に，着色剤で色むら直しをする──→仕上げ

① 吸込み止め

杉・松など軟らかい木材は，吸込みが不均一で色むらを生ずるので，あらかじめ吸込み止めを行う．セラックワニスをシンナーでうすめて塗る．

② 仕上げ

着色剤を，生乾きのとき布でふき取る．あと，ワックスがけもある．

クリヤラッカー塗り clear lacquer

美しい透明塗膜をつくる高級な塗装である．屋内の造作材・家具などに用いる．

　　　　　クリヤラッカー CL＝ニトロセルロース（硝化繊維素）＋樹脂＋溶剤

硝化繊維素が主な塗膜形成成分で，乾燥は非常に早い．

（1）CL塗り　　4回塗りが普通である．

　　　　　目止め・着色──→下塗り1回──→中塗り1回──→上塗り2回

① 吹付けが普通であるが，はけ塗りもある．放置時間は各2時間である．

② ラッカーは，多量の溶剤（原液の 40～100%）でうすめて塗るので，塗膜の肉持ちが悪い．そこで，中塗りには肉持ちのよい中塗剤を，やや厚塗りする．

③ 白化（高湿度のとき，空気中の水蒸気が塗面に凝縮して塗面が白くなる現象）を生じるので，湿度 80% 以上のときは施工を中止する．

（2）2液形ポリウレタンクリヤラッカー塗り

下塗り・中塗りに2液形ポリウレタンシーラーを用いて強い塗膜をつくり，上塗りをクリヤラッカー2回塗りとする．高級仕上げである．

（3）ラッカーエナメル　　CLに顔料を加えたもので，不透明塗膜をつくる．

塩化ビニルエナメル・アクリルエナメル塗り enamel

不透明塗膜をつくる．揮発部分（溶剤）が多いので，肉持ちが悪く，乾燥は非常に早い．

　　　　　塩化ビニル樹脂エナメル VE ＝ 塩化ビニル樹脂＋顔料＋溶剤
　　　　　アクリル樹脂エナメル AE ＝ アクリル樹脂＋顔料＋溶剤

AE のほうが耐候性などにすぐれている．

（1）特　性

耐水性，耐アルカリ性，耐酸性にすぐれている．

いかなる部分にも用いうる．とくに，コンクリートなどの外装に適している．

（2）エナメル塗り

コンクリート系素地には，3回塗りが普通である．

　　　　　素地調整──→下塗り1回──→（パテかい）──→中塗り1回──→上塗り1回

① シンナー　　塗料は，シンナー（原液の 30～100% の量）でうすめて用いる．

② 下塗り　　吸込み止め・生地固めのため，専用のシーラー sealer を1回塗る．

③ パテかい　　不陸があれば数回行い，各回5時間以上放置する．

不陸がなければ，行う必要はない．

④ 中塗り　　1回が普通であるが，耐アルカリ・耐酸等の場合は3回とする．

⑤ 放置時間　　各層3時間以上，放置する．

その他のエナメル塗り

エナメルの種類は多く,用途も多岐である.
(1) フタル酸樹脂エナメル塗り
美観・平滑・光沢にすぐれた高級仕上げ,高価である.木部・鉄部に用いられる.
(2) 塩化ゴムエナメル塗り
耐薬品性・耐水性・耐候性がよい.高級塗料である.
海岸地帯・工場地帯の鉄鋼構造物に適している.
(3) エポキシ樹脂エナメルXE塗り
耐水性・耐アルカリ性・耐酸性・防錆性が抜群である.ただ日光に弱いので,日射のある個所には用いない.美観は劣る.
大気汚染地帯・工場地帯・多湿環境などで用いられる.つぎの種類がある.
2液形XE………代表的なもので,普通に用いられる.3~4回塗り.
2液形厚膜XE……塗膜が厚く,床に用いられる.
　　　　　　　　1回の塗布量が普通の塗料の2倍以上である.3~4回塗り.
2液形タールXE…黒色であるが,安価である.

素地と塗装(参考)

素地に対して,どのような塗装が用いられるか.およその傾向はどうであろうか.
(1) 鉄素地
一般にはSOPが,特殊目的にエナメルが用いられる.
(2) コンクリート系素地
コンクリート系には吹付(仕上塗材)仕上げが多く用いられ,塗装は少ない.
EPエナメルが用いられる.
(3) 木部素地
屋内は,EPとワニス,屋外はSOPとEPが主である.エナメルも屋内外に用いられる.

素地別の塗装の傾向

素地＼塗装	調合ペイント	エマルジョンペイント	エナメル	ワニス
鉄	◎		◎	
コンクリート		○	○	
木	○	◎	○	◎

23章　断熱工事

建築材料と仕上げは，それぞれなんらかの断熱効果(軽い材料ほど断熱性はよい)を有し，建物は本来これらによって外気温をしのいでいる．断熱工事とは，外気温から居住空間を守るため，床・壁・屋根などに断熱材を取付ける工事をいう．

(1) 目　的

居住性の向上と省エネ(暖冷房費の節減)である．兼ねて，結露を防止することができる．

(2) 断　熱

大切なことは，断熱材の厚さの確保と，断熱層の連続例である．

人々が冬，肌着・オーバーコートで寒さを防ぐのと同じ理屈である．

熱伝導率（20℃時）(kg/m·h·℃)

材料	単位重量	熱伝導率
鉄	7.9	45
コンクリート	2.3	1.5
軽量コン	1.8	0.6
水	1.0	0.5
ALC・木材	0.5	0.15
断熱材	0.03	0.04
空気	0	0.025

熱　橋

断熱層は連続が原則であるが，右図のRC壁の内断熱において，間仕切壁・床スラブ部分は断熱層が欠損している．断熱層の欠損部分を熱橋という．

外断熱は内断熱より熱橋は少ない．しかし，バルコニー・ひさし・貫通金物・窓まわりなどが熱橋となる．

熱橋から冷気が侵入(熱が損失)し，または結露を生ずるので，熱橋は断熱補強しなければならない．

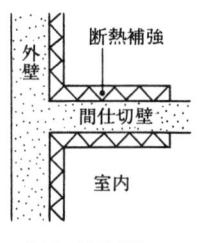

熱橋（内断熱）

結　露

空気中の水蒸気が，露点温度以下に冷却したとき，凝結して水になる現象である．

寒冷地において，結露の防止は非常に困難である．

(1) 表面結露　　冬期，壁などの表面が冷却すれば，室内表面で結露する．

(2) 内部結露　　断熱すれば，室内表面は冷却しないので結露しない．しかし，壁内部の低温となる個所で，結露する．

内部結露すれば断熱材は吸水して効力を失い，壁構造材は腐るなどの欠陥を生ずる．内部結露を防止するため，室内側に防湿層(ポリエチレンフィルムなどの防湿材を張る)を設け，室内水蒸気の壁内への侵入を遮断する．水蒸気がなければ，結露は生じない．

1. 断熱材料・断熱工法

断熱材は，細い繊維の間の空隙(繊維系)，または微細な気泡(発泡系)の中に存在する空気によって，熱を伝えにくくした材料である．だいたい繊維系は無機質で，発泡系はプラスチック質である．

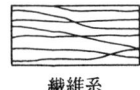

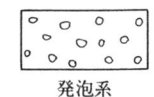

断熱材の形状・断熱性

	断熱材	形状	熱伝導率
繊維系	グラスウール	フェルト状・ボード状・ばら状	0.030～0.042
	ロックウール	フェルト状・ボード状・ばら状	0.033～0.042
	セルロースファイバー	ばら状	0.040～0.042
発泡系	硬質ウレタンフォーム	ボード状・現場発泡	0.020～0.024
	ポリスチレンフォーム	ボード状	0.024～0.037
	ポリエチレンフォーム	ボード状	0.031～0.037
	フェノールフォーム	ボード状	0.026～0.031

(1) 形状　　製品の厚さは，2～10cm程度である．
① フェルト状……軽く柔かい．空間にはめ込みやすい．
② ボード状………多少剛性がある．張付け・はめ込みに用いる．
③ ばら状…………フェルト状のものを，ばらに小塊状にしたものである．
(2) 吸水性　　吸水すれば断熱性能が低下する．
① 繊維系は吸水性・透湿性が大きい．防湿材で被覆されて用いられる場合が多い．
② 発泡系は，独立気泡であるので吸水性・透湿性は小さい．
(3) 断熱性　　熱伝導率は，素材により多少相違するが，断熱効果はむしろ断熱材の厚さによって決るといってよい．

断熱工法

断熱には5つの工法がある．使用断熱材とその取付け方法は，つぎのとおりである．
① はめ込み工法……フェルト状・ボード状断熱材を，根太・間柱などの間にはめ込む．
② 張付け工法………ボード状断熱材を接着剤・釘などで壁面に張付ける．
③ 打込み工法………ボード状断熱材をせき板とするか，またはせき板に取付けてコンクリートに打込む．
④ 吹込み工法………ばら状・現場発泡断熱材をホースなどで隙間に吹込む．
⑤ 吹付け工法………現場発泡・ばら状断熱材を壁面・天井などに吹付ける．

2. RC造建築の断熱

RC造建築の断熱には，つぎの工法がある．

（1） 吹付け工法

現場発泡の硬質ウレタンフォームを吹付ける．1回の吹付け厚は1～2cm，厚により多層吹きとする．

（2） 打込み工法

ポリスチレンフォームなど吸水の少ない強度のあるボード状断熱材をコンクリートに打込む．

コンクリート打設のさい断熱材が破損しないようにする．

① 断熱材の打込み…………断熱材を型枠に取付けて打込む．
② 断熱型枠の打込み………ボード状断熱材を接着した合板（合板以外もある）を型枠に用い，コンクリートに打込む．合板は内外装の下地となる．
③ 断熱複合材の打込み……断熱複合材を，型枠に取付けて打込む．
　　　　　　　　　　　　断熱複合材は，木毛セメント板・石膏ボード・合板などにボード状断熱材を張付けた製品である．

（3） 張付け工法　ボード状断熱材を接着剤で張付ける．

① 原則として，外断熱に用いる（屋根の外断熱は199頁）．
② 内断熱は，コンクリートとの境界面で結露するので，室内側に防湿層を設ける．

（4） はめ込み工法

コンクリート躯体に木製・金属製の枠を組み，その中にボード状・フェルト状断熱材を隙間なくはめ込む．

RC造の断熱工法（JASS 24）

断熱工法	外断熱	内断熱
吹付け	○	○
打込み	○	○
張付け	○	△
はめ込み	○	△

外断熱

外断熱は，内断熱よりはるかに優れている．

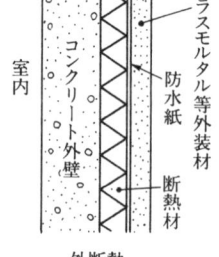

（1） 外断熱の特長

① 外周をカバーするので，熱橋・結露を防げる．
② RC躯体が室内温度を蓄熱して，ソフトな温感をうる．

（2） 外断熱材の保護

断熱材を外装材（ラスモルタルなど）によって外力・水・火災から保護しなければならない．

① 外装材は，RC躯体に緊結する．（外装材を断熱材に接着するのは無理である）．
② または，鉄骨のフレームを組んで断熱材をはめ込む．

外断熱（図：室内／コンクリート外壁／防水紙／断熱材／ラスモルタル等外装材）

3. 木造建築の断熱

木造建築の断熱は，はめ込み工法が最も普通である．

（1）はめ込み工法　壁・床・屋根などの空洞部に，フェルト状断熱材をはめ込む．床では，湿気が上らないよう，床下の乾燥を図る．

木造建築の断熱材の適用

工法	断熱材	壁	床	天井	屋根
はめ込み	フェルト状	○	○	○	○
	ボード状発泡系	△	○	△	△
	ボード状繊維系	○	○	△	△
張付け	ボード状発泡系	○			○
	ボード状繊維系	△		△	△
吹込み	ばら状	△	○	○	○
吹付け	現場発泡	△	△	△	△

（2）張付け工法　断熱複合材（断熱材の厚みが小さいので，断熱効果は小さい）を仕上材・床下地材・野地板に用い，張付ける．またはボード状断熱材を張り付ける．

（3）吹込み工法　天井・小屋裏で空間が小さくはめ込みが困難のとき，ばら状断熱材に接着剤を混入して吹込む．

施工法

（1）連続・密着

断熱層は，隙間がないよう，外周面すべてに連続して，かつ，室内側に密着して設ける．もし，隙間があれば，そこを寒気が流通する．

（2）防湿層

はめ込み工法において，断熱層の室内側に結露防止のため防湿層を設ける．ただし，防湿材に外被された断熱材を用いたときは，防湿層を省略してもよい．

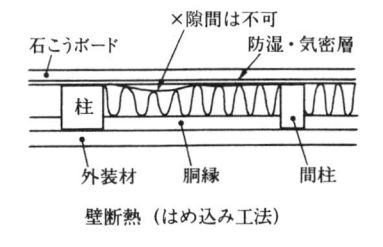

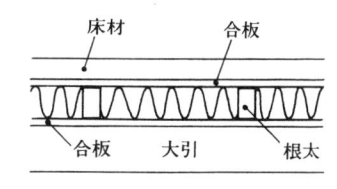

壁断熱（はめ込み工法）

床断熱（はめ込み工法）の事例

(4) 気密層

壁・天井面から室内の空気が流出すればヒートロスが非常に大きい．

したがって，仕上材の隙間をふさぐ，空気の流通を防ぐシートを設けるなど，気密を図ることは，有力な断熱である．防湿層は，一般に気密層も兼ねることになる．

(5) 気流止め

上下端部に気流止めを設けるなどの方法により，壁の空洞部に冷気流が侵入しないようにする．

4. 鉄骨造建築の断熱

鉄骨造の断熱は，吹付け・張付け・はめ込み（フェルト状断熱材を内装材に密着してはめ込む）の3工法がある．

施工の重点は，鉄骨部材が極度に冷え，熱橋となるので，これを防御することである．

(1) 鉄骨の断熱補強

下図A・Cにおいては，鉄骨部分が表面結露するので，B・Dのごとく断熱補強する．

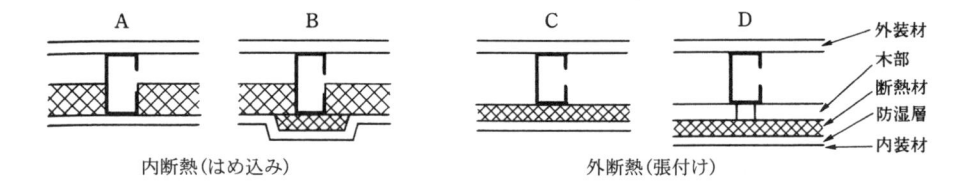

内断熱（はめ込み）　　　　　外断熱（張付け）

外装材／木部／断熱材／防湿層／内装材

(2) 断熱材の取付け

断熱材は，鉄骨に直接取付けないで，できるだけ（Dのごとく）木造下地等に取付ける．

(3) 防湿層・気密層・気流止などについては，木造断熱の場合と同じである．

外断熱

熱橋・結露をともに解決するので，外断熱は非常にすぐれている．

内断熱と外断熱の相違は，鉄骨部材を冷すかどうかである．

(1) 壁中の空洞に空気が流通すれば意味がないので，気流止めを厳重に設ける．

(2) 外装材の取付金物が熱橋となるので，工夫を要す．

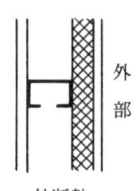

外部／外断熱

24章　内装工事

内装工事は，床・壁・天井の仕上仕事である．
その内容は，下地の構造，仕上材の選定，仕上材の取付け，である．
（1）下　地
木造・コンクリート・鉄骨下地がある．剛性と精度が大切である．
（2）使用材料
① JIS・JASなど規格のあるものは規格品を用い，規格のないものは銘柄を吟味する．内装制限のある場合は，防火材料認定品を用いる．
② 使用材料の質は，一定のレベルを守ること．材の厚さは重要である．もし，10%薄い材を用いれば，その性能（たわみ・振動など）は20～30%低下する．その逆もある．
（3）取付け　　取付けは，取付金物か接着による．

内装の性能
内装は，防火・しゃ音・断熱・美観など，多くの性能が要求される．
（1）防　火
① 法に定められた防火材料などについては，その規定を守る．
② RCマンションの戸境床・壁の配管貫通孔・ダクトなどから，火災時に炎が吹き出す事故が多い．
（2）遮　音
共同住宅のクレームは騒音が最も多い．騒音には振動音と通過音がある．
① 対　策　　対策の主な点は，床・壁・天井に質量のある材を用いること，仕上材の目地など隙間をふさぐこと，である．
② RC床の対策　　コツコツ音とドスドス音がある．
　コツコツ音………靴音など．床仕上材をソフトにする．
　ドスドス音………重量物による振動音．床スラブの剛性を大に，床厚を厚くする．
③ 木造床の対策　　畳下か天井内に質量のある材料を用いる．
（3）断　熱
① 下地は，熱橋を生じないようにする，
② 断熱材の取付けは連続性を確保する，
③ 内部結露を防ぐ（必要に応じて防湿層を設ける）こと．

1. 床仕上げ

フローリング

（1） フローリング　　木材の単板を加工した床材である．
単層のフローリングボード・フローリングブロック・モザイクパーケットと，ベニヤに張るなどした複合フローリング・複合ブロックがある．
① そば・小口には，普通は本ざね等の接合用の加工がしてある．
② ブロックは約30cm角，他は長物である．厚さは18mmが多い．

（2） 木造下地張り　　床がきしまないように張る．
釘打ち………根太・下張板(根太にベニヤ等を張る)に隠し打ちとする．脳天釘・ビス打ちに埋木してもよい．釘は板厚の3倍程度とし，防錆したものを用いる．
接着張り………根太か下張板に接着張りする．または釘打ちを併用する．

（3） コンクリート下地張り
下地が十分乾燥してから，接着剤で張る．

（4） 仕上げ　　不陸・目違いがあればサンドペーパーで手直しする．
その後，ワックスがけ，または塗装をする．

ビニル床タイル・ビニル床シート床

（1） 床　材　　合成高分子系床材の種類は多いが，ビニル系が最も普通である．安価であり，色彩感もあり，施工も簡単であるので，事務所等に広く用いられる．
① ビニル床タイル　　塩化ビニルに増量材を混ぜたもの．
塩化ビニルの配合比率と増量材の種類によって，多くの種類を生ずる．
② ビニル床シート　　9～20mmをロールにして巻いてある．
繊維の裏地に，濃度の異なる塩化ビニル材を積層したもの．または，ソフトな足ざわりを得るため，これに発泡ビニル材をサンドイッチしたもの．

（2） 下　地　　コンクリートか下張板(根太に厚めのベニヤを張る)である．

（3） 張り方
接着剤を下地に塗布し，床材を圧着する．後，ローラがけする．

（4） シートの継目
① 開先に同質材を熱風溶接し，表面を削る．
② 目地にパテ詰め．
③ 突き付けて接着液を注入する．

（5） 仕上げ　　清掃して，ワックスでみがく．

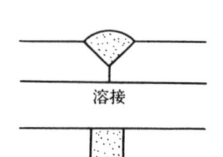

合成高分子塗床

コンクリート下地に合成高分子の塗床材を塗る仕上げ．つぎの2種類がある．
　　樹脂ペースト 1～2mm 厚塗り……ソフトで室内・歩行床などに用いる．
　　樹脂モルタル 4～6mm 厚塗り……骨材入りで丈夫．体育館・ガレージなどに用いる．

（1）合成高分子塗床材
　　　　　調合＝主剤(樹脂)＋硬化剤＋添加剤＋骨材(樹脂モルタルのみ)

主剤は，ポリウレタン系・エポキシ系・下飽和ポリエテレス系などである．

（2）コンクリート下地　　平たん・乾燥・清掃が必要である．
湿気のある場合は，コンクリート下面に防湿層を設ける．

（3）塗付け
塗材をメーカー指定の割合で配合し，ミキサーで練る．

　　プライマー塗り──→ 樹脂ペースト塗り 　こて・へら・ローラで2回塗り
　　プライマー塗り──→ 樹脂モルタル塗り 　定規で均し，ここで1回塗り

必要に応じてノンスリップ・トップコート仕上げとする．

① ノンスリップ　　樹脂ペースト仕上げは平滑であるので，すべり止めを行う場合は，樹脂ペーストの生乾きのときにケイ砂などを散布する．

② トップコート
塗布面のつや消し・表面保護を行う場合は，トップコート材を薄く塗布する．

畳

畳は，畳床(どこ)，畳表，畳縁(へり)からなる．
① 畳の寸法は，部屋の大きさによる．
② 厚さは，並品で 5.5cm，上物で 6.0cm 程度である．

（1）施工順序
畳割り(室の寸法・角度を測る)──→畳の製作──→敷込み

（2）防虫処理
ダニ等は初期に発生する．畳床のわらの乾燥不十分が主な原因である．
① 高周波誘電加熱装置で，畳を 60～80℃ に加熱する．または，
② 防虫剤を浸透させた防虫加工紙を，畳床や畳縁の下紙に用いる．

（3）RC 床の畳の下地
木造下地(根太・ベニヤ張り)を組むか，コンクリート面をセルフレベリングなどで平らにした上に発泡プラスチック板などを置いて畳下地とする．

2. 壁・天井下地

(1) 木製下地
壁材は間柱・胴縁に，天井材は野縁に取付ける．

(2) コンクリート系下地
コンクリートモルタル・ALC板・プラスターなどである．

(3) 鋼製下地
RC造・鉄骨造に用いる．
壁材はスタッドに，天井材は野縁に取付ける．

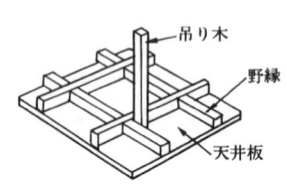

木製天井下地の一例

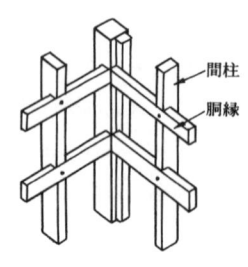

木製壁下地の一例

鋼製下地

亜鉛鉄板(厚0.5～1.2mm)などの既製部品(開口部廻りもある)を組立てる．

(1) 壁下地

墨出し──→ランナー──→スタッド──→振止め

① ランナー　コンクリートに打込みビスで，鉄骨にねじ・溶接で取付ける．
② スタッド　間柱に相当する．
スペーサを取付け，ランナーに差し込む．
スタッド間隔は，30～40cm．

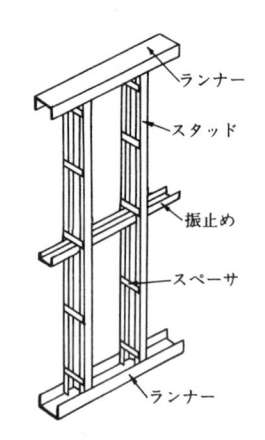

(2) 天井下地

墨出し──→吊りボルト──→野縁受──→野縁

野縁が仕上材の下地である．

① 野縁間隔は，20～30cmとする．仕上材が2枚張り・金属板のときは36cm程度．
② たれ下りを防ぐため，ボードは2スパン以上で張る．

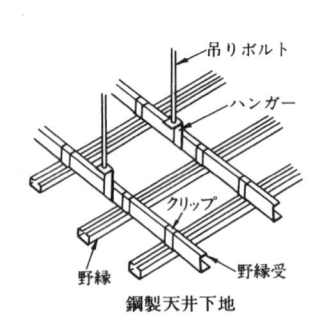

鋼製壁下地

鋼製天井下地

スタッド・野縁の断面・寸法

断面		幅	高	厚
スタッド	⊏	50～100	40	0.8mm
野縁	⊏⊐	25	19.25	0.5mm

3. 壁・天井仕上げ

仕上材の取付け方法は，①取付金物，②接着，③その併用，の3種類である．

壁・天井仕上材の主な取付方法

下地	木製下地	鋼製下地	コンクリート下地
取付方法	①釘打ち ②接着 ③釘・接着の併用	取付金物 （主としてねじ）	接着

(1) 釘・取付金物

釘・木ねじ・タッピングねじ・小ねじ・クリップ・ステープルなどである．
防錆処理(亜鉛めっきなど)した鉄製金物，またはこれに塗装した化粧金物などを用いる．
湿気のある個所では，黄銅・ステンレス製を用いる．

① 釘　　長さは，板厚の3～4倍以上とする．
② ねじ　　余長(ねじの鋼製下地より出た部分)は，10mm以上とする．

(2) 取付金物の間隔

① 間隔は，10～30cm程度である．
周辺部は中央部より狭くする．天井は，たれ下がりがあるので壁より狭くする．
② 接着併用の場合は，壁30～45cm，天井15～45cm間隔である．

(3) 接　着　　片面塗布と両面(下地面と仕上材裏面)塗布がある．

合　板

(1) 合　板　　仕上用には，普通合板・化粧合板・難燃合板などがある(171頁)．
91×182cm，厚さは2.3，3.0から24.0まで．

(2) 取付け

木製下地に，①釘打ち，②釘と接着の併用，③接着のいずれかで取付ける．

せっこうボード

(1) せっこうボード　　せっこうの両面に厚紙を張ったもの．
化粧せっこうボードとせっこうラスボード(左官下地等)がある．

① 防火性があり，合板より安価であるので非常に多く用いられる．
② 幅91cm，長さ1.8，2.4，2.7m．厚さ9，12mmが普通．15，21mmも用いられる．

(2) 取付け　　木製下地……………釘打ち，または接着剤併用
　　　　　　　鋼製下地……………ねじ止め
　　　　　　　コンクリート系下地……接着張り

繊維板

（1） 繊維板　　植物(主として木材)の繊維を成形・製板したもの．91×182cm．
硬質(重量0.8以上)・中質(0.4〜0.8)・軟質(0.4未満)がある．
硬質繊維板(ハードボード)……表面が平滑で，硬く丈夫である．厚3.5, 5.0mm．
　　　　　施工後，膨張するので，水打ちして用いる．
軟質繊維板(インシュレーションボード)……断熱・防音性がある．厚9, 12mm．
　　　　　断熱下地材・天井材として多く用いられる．
（2） 取付け　　木製下地……釘かステープル留め．または接着併用．
　　　　　　　鋼製下地……ねじ留め，または接着併用．

ロックウール板

（1） ロックウール板　　ロックウールに結合材・混合材を加え成形したボード．代表的な断熱材で，塗装した化粧板が多い．また吸音材(塗装しない)として，天井に多く用いられる．厚9, 12, 15, 19mm，大きさ30×60cm．
（2） 取付け　　鋼製下地・せっこうボード下地(目地が重ならないようにする)に，釘・ステープルで取付ける．または，接着剤の点付けを併用する．

木毛セメント板・木片セメント板

木毛・木片とセメントを混合して圧縮成形したもの．91×182cm，厚1〜8cm．
（1） 使用　　断熱・防火・吸音の目的で，鉄骨屋根の野地板，モルタル塗りの下地材，RC壁・天井に打込むなどに用いる．
（2） 取付け　　① 鋼製下地にはビス留め，木製下地には釘打ち．
　　　　　　　② せき板に釘打ちしてRC壁・天井に打込む．

壁紙・壁布(クロス)

（1） 下地処理
モルタル・プラスター等下地……下地を平坦に仕上げ，十分乾燥させる．
　　　　　上仕様は，これにシーラーがけを行う．
合板・せっこうボード等下地……目地の目違いをパテなどで平らにする．
　　　　　ビス・釘などの金物を防錆処理する．
（2） 接着剤　　でん粉系接着剤，または，これに合成樹脂エマルジョン接着剤(耐水性・接着力を高める)を加える．
（3） 張り方　　下地全面に，接着剤を塗って張る．
継目は，重ね切りして突き合わせ(薄い壁紙は，1cm程度重ね)，ローラなどで押える．

4. 接着工法

接着剤に固有の仕様(塗布量・塗布方法・混合比など)があるので,それらを確認する.
(1) 下　　地　　乾燥させる,平滑にする,清掃する.
(2) 接　　着　　人力・道具などで圧力を加え,圧着する.
(3) 気　　温　　室温が5℃以下のときは,作業を中止するか採暖する.

高分子系接着剤

接着剤は,ほとんどが高分子系のものである.つぎの3つに分類される.

(1) エマルジョン形

合成樹脂の微粒子が水中に分散したもの.このような状態を,合成樹脂の場合はエマルジョンといい,合成ゴムの場合はラテックスという.

水性の接着剤で,水分の乾燥とともに硬化・接着する.施工性はよく,火気の危険も毒性もないが,接着力・耐久性がやや劣る.耐水性は劣る.

(2) 溶剤形(1液形)

主成分を揮発性の溶剤(換気と火気に注意する)でうすめた接着剤.溶剤の揮発によって硬化・接着する.エマルジョン形に比べ耐熱性・耐水性にすぐれ,施工性はやや劣る.

(3) 反応硬化形(2液形)

主剤と硬化剤とを現場で混合して用いる(2液を混合すれば可使時間内に使用する).

2液の混合による化学反応によって硬化・接着する.高価であるが接着力が大で,耐熱性・耐水性・耐久性などすべてにすぐれている.

接着剤の性質(下段のものほど上等である)

接着剤	接着力	耐久性	耐水性	施工性	経済性	性　　質
酢酸ビニル系 エマルジョン形	△	△	×	◎	○	水がかり以外の木質材・布・紙などの接着用.乾燥後は透明になり,仕上材を汚染しない.初期接着力が弱く仮止めが必要.
合成ゴム系 ラテックス形	△	○	△	◎	○	乳白液状接着剤.乾燥後ゴム状の粘着フィルムを形成するので,比較的平らな材料や多孔質の材料に適する.金属材に不適.
酢酸ビニル系 溶剤形	○	△	×	○	○	エマルジョン形より接着力・初期接着力が強い.広範囲の材料の接着に用いる.水・熱に弱い.
合成ゴム系 溶剤形	○	○	△	△	△	ラテックス形より接着力・初期接着力が強く,広範囲の材料の接着に用いる.一般に耐薬品性で衝撃力に強い.
エポキシ系 2液形	◎	◎	◎	△	×	性質は優秀.すべての材料を接着する.施工時の調合・汚染に注意が必要.最も高価.

25章 測　　量

布巻尺・鋼巻尺による距離測量

建築工事には，鋼巻尺を用いる．小規模の木造建築には布巻尺を用いてもよい．
　（1）　布巻尺 cloth tape　　伸縮が大きいので，高い精度は望めない．
　（2）　鋼巻尺 steel tape　　距離測量計器のうちで最も精度が高い．
精度が重要である．誤差は，測定機器の誤差と，測定方法による誤差の合計である．
　①　精度を要するときは，温度・張力・たれ下がりによる誤差を補正する．
　②　大規模鉄骨工事では，精度を必要とするので，標準巻尺を備え，鉄骨工場と工事現場の巻尺をチェックする(テープ合せ，131頁)．
　③　温度による伸縮が大きいので，直射日光の下では用いない．
　④　測定は，位置をずらして2回行う．

平板測量

平板を用いて測定し，現場で製図する．小規模な測量は，ほとんどこれによる．
　（1）　平板のすえ付け
　①　平板を水平にする．水準器で確認する．
　②　地上の測点を平板上に写す．求心器と下げ振りを用いる．
　③　平板を一定の方向・方位に保つ．アリダードかトランシットによる．
　　　アリダード……測点を見通して方向を定め，同時に測線を描く機器．視板アリダードと望遠アリダードがある．
　（2）　放射法による測量
　平板を測量区域のほぼ中央のO点にすえ，ここから各測点を視準して方向線を描き，ついでO点より各測点までの距離を測り，平板に記入して測量図をつくる．
　最も簡単な測量である．ただし，区域内に建物など障害物のあるときは，測量できない．

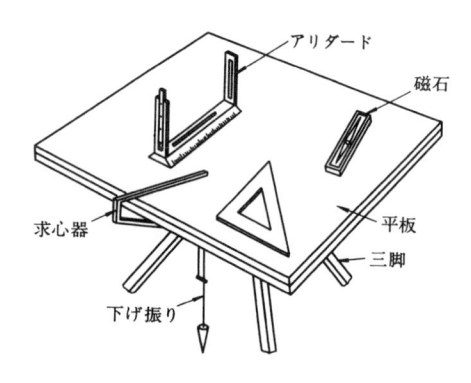

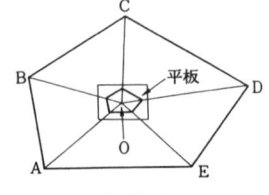

（3） 前進法による測量（トラバース測量）

B点に平板をすえ，A点とC点を視準して方向線を描き，$\overline{AB}$, $\overline{BC}$ の距離を測定してA・C点を求める．

ついで，平板をC点に移し，同様にしてD点を求める．こうして順次トラバースを描いてゆく．

トラバース測量

（1） トラバース　トラバース測量または多角測量において，測線でできた多角形をトラバース traverse という．

（2） 閉合誤差

閉トラバースを前進法で測量したとき，一致すべきAとA_0が誤差のために一致しないのが普通である．

$$\overline{AA_0} = 閉合誤差 \qquad \overline{AA_0} : L(測線の総長) = 閉合比$$

閉合比は，1/300以下でなければならない．

（3） 閉合誤差の修正

閉合誤差を各辺長に比例分配し，AA_0に平行移動させる．

角度測量・トランシット測量

（1） 角度測量には，トランシット transit（角度を測定する器械）を用いる．

（2） 精密に測定するには，望遠鏡を $\overparen{AB}$, $\overparen{BA}$, $\overparen{AB}$ と振って数回測定し，ついで望遠鏡を逆位（ひっくり返し）にして同様に数回測定し，これらの平均値をとる（反復法）．

高低測量・レベル測量

高低測量は，レベルを用いて行う．

（1） BM (bench mark) を2箇所以上設け，高さの基準とする．

（2） 測量を始める前に，レベルの調整を行う．

レベルの調整不完全による測量誤差は，視準距離に比例する．

（3） レベルを両測点の中央にすえる．こうすれば，誤差が相殺される．

（4） 測定は往復2回行う．

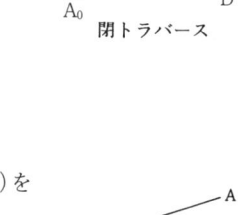

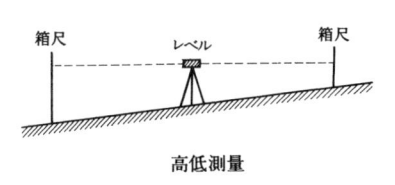

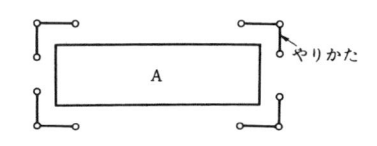

26章 見積り

1. 工事費

見積り（みつもり）は積算ともいう．工事費は，つぎの4項目よりなる．

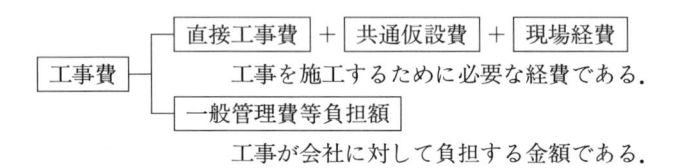

```
              ┌─ 直接工事費 ┐ + ┌ 共通仮設費 ┐ + ┌ 現場経費 ┐
    工事費 ──┤              工事を施工するために必要な経費である．
              └─ 一般管理費等負担額 ┘
                              工事が会社に対して負担する金額である．
```

直接工事費

工事費の最も基本的な部分である．工事費の80〜85%を占める．

（1） 工事（土工事・基礎工事など）ごとに，図面・仕様書により詳細に積算する．
（2） その内容は，材料費・労務費・運搬費・損料（足場・型枠など再使用できる仮設材の使用料のこと）・外注費などである．

共通仮設費

共通仮設は，各建物・各工事に共通した仮設である．

共通仮設の主要なもの

準　　備	敷地測量・仮道路・借地・仮設電力・水道の引込みなど
仮　設　物	仮囲い・仮事務所・宿舎・下小屋・倉庫・災害防止設備など
動力用水光熱	電気料金・上下水道料金など
整　理　清　掃	全般的な整理・清掃・跡片付け・養生など
機　械　器　具	各工事に共通な機械器具など

（足場・山止め・型枠など個々の建物・工事に専用の仮設は，直接仮設といい，直接工事費に含む．しかし，厳密には分類できないものもある．）

（1） 見積り

発注者が特に指定するものは別として，一般に，共通仮設は設計図書にその内容が記載されていないので，現地の状況を調査し，仮設計画を想定して見積る．

（2） 共通仮設費

立地，工事の種類などにより，大いに異なる．工事費の2〜3%である．

現場経費

工事現場を維持するために必要な経費である．

(1) 現場経費の内容

現場従業員給与・福利厚生費・租税公課・通信交通費・事務用品費・労務管理費・法定福利費・施工図等作成費・保険料・交際費・補償料・雑費などである．

このうち，現場従業員給与等の人件費が 60～70％ を占める．

(2) 現場経費　工事費の 4～6％ である．

一般管理費等負担額

各現場(工事)は，会計の経費(一般管理費等)を負担しなければならない．

現場の勘定(見積りの金額)　　　　　　　　会社本店の勘定
| 一般管理費等負担額 | ─→ | 一般管理費等 | (一般管理費 ＋ 利益)

(1) 一般管理費等　会社を経営・維持するための費用である．

① 一般管理費等は，会社の総施工高の 8～12％ である．

これを，各工事が負担するのである．

② すなわち，工事費を見積るとき，工事費の 10％ 程度(負担額は会社の方針によって決定される)を，一般管理費等負担額として計上する．

(2) 一般管理費

工事現場における活動とは別に，建築会社はその本支店等において企業活動をしている．これに必要な費用である．人件費が大きい．

一般管理費は，会社の総施工高の 6～10％ である．

(3) 利　益

一般管理費等から一般管理費を引いた残りが利益となる．

① 利益は，総施工高の 1～3％ である．

② 利益から法人税などを支払う．その残額(税引後利益)は，株主配当・役員賞与・内部留保(蓄積されて自己資本となり，実力・成長の資となる)に充てる．

諸経費

現場経費と一般管理費等負担額を見積ることは，一般に困難である．そこで，発注者は，これを一括して諸経費とし，工事規模などに応じて諸経費率を定めている．

| 諸経費 | ＝ | 現場経費 | ＋ | 一般管理費等負担額 |

諸経費は，だいたい 15(12～18)％ である．

2. 見積り

(1) 見積り
① 発注者は，予定価格(発注価格)を決定するために，見積りを行う．
② 建設業者は，契約価格または入札価格を決定するために，見積りを行う．
建設業法「建設業者は契約前に内訳を明らかにして見積もらなければならない．注文主より請求があれば，契約前に見積書を提示しなければならない．」
③ 建設業者は，受注後，工事を実施するために必要な見積り(実行見積り)を行う．
(2) 見積書
① 図面・仕様書などから工事ごとに詳細に見積る．これを内訳明細書という．
② これを集計表で集計し，共通仮設費・諸経費を加算して総額を算定する．
(3) 工事価格の知識
建築は，大きな経済行為である．計画・設計・施工において，価格についての知識は必要である．

3. 工事の単価

請負は結局，金額によって決定されるので，積算はきわめて重要である．
(1) 材料の価格は，基本的には生産原価で決るが，その他の要因も多い．
① 品質・工事規模・地域差・立地条件・支払条件によって相違する．
② 需給関係によって変動する．鋼材が2倍に急騰したことがある．
③ 産地渡し・店頭渡し・現場持込みによって相違する．同時に運搬費も異にする．
(2) つぎに示したのは1996年の価格である．現在，これより安くなっている．

材料の単価

生コン　　1.2～1.7 万円/m³
鉄筋　　　4～6 万円/t
形鋼　　　5～6 万円/t

木材(正角)の材料単価(万円/m²)

品　等	杉	ひのき	米つが	米ひば
一　等	6	12	6	10
上小節	18	50	10	20

構造体の施工単価(材料とも)

型枠　　　4 000 円/m²　　　　鉄筋 10 万円/t
生コン　　16 000 円/m³　　　　鉄骨 20 万円/t

仕上げの施工単価(仕上げ m² 当り)

張り石　　花崗岩　60 000 円　　大理石　50 000 円　　テラゾブロック　30 000 円
タイル　　外装　10 000 円　　内装　8 000 円

屋根葺	日本瓦 6 000 円	厚形スレート 4 000 円	瓦棒 3 000 円
左官	モルタル 4 000 円	プラスター 6 000 円	ドロプラ 5 500 円
吹付け	薄塗E 1 000 円	複層E 1 500 円	厚塗C・E 2 000 円
塗装	SOP 1 300 円	エナメル 2 400 円	樹脂ワニス 1 500 円
内装	ビニル床タイル 5 000 円	フローリングボード 8 000 円	

建築の工事費

木造・S造・RC造など構造別に建築費が異なる．高層建築は，耐振のため鋼材の増大，大規模な地下室，防火設備，設備の高度化，などにより高価となる．

マンション建築費の概算単価(円/m²)(1992年)

工事種目		中層(4〜7階)RC造	高層(10〜14階)SRC造
構造体		65 000	85 000
	仮設・土	8 000	8 000
	杭	9 000	10 000
	鉄筋	13 000	13 000
	鉄骨		15 000
	型枠	22 000	24 000
	コンクリート	13 000	15 000
仕上げ		70 000	77 000
	木	10 000	10 000
	左官	8 000	9 000
	建具	10 000	11 000
	内装	12 000	12 000
	その他	30 000	35 000
設備		32 000	40 000
	電気	12 000	14 000
	衛生	14 000	16 000
	ガス	6 000	6 000
	エレベータ		4 000
直接工事費(小計)		167 000(100%)	200 000(100%)
共通仮設費		10 000(6%)	12 000(6%)
諸経費		23 000(14%)	28 000(14%)
工事費(合計)		200 000	240 000

(注) 2000年では，これの10〜20%安である．

27章 仕　　様

工事内容は，設計図面と仕様書によって表現される．この2つを設計図書という．

> 建築士法第2条　この法律で設計図書とは，建築物の建築工事実施のため必要な図面(現寸図の類を除く)及び仕様書をいう．

図面は，主として寸法・形態を表す．仕様書は，主として工法と品質を表す．

仕様書の構成と実態

仕様書の構成は一定しないが，一般に工事概要(施工場所・工事種目など)・共通仕様書・特別仕様書または特記事項からなる．

(1)　最も権威のある共通仕様書は，JASS (Japanese architectural standard specification)であって，現在の日本の建築施工の標準を示したものといえよう．

大組織の発注者・請負業者は，それぞれ固有の共通仕様書を有している．これらはJASSの内容を中心として，これに独自の修正を加えたものが多い．

(2)　特別仕様または特記事項は，その工事固有の仕様である．工事発注ごとに新しく作成される．

(3)　仕様書に記載される内容は，だいたいつぎのとおりである．

① 仕様書の適用範囲，注意事項．
② 使用材料について，その種類，品質，数量，必要な試験，貯蔵方法など．その種類と品質は設計図面にも記載されることがある．
③ 施工方法について，工事の程度，調合，工法，施工機械，注意事項，禁止事項など．
④ 必要な試験．

工法規定と品質規定

仕様の規定方法は，工法規定と品質規定(性能規定ともいう)に分けることができる．

① 工法規定：工法または施工のプロセスを規定する．たとえば，左官工事では使用材料・調合・塗り方などを定める．

工法を規定することによって，その工法より到達する結果を期待する．最終的には所定の品質を得ることを目標としている．

② 品質規定：品質・性能を規定する．たとえば，左官工事では塗壁の品質(強度・耐久性・剝離性・平滑性・美しさなど)が所定のものであればよく，これを規定する．しかし現在，左官工事の品質規定は行われていない．

(1) 商品は品質規定が普通である．たとえば薬品では，その含有成分・効能が定められ，その製造プロセスは問わない．
(2) 請負工事では，工法規定が主であって，これに品質規定を併用している．
(3) 品質規定にはつぎのような問題点がある．
① 品質そのものが，あいまいで定量的に定められないものが多い．
② 品質の判定方法・測定方法が，確立されていない．
③ 完成後に不合格となった場合，その損失があまりに大きすぎる．
(4) 工法規定では，施工のプロセスを通じて品質の確保をはかるので，施工過程における確認・立合・検査などの監理業務が必要である．
(5) 請負工事の仕様は，工法規定から品質規定に徐々に移行している．
① コンクリートは，調合1：2：4（工法）から，強度 $24\,N/mm^2$（品質）となった．
② モルタルは，調合1：3というように，依然として工法規定である．
③ 木材の乾燥の規定は，「2か月以上屋外において乾燥する」から「含水率15％以下とする」に変化している．ここには，含水率測定器の開発がある．
④ 工法の画一化・工場生産品の使用などが，品質規定への移行を進めている．
(6) それでは，工法規定と品質規定の優劣はどうであろうか．
いかに立派な診察器械ができ病気を診断できても，すでに手遅れで，人間の健康はそこに至るまでの摂生によって決る．建築においては途中のプロセスが非常に大切で，できてしまってからでは遅いのである．

現在のところ，品質規定と工法規定の両立がよいと思われる．

設計・仕様に関する注意事項
(1) 仕様書と図面との記載内容が矛盾しないこと．
① 図面と工事現場の状態が一致しないとき，図面・仕様書に誤謬（こびゅう）や脱漏があったとき，地盤などについて予期せざる状態の発見されたときは，発注者または工事監理者に通知し，その指示を受ける．
② 契約図書の記載事項に矛盾したこと，一致しない事項があった場合は，一般には契約書・特記事項・図面・共通仕様書の順に優先するといわれるが，その優先順位を仕様で規定すべきである．
(2) 図面・仕様書に明記されていない事項，または図面と仕様書の符合しないものは，甲・乙協議して決めるが，工事が甲の注文によるものであるので，最終的には甲が決定する．しかし，請負代金を変更するかどうかは別問題である．

28章　建築施工の変遷

　社会が変るごとく，建築施工は日々変化している．これを詳細にみればきりがないが，ここではほぼ1950年以降の変化について，ごく簡単に述べる．
　（1）建設業法　1951年に建設業法が制定され，1971年に建設業者の登録制度が許可制度になった．その後，たびたび改正され，規制が厳しくなっている．それだけ建設業が重要視されてきたということであろう．
　（2）仮設工事
　①　足場が丸太足場から鋼管足場へと移行した．
　②　仮囲い・工事用シートなどを整備するようになった．
　③　クレーンなどの運搬機械が高度化・大型化した．
　（3）山留め・土工事
　①　山留めの支保工は木製から鋼製へ．山留め工法が進歩し，大規模災害が減少した．これには都市の地下水位の上昇も原因している．
　②　掘削機械の高度化・大型化が進んだ．
　（4）事業・基礎工事　杭は木杭と乱暴な場所打ち杭が姿を消し，PC杭・鋼管杭・場所打ちコンクリート杭となった．
　杭の設置は，打込み方式から埋込み方式へと，無騒音・無振動重視となった．
　（5）鉄筋工事
　①　丸鋼から異形鉄筋となった．
　②　継手は，重ね継手のほかに，ガス圧接・機械的継手が用いられるようになる．
　（6）型枠工事　せき板が，製材の板からベニヤ板に移行した．
　ばた・支柱が，木製から鋼製へと移行した．
　（7）コンクリート工事
　①　製造・運搬が大きく変化した．現場で調合・混練りし，コンクリートエレベータ・コンクリートカートで運搬する方法から，工場生産の生コンをポンプ圧送する方式となった．
　②　AE剤・流動化剤などの混和剤の開発により，コンクリートの性状が変化した．
　③　コンクリートの耐久性が重視されるようになった．また，徐々に，コンクリートの高強度化が進んでいる．
　④　良質の天然骨材の不足が進行し，海砂・砕石の使用が増大した．

（8） 鉄骨工事
① かつての主役のリベット接合は撤退して，高力ボルトと溶接接合となる．
② 主要部材が，ラチスなどの組立材中心からⅠ形鋼などの単材の使用へと変化した．すなわち，加工・接合の簡素化が進んだ．
（9） 石工事　外壁の張り石積みが張り石となって，石工事が軽量化した．
かつて石仕上げは超高級なものであったが，最近は事務所建築に普通に用いられるようになった．経済力の伸長に伴う建築の高級化を象徴するものといえよう．
（10） 木工事
① 大規模な木構造が行われなくなった．
② 内装材の発達，木工機械の普及により，大工作業が簡素化されスピードアップした．
③ 伝統的な難しい継手・仕口が用いられなくなった．
④ 耐震上の理由から，主要構造材の仕口に金物が多く用いられるようになった．
⑤ RC造・S造の壁・天井の内装下地が，木製から鋼製へと変化している．
（11） 建具工事　ビルの建具は，木製から鉄製へ，ついでアルミ製に移行した．
（12） 防水工事
重厚なアスファルト防水に，軽薄なシート防水・塗膜防水などが参入した．
（13） 左官・吹付け工事
① モルタル塗り・ラスモルタル塗りなどセメント系仕上げは堅調であるが，土壁・しっくい・プラスター塗りなどは後退した．
② 木造の内装左官下地は，小舞・木摺下地から，せっこうラスボード下地へと移行した．
（14） 塗装工事　塗料は，天然材から合成樹脂系のものへと変った．
（15） 内装工事　合成樹脂接着剤の登場が，仕上材の取付方法に変化をもたらした．
（16） 工事全般をながめたとき，つぎのような傾向がみられる．
① 仮設材の木材から鉄への移行（足場・型枠の支保工など）
② 合成樹脂系材料の進出（防水材料・左官材料・塗料・接着剤）
③ 現場調合から工場調合への移行（生コン・塗料・左官材料など）
④ 工事災害・公害の防止（足場・山止めの強化・杭打ちの騒音防止等）
⑤ 建築部品・部材の工業生産化と現場施工の組立作業化
⑥ 現場作業のオートメ化・ロボット化が進むがごとき気配があったが，これはなかなか容易ではない．

●索引

【あ】

アーク溶接　137
アースドリル杭　75
合じゃくり　177
アイランド工法　67
アウトリガー　57
亜鉛鉄板　188
赤身　173
アクリルエナメル　232
上げ落し　195
アジテータ　109
足場　52
アスファルト　201
アスファルトフェルト　185
アスファルトプライマー　201
アスファルト防水　199
アスファルトモルタル　217
アスファルトルーフィング　185, 201
圧延鋼材　128
厚形スレート　186
圧送　112
圧入　73
厚塗材　218, 223
圧密・圧密沈下　49, 77
穴あきアスファルトルーフィング　201
網入ガラス　191, 196
網状アスファルトルーフィング　201
アリダード　246
あり継ぎ　176
アルカリ骨材反応　95, 109
アルミサッシ　192
合せガラス　196
アンカーボルト　143, 178

安全帯・安全ベルト　55
安全管理者　42
安全ネット　55
アンダーカット　142
安定液　74

【い】

異形鉄筋　80
板目　173
1液形塗料・接着剤　227, 245
一軸圧縮試験　48
一括下請負　10, 28
一般管理費用等　249
一般競争入札　17
一般供用期間　93
一般建設業者　8, 24
いぶし瓦　186
色モルタル　216
インシュレーションボード　244

【う】

ウェルポイント　60
ウォータージェット　73, 78
浮き水　99
請負・請負契約　3, 9
薄塗材　218, 222
うすめ液　227
内訳書・内訳明細書　19, 28, 250
裏足　168
裏あて金　138
裏込め　162
裏はつり　138
ウレタンゴム防水　204

ウレタンワニス　231

【え】

エアメータ　107
エアリフト　75
営業帳簿　14
AE減水剤　96
AEコンクリート　107
AE剤　96, 107
ALCパネル　154
液状化　49
SRC造　128
SN鋼材　129
SL材　217
S造　128
エナメル　232, 233
N値　47
エマルジョン　227, 245
エンドタブ　139
塩分　95, 105, 109

【お】

オイルステイン　231
オートクレーブ養生　154
オートヒンジ　195
オープンカット　58
オールケーシング杭　74
追掛け継　176
親杭　61

【か】

開先　131, 138
改質アスファルト防水　202
開裂　129
花崗岩　160
重ね継手（鉄筋）　82

瑕疵・瑕疵担保責任　5, 32
可使時間　228, 245
ガス圧接　82
かすがい　177
ガスケット　196
仮設　50
型板ガラス　196
型枠　86
型枠振動機　114
かぶり厚さ　84, 92
壁紙・壁布　244
壁　179, 180
釜場　60
ガラス　191, 196
ガラス戸　192
ガラスブロック　197
空積工法（張り石）　164
仮囲い　51
仮締ボルト　135, 145
がりょう　150
瓦　186
瓦棒葺き　188
簡易コンクリート　127
乾式工法（張り石）　162, 164
寒中コンクリート　119
岩綿　145
監理技術者　12, 19, 29
監理者　19, 28
顔料　227

【き】

木裏・木表　174
木杭　76
既製コンクリート杭　71
擬石　160
気密層　238
求心器　246
吸水調整材　209

索　引　259

強化ガラス　196
供試体　97, 98
共通仮設費　248
共同企業体　15
距離測量　246
切ばり　59, 64
気流止め　238

【く】

空気量　105, 109
空洞コンクリートブロック　150
空洞れんが　152
釘　177
掘削　59
グラスウール　235
クラムシェル　68
クリープ　174
クリヤラッカー　232
クリヤランス　132, 134
クリンカー　94
クレオソート　172
クレセント　195
クローラクレーン　57, 144
黒皮　133, 228

【け】

計画供用期間　93
ケイ酸質系塗布防水　205
契約解除　5, 34
契約書類　18
軽量形鋼　129
軽量骨材　121
軽量骨材仕上塗材（軽量塗材）　226
軽量コンクリート　121
ケーシング　74
けがき　131
化粧せっこうボード　243

化粧ブロック　150
化粧目地　153
結露　234
減水剤　96
建設機械　43
建設業　7
建設業者　24
建設業法　3, 7
建設投資　22
建築量（構造別）　23
現場経費　249
現場水中養生・現場封かん養生　98, 102, 117
現場代理人　19, 29

【こ】

コア試験　99
鋼管杭　72
鋼管矢板　62
工期　40
高強度コンクリート　127
鋼杭　72
鋼材　128
工事請負契約書・同契約約款　18, 26
工事監理者　19
硬質繊維板　244
工事費　248
工事用シート　56
鋼製金網（ラス）　211
合成高分子ルーフィング　203
合成高分子塗床　241
合成樹脂エマルジョンペイント　230
鋼製パネル　87
構造体強度　102, 116
構造用合板　171
構造用製材　170
構台　51, 68
工程表　39
合板　86, 243

索引

鋼巻尺　246
鋼矢板　62
高流動コンクリート　127
高力ボルト　133
コーナーパネル（ALC）　154
コールドジョイント　113
固化材・固化法　78
小口平　165, 166
腰掛あり継ぎ・腰掛かま継ぎ　176
骨材（コンクリート）　95
木羽葺・木羽板　185
小舞　215
コンクリートバケット　111
コンクリートブロック　150
コンクリートポンプ　111
混合セメント　94
コンパクター　79
混和剤・混和材　96, 97

【さ】

細骨材率　105
サイズ（溶接）　140
砕石　96
砕石コンクリート　107
サウンディング　46
砂岩　160
作業主任者　43, 54
作業床　54
サッシ・サッシバー　192
錆止め　132, 229
桟瓦　186
三軸圧縮試験　48
サンドコンパクション　78
サンドドレーン　77
サンプラー・サンプリング　47

【し】

仕上塗材　218
シートパイル　62
シート防水　203
シーラー　221, 231
シーリング　206
地業　70
試掘　45
地組　144
地耐力　44
下請負人　7, 11
下地調整塗材　210, 221
支柱　64, 87, 89
しっくい　214
湿式工法（張り石）　162
指定建設業　7
地肌地業　79
地盤アンカー　65
地盤改良　77
地盤調査　44
支保工　64, 86
指名競争入札　16
しゃ音　193, 239
シヤカッター　81
JAS　170
JASS　252
シャッター　194
遮蔽用コンクリート　126
集成材　171
住宅投資　23
シュート　111
自由丁番　195
重量コンクリート　126
樹脂プラスター　214
樹脂モルタル・樹脂ペースト　241
主任技術者　12, 19
じゅらく　215, 222

ジョイントベンチャー 15
蒸気養生 147
仕様書 252
消石灰 214
暑中コンクリート 120
試料(コンクリートの) 99
シリンダー錠 195
しろあり対策 172
シンウォールサンプラー 47
心木 188
心去材・心持材 174
人工軽量骨材 121
人造石塗り 212
深礎杭 76
シンナー 227

【す】

随意契約 16
水中コンクリート 124
水密コンクリート 125
筋かい 181
すさ 214
スタッコ 216, 223
スチールシャッター 194
スチールテープ 246
スチールドア 194
ステンレスシート防水 206
ストレッチルーフィング 201
砂・砂利地業 79
砂付ストレッチルーフィング 201
スパッタ 141
スペーサ 84
すみ肉溶接 140
スライド構法(ALC) 156
スライム 74, 125
スラグ 137, 141
スランプ 99, 104
スランプ試験・スランプフロー試験 99

スランプロス 122
スレート葺 187

【せ】

製材 170
せき板 86, 89
石材 160
施工体系図 11
施工体制台帳 11
絶縁工法 200, 212
設計基準強度 101
設計図書 18, 252
設計変更 20, 30
せっこうプラスター塗り 213
せっこうボード 243
せっこうラスボード 213, 243
接着剤 245
折板 190
セパレータ 87
セメント 94, 97
セメント瓦 186
セルフレベリング 217
背割り 174
繊維板 244

【そ】

ソイルセメント山留め壁 62
双務契約 4
素地 228
外断熱 236, 238
損害防止・損害(危険)負担 4, 21, 31

【た】

耐火被覆 128, 145
耐久設計基準強度 101
ダイヤフラム 142

大理石　160
耐力壁　179
タイル　165
多角測量　247
畳　241
建具金物　195
棚足場　54
タワークレーン　144
単位水量　105
単位セメント量　105
単管・単管足場　52
談合　17
断熱工法　202, 234
断熱材料　235
断熱補強　234
タンパー　79
ダンピング　17

【ち】

柱状図　46
中庸熱セメント　123
調合強度　102
調合ペイント　230
丁番　195
直接仮設　248

【つ】

突き合せ溶接　138
土壁　215
吊り子　188, 206
吊り足場・吊り棚足場・吊り枠足場　53

【て】

低アルカリ形セメント　94, 109
ディーゼルハンマー　61, 73
ディープウェル　60

泥水　74
定着（鉄筋）　83
ディッパー　68
テープ合せ　131, 246
テストピース　97, 98
手すり（防護工）　55
デッキガラス　197
デニソンサンプラー　47
テラゾ　160
テラゾ現場塗り　212
天災・不可抗力　21

【と】

ドアクローザ　195
戸当り　195
トーチ工法　202
独占禁止法　17
特定建設業者　8
特命随意契約　16, 17
土質試験　48
塗装　132, 227
塗膜防水　204
トラッククレーン　57, 144
ドラッグショベル　68
ドラッグライン　68
トラバース測量　247
トランシット　247
トルクコントロール法　135
トレミー管　74, 125
トレンチカット工法　67
ドロマイトプラスター（ドロプラ）　214

【な，に，ぬ】

中掘り工法　73
ナット回転法　135
生コン・生コン工場　108, 110, 112
波板葺　189

なわ張り 50
軟質繊維板 244

2液形塗料・接着剤 228, 245
二丁掛け 166

布基礎 179

【ね】

根入れ 61, 66
根固め 61, 73
熱橋 234
熱線吸収板ガラス 196
ネットフレーム 56
ネットワーク 40
眠り目地 167
粘土瓦 186

【の】

野地板 185
のど厚 140
野縁 242
のり 214
法勾配 59

【は】

バーサポート 84
ハードボード 244
パイプサポート 87
バイブレータ 114
バイブロハンマー 61
バイブロフローテーション 77
倍率 179, 182
剝離防止 168, 208
剝離剤 86
羽子板ボルト 177

場所打ちコンクリート杭 74
場所打ち鉄筋コンクリート地中壁 63
ばた 87
バックアップ材 148, 207
バックホー 68
バッチャープラント 107
発注者 7
腹起し 64
張り石 160
張出し足場 54
パワーショベル 43, 68
ハンドオーガーボーリング 45
反応硬化形塗料・接着剤 228, 245

【ひ】

BH杭 76
PC工法 146
ビード 138, 141
ヒービング 67
一側足場 53
ビニル床タイル・ビニル床シート床 240
ピボットヒンジ 195
標準貫入試験 47
標準偏差 103
標準養生 97, 98
品質基準強度 101

【ふ】

フィルター材 60, 77
ブーム付ポンプ車（ブーム車） 112
フォームタイ 87
吹付け工法 221, 229
複層ガラス 196
複層塗材 224
ふすま 192
フック 82
プラグ溶接 140

索引

プラスター　213
フラックス　137
フラッシュ戸　191
フランス落し　195
ブリーディング　99
フレア溶接　140
プレファブ　146
プレボーリング工法　61, 73
フロアヒンジ　195
フロート板ガラス　196
フローリング・フローリングブロック　240
紛争処理・紛争審査会　12, 34

【へ】

閉合誤差　247
平板載荷試験　46
平板測量　246
ベイン試験　45
ベースコンクリート　122
ベースプレート　143
ベンチマーク(BM)　50, 247
ベントナイト　74

【ほ】

ホイールクレーン　57
ボイリング　66
防網（安全ネット）　55
防音サッシ　193
防火シャッター　194
防火戸　193, 194
防護棚　56
防湿層　234, 237
棒状振動機　114
防水　198
防水形複層塗材　225
防虫処理　241
ボーリング　46

ホールダウン金物　178, 183
補強コンクリートブロック造　150
保証・補証人　10, 28
ほぞ　176
ボルト　130, 178
ポルトランドセメント　94
ボンドブレーカ　207
ポンプ車　112

【ま】

マーキング　135
前払金　20
まさ目　173
マスク（タイル）　166
マスコンクリート　123
丸太足場　54

【み，む】

水セメント比　104
見積り　248
見積り合せ　16, 17
見積期間　10
ミルシート　129
ミルスケール　133, 228

無筋コンクリート　126

【め】

目地　153, 155, 167, 207
メタルラス　211
目止め　229
面材　181
メンブレン防水　198

【も】

木材　170
木片セメント板・木毛セメント板　244
モザイクタイル　166
元請負人　7, 11
戻り止め口　132
モノロック　195
モルタル塗り　209

【や】

矢板　61
屋根スレート葺　187
山留め・山留め壁　58, 61
やりかた　50

【よ】

溶液形塗料・溶剤形接着剤　227, 245
養生（コンクリート）　114
溶接棒　137
よう壁　69
予熱　141
余盛り　138, 140

【ら】

ラスモルタル・ラス付け　211, 213
ラス・ラスシート　211
ラテックス　245

【り】

リーマ　133, 134
利益　249
リシン　216, 222
リバース杭　75
リベット　130
粒度（骨材）　95
流動化コンクリート・流動化剤　122

【れ】

レイタンス　99
レディーミクストコンクリート　108
レベル測量　247
れんが　152

【ろ】

労働安全衛生法　42
ロータリーボーリング　47
ローラブラシ　229
ローリングタワー　54
ロッキング構法（ALC）　156
ロックウール板　244
ロックウール吹付材　226

【わ】

ワーキングジョイント　207
枠組足場　52
わたりあご　176
ワニス　231

著者紹介

鯉田和夫（こいたかずお）

1945年　東京大学工学部建築学科卒業
建設省　建築研究所，営繕局
日本住宅公団　建築部長，中部支社長，理事　関西支社長

第11版　最新建築施工	定価はカバーに表示してあります

1959年 6 月15日　1 版 1 刷発行
2004年 3 月30日　11版 1 刷発行
2013年 9 月10日　11版 4 刷発行

ISBN 978-4-7655-2474-2　　C 3052

著　者　鯉　田　和　夫
発行者　長　　滋　彦
発行所　技報堂出版株式会社

〒 101-0051
東京都千代田区神田神保町 1-2-5
電　話　営業　(03)(5217)0885
　　　　編集　(03)(5217)0881
FAX　　　(03)(5217)0886
振 替 口 座　00140-4-10
http://www.gihodoshuppan.co.jp/

日本書籍出版協会会員
自然科学書協会会員
土木・建築書協会会員

Printed in Japan

© Kazuo Koita, 2004　　　　　　　　装幀　海保　透　　印刷・製本　中央印刷
落丁・乱丁はお取替えいたします

本書の無断複写は，著作権法上での例外を除き，禁じられています．